Gemein, Redmer

Islamischer Fundamentalismus

Islamischer Fundamentalismus

Gisbert Jörg Gemein
Hartmut Redmer

ASCHENDORFF MÜNSTER

Druck: Aschendorff Medien GmbH & Co. KG, Druckhaus Aschendorff, Münster

ISBN 3-402-06556-8

Inhalt

Einleitung

Was hat der Tschetschenien-Konflikt mit dem Afghanistankrieg zu tun? Was haben beide zu tun mit dem Kopftuchverbot an Schulen durch den französischen Staat? Sind dies Belege für einen Kampf der Kulturen?

Die tägliche Berichterstattung über Attentate und Konflikte von Nordafrika bis zur indonesischen Inselwelt bietet eine verwirrende Begriffsvielfalt – bald ist von Islamismus, bald von islamischem Fundamentalismus die Rede –, gleichzeitig läßt sie Differenzierungen und Unterschiede verschwimmen. Ist der Islam – alte europäische Vorurteile aus der Zeit der arabischen Landnahme und der Kreuzzüge bestätigend – doch eine aggressive Religion? Wie paßt zu einer Friedensreligion, als die er sich selbst sieht, die hohe Zahl der Attentäter, die in ihrer Summe alle vergleichbaren historischen und gegenwärtigen Erscheinungen weit übertrifft? Selbstmord ist im Islam verboten, und dies bietet Muslimen bei Bedarf eine leichte Rechtfertigung, sich von Selbstmordattentaten als unislamisch zu distanzieren. Aber wieso kann die gleiche muslimische Welt diese Selbstmordattentäter als Märtyrer verherrlichen? Die Frage nach dem Zusammenhang von (monotheistischer) Religion und Gewalt muß sich auch der Islam gefallen lassen.

Das vorliegende Buch sucht Antworten auf diese Fragen zu geben, in einer methodisch doppelten Weise. Der darstellende Teil will eine Zusammenfassung der Forschungsergebnisse der jüngsten Zeit bieten; er informiert damit gleichzeitig über die wichtigsten Positionen und Kontroversen, vorrangig in der angelsächsischen und französischen Forschung. Den darstellenden Teil ergänzt eine Dokumentation, die mit einer Vielzahl unterschiedlicher Materialien – Quellen, Statistiken, Bilder, Karten und Auszügen aus der Sekundärliteratur – vertiefen will, außerdem läßt sie die islamistischen Ideologen selbst zu Wort kommen.

Die Autoren sehen im Islamismus keine religiöse, sondern eine politische Bewegung, die sich sowohl gegen den Westen wie die islamische Vielfalt in der muslimischen Welt richtet. Aber sie gründet sich auf die Religion, auch wenn sie den Koran oft verkürzend und manipulierend zitiert. Deshalb werden hier die wichtigen Koranverse vorgestellt, die sich mit Krieg und Gewalt befassen. Für die Analyse des Gegenstandes sollen begriffliche Unterscheidungen von Islam und Islamismus, Religion und Ideologie deutlich abgegrenzt werden, auch wenn in der Realität die Trennlinien oft unklar bleiben. Dem ereignisgeschichtlichen Überblick über die Geschichte des Islamismus im ersten Kapitel folgt ein Überblick über die islamische Welt mit ausgewählten Länderberichten, die das Eingangskapitel ergänzen und vertiefen. Kapitel 3 und 4 behandeln die Ideologie des Islamismus: Dabei wird unter den Überschriften „Ideologisierung" und „Militarisierung" der Religion eine ideologiegeschichtliche Entwicklung beschrieben, die nicht für die gesamte islamistische Bewegung gilt. Die derzeitige islamistische Regierung der Türkei würde dies – mit Recht – empört zurückweisen.

Religiöse Fundamentalisten finden sich – in den letzten Jahrzehnten mit zunehmender Bedeutung – in allen Kulturkreisen, in den USA sogar in einem Umfang, die prozentual die der meisten muslimischen Länder übertrifft. Die in Deutschland übliche Gleichsetzung des Islam mit dem Arabischen verliert die Vielfalt der islamischen Welt aus den Augen. Indonesien mit der größten muslimischen Gemeinde der Welt muß heute zwar Attentate der „Dschihadisten" ertragen, aber seine Bevölkerung ist für fundamentalistische Bestrebungen bis jetzt wenig anfällig gewesen. Gleiches gilt für die Turkvölker Innerasiens, ebenso für die europäischen Bosnier, trotz der Versuchungen während des Bürgerkriegs. Das Kapitel 2 versucht global und regional unterschiedliche Entwicklungen aufzuzeigen und so ein differenziertes Bild zu zeichnen. Auch das Schlußkapitel über die Stellung der Frau versucht Pauschalierungen entgegenzuwirken – man braucht nur die Aussagen der Muslimbrüder mit den Bestimmungen der Taliban zu vergleichen.

Ein Wort zur Schreibweise: Das Festhalten der Autoren an der alten Rechtschreibung wird die meisten Leser nicht stören.

Zitate sind, wie es sich gehört, in der Schreibweise der jeweiligen Autoren übernommen. So stehen bei der jüngeren deutschen Literatur alte und neue Rechtschreibung einträchtig nebeneinander, ebenso die unterschiedlichen Transkriptionen aus dem Arabischen. Im Deutschen hat sich inzwischen weitgehend die Schreibweise „Dschihad“, im Angelsächsischen und Französischen „Jihad“ durchgesetzt; die in älteren wissenschaftlichen Texten üblichen Sonderzeichen (ǧihād) verschwinden in der internationalen Forschung zunehmend. Da fast ausschließlich jüngere Literatur zitiert wird, werden solche Zeichen den Leser nur im Einzelfall verwirren.

Neuss und Brühl, im November 2004

Gisbert Gemein
Hartmut Redmer

Kapitel 1

Islamischer Fundamentalismus – ein historischer Überblick

1.1 Begriffsbestimmung und historische Einordnung

Islamischer Fundamentalismus oder Islamismus?

Gilles Kepels Buch mit dem provokanten Titel „Die Rache Gottes" kam sofort nach seinem Erscheinen 1991 auf die Bestsellerlisten und auf die Titelseite des „Nouvel Observateur". Sein inhaltlicher Ansatz ordnete den islamischen Fundamentalismus zusammen mit dem christlichen und jüdischen in eine globale Entwicklung ein. Seitdem hat eine breite Diskussion den modernen Fundamentalismus erörtert, seine verschiedenen Facetten beschrieben, ihn als einen Erben des Totalitarismus in der ersten Hälfte des 20. Jahrhunderts eingeschätzt.

Im Westen fokussiert die Berichterstattung über den „Kampf gegen den Terror" den Begriff Fundamentalismus weitgehend auf den Islam. Der Begriff selbst entstammt indes nicht der Welt des Islam, sondern der amerikanischen Kirchengeschichte; er bezeichnet dort seit den 1930er Jahren protestantische Vereinigungen, die sich seit dem 19. Jahrhundert gegen liberale Erneuerungen innerhalb der Theologie wenden, historisch-kritische Bibelinterpretationen ebenso wie Darwins Evolutionstheorie und säkulare Gesellschaftsformen ablehnen. Der Begriff wurde von westlichen Intellektuellen mit durchaus abwertender Tendenz auf eine Entwicklung innerhalb des Islam übertragen, die mit dem Sturz des Schah und dem „Fall Salman Rushdie" als zunehmend gefährlich empfunden wurde – aber eine solche „Übertragung" ist nicht unproblematisch. Der Begriff „Islamismus" ist ebenfalls im Westen geprägt worden, wird allerdings von Islamisten häufig übernommen. Beide Begriffe werden manchmal synonym gebraucht, bisweilen wird unter Islamismus eine weniger stark ausgeprägte Form des islamischen Fundamentalismus verstanden.

Darstellungen, die die entsprechenden Phänomene in den verschiedenen Kulturen und Gesellschaften vergleichen, bevorzugen in der Regel den Begriff Fundamentalismus. Ein Großteil der westlichen Islamforschung – eine bedeutende Ausnahme bildet Bassam Tibi – meidet allerdings den Begriff Fundamentalismus und bevorzugt die Begriffe Islamismus oder politischer Islam. Eine pragmatische Lösung findet Hottinger, der den Begriff Fundamentalismus im Titel seines Buches benutzt, im Text allerdings „Islamismus" bevorzugt, weil dies die Unterschiede zum christlichen oder jüdischen Fundamentalismus verdeutlicht.

Der Streit um Begriffe ist immer auch ein Indiz für Bewertungen. Von islamischer Seite wird die Bezeichnung Fundamentalismus meist als eine dem Islam angeblich fremde Kategorie abgelehnt, verbunden ist diese Position oft mit einer schönfärbenden und verkürzenden Darstellung des Islamismus. Die fundamentalistische Form erscheint dann als Islam schlechthin, weil konkurrierende – häufig sogar mehrheitliche – Positionen nicht behandelt werden. Nicht ganz so deutlich wird diese Tendenz beim amerikanischen Islam-Kenner John Esposito, der statt des christlich geprägten Begriffs „fundamentalism" die Bezeichnungen „Islamic revivalism" oder „Islamic activism" bevorzugt. Am wenigsten ideologieverdächtig erscheint die Begrifflichkeit bei Waardenburg,[1] der zwischen islamistischen Bewegungen wie etwa der Muslimbruderschaft, die eine Antwort auf die soziale Frage suchen, und der Ideologisierung im gegenwärtigen Islam seit den 1970er Jahren unterscheidet.

Forschungskontroversen

Das Ringen um die richtige Vokabel ist in den USA in eine ebenso wissenschaftliche wie politische Polemik zweier Schulen eingebettet: Auf der einen Seite stehen John Esposito, Leon T. Hardar sowie Robin Wright, auf der anderen Lewis und Laqueur.

Die Gruppe um Laqueur und Lewis („confrontationalists“) sieht in der neuen Bewegung des politischen Islam den „new enemy“ und betont seine Unvereinbarkeit mit der modernen Demokratie. Die andere kritisiert die Darstellung des Islam als eines „monolithischen Blocks“. Sie sieht im politischen Islam lediglich eine „new challenge“ und unterscheidet zwischen legitimen oppositionellen Gruppen und einer extremen terroristischen Minderheit. Die von Laqueur vorgetragene Kritik am „liberalen“ bzw. „linken“ Verständnis Espositos für die islamistischen Bewegungen, der in ihnen eine „befreiende Kraft“ sehe, ist eingebunden in eine vorrangig angelsächsische Terrorismus-Forschung. Dort wird der Begriff „Terrorismus“ zu einer eine ganze Epoche konstituierenden Kategorie – ähnlich wie Faschismus oder Kommunismus – aufgewertet und so weit konkretisiert, daß man sogar gegen ihn Krieg führen kann; die Verquickung mit der aktuellen amerikanischen Außenpolitik ist offensichtlich. Analog dazu ist auch die „europäische Zurückhaltung“ zu verstehen gegenüber einer historischen Kategorie, die so unterschiedliche Phänomene wie die anarchistischen Attentate des 19. Jahrhunderts, japanische Kamikazeflieger, Anschläge amerikanischer Rechtsradikaler und muslimische Selbstmordattentäter in einem Begriff zusammenfassen muß.

Für die Bewertung des islamischen Fundamentalismus sind die Arbeiten von Laqueur sowie des Engländers Bruce Hoffmann deshalb von Bedeutung, weil der islamistische Terror im Vergleich zu seinen historischen Vorgängern eine völlig neue Qualität erreicht hat. Es besteht allerdings bei einer derartigen Fokussierung des Erkenntnisinteresses die Gefahr, daß der gesamte islamische Fundamentalismus unter Terrorverdacht gestellt wird, wie umgekehrt bei Esposito der islamistische Terror merkwürdig isoliert von der islamistischen Bewegung erscheint und damit weitgehend unerklärt bleibt.

Die derzeitige amerikanische Wissenschaftskontroverse zeigt manche Parallelen zur früheren Totalitarismus-Diskussion, bei der die – meist ebenfalls „linken“ – Kritiker oft vergaßen, daß zwei ideologisch zwar gegensätzliche Systeme doch die gleichen „totalitären“ Verhaltensweisen zeigten. Wenn Esposito Begriffe wie „islamische Wiedergeburt“ dem von ihm in Anführungszeichen gesetzten Begriff „Fundamentalismus“ vorzieht, bedeutet dies gleichzeitig eine Abwertung anderer Entwicklungslinien im Islam, die unausgesprochen als weniger bedeutsam oder gar als unislamisch erscheinen. Dies ist letztlich die Übernahme von Positionen der Fundamentalisten und ein Verstoß gegen die eigene Forderung, den Islam nicht als monolithischen Block zu sehen.

Mit anderen Akzentuierungen verläuft die Debatte in Frankreich, in die sich arabischstämmige Autoren wie Gresh und Ramadan einmischen. Es geht hier in den letzten Jahren mehr um die Bewertung der Forschungsergebnisse von Kepel und Roy: Sind, um ein Beispiel zu nennen, die Islamisten „zähmbar“? Kann deren gemäßigter Teil in demokratische Systeme eingebunden werden? Hintergrund solcher Fragen ist die von Kepel und Roy unterschiedlich begründete These vom Niedergang des Islamismus, wobei Roy zwischen Islamismus und Neofundamentalismus unterscheidet. Im ersteren sieht er eine sonst oft „politischer Islam“ genannte Bewegung, die sich hinsichtlich ihrer politischen Erfolgsaussichten im Niedergang befindet. Dagegen breitet sich der Neofundamentalismus als ein mehr ideologie- und mentalitätsgeschichtliches Phänomen – mit saudischer Unterstützung und mit saudischem Geld – aus. Diese ideologiegeschichtliche Begriffsdifferenzierung vermag insbesondere die gesellschaftspolitischen Entwicklungen in den vom arabischen Islam geprägten Ländern erklären. Denn die Trennlinien zwischen Fundamentalismus und Traditionalismus beginnen sich hier aufzulösen. In den Reaktionen auf die Politik Scharons und der USA im Irak finden beide zusammen. Kepel und Roy finden in Ramadan ihren schärfsten Kritiker. Während Gresh eine eher vermittelnde gemäßigte Position einnimmt, kritisiert Ramadan den sozialwissenschaftlichen Ansatz bei Roy und Kepel als realitätsfern und bestreitet einen Niedergang des Islamismus; dagegen setzt er ein islamisches Staatskonzept, das seine Überlegenheit gegenüber allen anderen aus dem Koran erfährt. Diese islamistische Position kann nicht verwundern – schließlich ist Ramadan der Enkel des Gründers der Muslimbruderschaft.

Der Hinweis auf diese Kontroversen erscheint notwendig, um die – eher pragmatische – Benutzung der Begriffe durch die Autoren dieses Bandes zu verstehen, die durch eine Skepsis gegenüber „-ismen"-Begriffen als historischer Kategorien geprägt ist, die jedoch die entsprechenden Adjektive – fundamentalistisch wie totalitär – für geeignete Beschreibungsmöglichkeiten historischer Phänomene halten.

Die Begriffe Fundamentalismus und Islamismus werden weitgehend synonym benutzt. Der Begriff Islamismus bleibt allerdings der relativ jungen politischen Bewegung seit den 1970er Jahren vorbehalten, zu deren unmittelbarer Vorgeschichte die 1928 gegründete Muslimbrüderschaft gehört. Nicht von diesem Begriff des Islamismus erfaßt ist der heute als fundamentalistisch eingeschätzte saudische Wahhabismus, der oft als eine orthodoxe Form des Islam beschrieben wird. Wer die Finanzierung des Islamismus durch die Saudis lediglich als „ein Spiel mit dem Feuer"[2] (und damit als eine erhebliche Gefahr für den Westen, seit dem Terror vom Sommer 2004 auch für die eigene Zukunft der Saudis) ansieht, wird auch den modernen Wahhabismus als orthodox einschätzen und in den Unterschieden der politischen Zielsetzungen zwischen Wahhabismus und Islamismus eine Bestätigung finden. Folgt man dagegen dem Ansatz von Zidane Meriboute, der die Wirkung fundamentalistischer Ideen von der Frühzeit über die „zweite Generation" (zu der Ibn Taimiyya und Wahhab zählt) bis zur „dritten Generation" der Gegenwart (die von Qutb bis zu Bin Laden reicht) beschreibt, werden historische Bezüge und gemeinsame Denkansätze deutlich. Die Ausprägung der saudischen Staatsideologie zeigt fundamentalistische Züge; in der Alltagspraxis gibt es zahlreiche Überschneidungen zum Islamismus. Diese ideologische Nähe zeigte sich etwa, als in der König-Fahd-Akademie in Bad Godesberg zum Ärger deutscher Schulbehörden der Dschihad gepredigt wurde. Von diesen sunnitischen Formen des Fundamentalismus ist die schiitische (iranische) zu unterscheiden. Sie wird gelegentlich in der Literatur als Khomeinismus bezeichnet. Dieser hat auf den sunnitischen Islam kaum Einfluß nehmen können.

Die wissenschaftliche Diskussion des vergangenen Jahrzehnts hat zu einer hinreichend klaren inhaltlichen Beschreibung des Fundamentalismus und zur Abgrenzung von anderen Phänomenen geführt. Dem Traditionalismus, wie ihn zum Beispiel in den USA die Amish praktizieren, fehlt der den Fundamentalismus konstituierende, meist aggressive Missionseifer; sie werden daher von ihrer Umwelt nicht als „Gefahr“ empfunden. Gemeinsam ist allen fundamentalistischen Bewegungen die Ablehnung des modernen säkularen und toleranten Staates westlicher Prägung sowie eines auf der Aufklärung beruhenden Bildes vom Menschen als eines autonomen Subjekts. Gemeinsam ist auch die Berufung auf die – meist wörtlich verstandenen – heiligen Schriften. Muslimische Fundamentalisten lehnen naturwissenschaftliche Erkenntnisse und moderne Technik allerdings nicht ab, vielmehr nutzen sie diese ausgiebig – was sie wiederum mit amerikanischen Fernsehpredigern verbindet. Die Kennzeichnung als „halbe“ Moderne, wie sie Lerch vornimmt, ist angemessen.

Unterschiede ergeben sich auch hinsichtlich des Staats- und Gesellschaftsverständnisses. Die Einheit von Religion und Staat ist für den Muslim gegeben. Im christlichen Fundamentalismus, der zwar die aufklärerische Errungenschaft der Trennung von Kirche und Staat ablehnt, wirken dagegen ältere Traditionen einer gedanklichen, wenn auch durchaus sakral verstandenen Trennung wie die in „imperium et sacerdotium“ weiter. Diese mittelalterliche Unterscheidung hilft uns heute, Unterschiede und Eigenheiten besser einzuordnen. Der Islamismus wie auch die anderen Fundamentalismen sind als eine politisierte Form von Religion – und damit als Ideologie –einzustufen: Die Religion bezieht sich auf das Verhältnis des Menschen zu Gott, ist auf das Jenseits bezogen; die Ideologie bietet ein Ideengebäude, das zu einem besseren Leben auf dieser Erde zu verhelfen verspricht.

Islamistische Bewegungen sind mehr politische als religiöse Bewegungen. Auch das Kopftuchgebot erweist sich in diesem Zusammenhang vor allem als ein antiwestliches Emblem. Es ist nicht koranisch geboten, sondern erst durch eine radikale Auslegung der später entstandenen Scharia.

Die radikale Frontstellung gegen den Westen, speziell gegen Amerika, unterscheidet den Islamismus von allen anderen Fundamentalismen. Eine dogmatische und wörtliche Auslegung der heiligen Schriften hat er zwar mit christlichen Fundamentalismen gemeinsam, aber im Gegensatz zu diesen ist er „kein Aufstand gegen die Moderne, sondern ein moderner Aufstand", keine „Rückkehr zu den Wurzeln des Islam: sondern ein neuzeitlicher Versuch, ihn als Hebel an die Macht zu nutzen".[3] Dahinter steht allerdings eine alte islamische Vorstellung: Der Islam muß die Macht in der Welt haben; er ist die wahre Religion, und diese Wahrheit manifestiert sich in Macht.

Bruce Lawrence in einer global vergleichenden Studie über das Verhältnis von Fundamentalismus und Moderne:

„Fundamentalisten stellen sich gegen den Modernismus (...). Jedoch ist die Modernität (...) die Schlüsselkategorie für jede Interpretation des Fundamentalismus. Die Moderne ist und bleibt der einhüllende Kontext. Ohne die Moderne gäbe es weder Fundamentalisten noch Modernisten. Die Identität der Fundamentalisten wird, gleichermaßen im Hinblick auf ihre psychologische Verfassung und die hierzu gehörende historische Strömung, entscheidend von eben dieser Moderne geprägt. Die Fundamentalisten (...) sind die Konsequenz der Moderne und die Antithese zum Modernismus zugleich."

Bruce B. Lawrence, Defenders of God. The Fundamentalist Revolt Against the Modern Age, Chicago 1988; zitiert nach Bassam Tibi, Die fundamentalistische Herausforderung, 3. völlig überarbeitete und erweiterte Aufl., München 2002, S. 54f.

Historische Einordnung

Fundamentalistische Tendenzen finden sich schon früh in der islamischen Geschichte. Von einem islamischen Fundamentalismus als einer politisch bedeutsamen Bewegung kann man aber erst seit den 1970er Jahren sprechen. In diesem Jahrzehnt nahmen auch die anderen fundamentalistischen Bewegungen und Strömungen einen enormen Aufschwung und gewannen politische Relevanz. Der Augsburger Funtamentaltheologe Klaus Kienzler sieht in der Niederlage der israelischen Arbeiterpartei 1977, der Wahl Woytilas zum Papst 1978, der iranischen Revolution 1979 und der Wahl Reagans zum amerikanischen Präsidenten einen universalen Trend:[4] Nicht nur von konservativer christlicher Seite wurde die Moderne wegen ihrer Gottesferne als gescheitert angesehen. Auch die Jugendbewegung des Jahres 1968 war – mit anderer Zielsetzung – durch Kritik an dem in der Nachkriegszeit erreichten Zustand geprägt. Zwar hat die Studentenbewegung mit ihrem „Marsch durch die Institutionen" zur Reform und nicht zur Überwindung dieses Systems beigetragen, doch zeigten auch die Studentenparteien der 1970er Jahre mit ihren maoistischen Heilslehren fundamentalistische Züge.

Natürlich hatten alle diese Bewegungen ihre eigenen historischen Wurzeln, ihre ideologischen Vorläufer, die zum Teil weit in die jeweilige Vergangenheit reichen. Im Vergleich zu den westlichen Formen des Fundamentalismus unterscheiden sich die islamischen durch ihre andersartige Geschichte. Insbesondere das sozioökonomische Umfeld ließ den islamischen Fundamentalismus zu einer Bewegung anwachsen, die Huntingtons These vom Zusammenprall der Kulturen zu bestätigen scheint. Allerdings wird man diese Einschätzung durch den von Thomas Meyer[5] belegten Befund ergänzen müssen, daß der Islamismus – ähnlich wie die anderen Fundamentalismen – neben dem Kampf gegen den Westen und seine Kultur auch einen gleichzeitigen Kampf gegen Modernismus und Traditionalismus in seiner eigenen Kultur führt und dabei kompromißlos und blutig, wie nicht nur das algerische Beispiel zeigt, die Vorherrschaft in seiner eigenen Kultur bzw. Gesellschaft anstrebt.

Der Weltreisende Ibn Batista (1304 bis vermutlich 1369) hat nach eigenen Angaben Taimiyya, den wichtigsten geistigen Vorbereiter des modernen Islamismus im Mittelalter, in Damaskus getroffen. Er schildert ihn als einen hysterischen

Agitator, der die Masse in Begeisterung versetzte, aber selbst seine hanbalitischen Kollegen oft schockierte:

„In Damaskus wohnte unter den großen hanbalitischen Juristen Taqi ad-din Ibn Taimiyya, ein geschätzter Mann, der über verschiedene religiöse Wissenschaften sprechen konnte, aber ein wenig wirr war. Die Menschen von Damaskus verehrten ihn sehr, da er sie von der Kanzel herab ermahnte. Einmal gab er Meinungen kund, mit denen die Juristen nicht einverstanden waren, so brachten sie ihn zu al-Malik an-Nasir, der befahl, ihn nach Kairo zu bringen (...).“

Ibn Batista, Voyage et périples, Paris 1995, S. 454; zitiert nach: Abdelwahab Meddeb, Die Krankheit des Islam, Heidelberg 2002, S. 70f.

Der Blick in die Geschichte ist dabei über das historische Interesse hinaus zum Verständnis des heutigen Islamismus bedeutsam, weil muslimische Gesellschaften in viel stärkerem Maße traditionell geprägt sind als etwa westliche. Wer die mittelalterlichen Texte von Ibn Taimiyya (1263–1328) liest, wird zahlreiche Parallelen zu Qutb und Maududi finden, den geistigen Vordenkern des modernen islamischen Fundamentalismus.

Ibn Taimiyya (geb. 1236 in Harran/Syrien, gestorben 1328 in Damaskus) gehört zu den großen islamischen Gelehrten des Mittelalters, der in seiner Wirkung bis in die Moderne, insbesondere in seiner Wirkung auf den Islamismus, alle anderen übertrifft. Seine Ideen beeinflussen in erheblichen Maße die modernen islamistischen Ideologen wie al-Banna, Qutb oder Maududi. Schon seine Biographie weist eine Reihe von Ähnlichkeiten und Parallelen auf. In der hanbalitischen Rechtsschule gründlich ausgebildet, aber auch in den anderen Schriften sowie in der häretischen Literatur belesen, betätigte sich Ibn Taimiyya als politischer Agitator, der einerseits von der herrschenden Politik zur Aktivierung der Massen gegen die Mongolen eingesetzt wurde, andererseits mit seiner kompromißlosen Intoleranz gegenüber religiösen Minderheiten oder als häretisch eingestuften Gruppen zu politischen Unruhen in Syrien beitrug und deshalb mehrfach eingekerkert wurde. In seinen theologischen Schriften versucht er die drei islamischen Hauptströmungen seiner Zeit, die von dogmatischen Theologen, Traditionalisten und Mystikern repräsentiert werden, zu vereinen. Die Einheit Gottes steht dabei im Vordergrund. Zum Verständnis des modernen Islamismus ist seine Lehre vom Verhältnis von Staat und Religion sowie der Aufgabe des politischen Führers von Bedeutung: Zwar fordert Taimiyya keinen einheitlichen Zentralstaat für alle Muslime, sondern nimmt deren Staatenvielfalt hin, aber unabdingbar ist für Muslime die Einheit von Staat und Religion, wobei dem politischen Führer zwingend die Rolle eines Partners seiner Untertanen zukommt, der dafür zu sorgen hat, daß diese die Regeln und Pflichten des Islam verstehen und befolgen. Der Vorwurf der „Abtrünnigkeit" muslimischer Staatsführer in säkularen Staaten ist aus dieser Forderung begründet.

Ibn Taimiyya lebte in einer Zeit des Umbruchs. Im Gegensatz zur Kreuzzugsbewegung wurde der Mongoleneinfall nicht nur von den Zeitgenossen, sondern auch der historischen Erinnerung als existentielle Bedrohung des Islam empfunden. Die Realitätsbezogenheit der Überlegungen Ibn Taimiyyas machen diese daher übertragbar auf die Bedrohung durch die säkularisierte Moderne.

Das Auftreten fundamentalistischer Tendenzen ist nicht nur eine religiöse Erneuerungsbewegung, wie sie im gleichen Zeitraum und mit ähnlichen Tendenzen auch das Christentum kennt, sondern ist meist mit politischen Krisensituationen verbunden, die die islamische Herrschaft bedrohen. Dieses Moment darf nicht unterschätzt werden: Nach Überzeugung der Muslime ist durch Allah der umma, das heißt der Gemeinschaft der Gläubigen, die Herrschaft auf dieser Welt verheißen. Wenn diese durch die Kreuzzüge, existentiell sogar durch den Mongolensturm bedroht ist, bedarf dies der Erklärung: Ibn Taimiyya geht hier den modernen Interpreten voran und findet sie in der Abwendung von der „wahren Lehre". Die im mittelalterlichen Islam zum Teil sogar vorherrschenden Formen eines „rationalen" oder „aufklärerischen“ Islam wurden zwar nicht verdrängt, aber doch in einer langfristig wirkenden Entwicklung erheblich behindert. Die Erneuerungsbewegungen der Almoraviden und Almohaden, auf deren Konto die sonst in der islamischen Geschichte seltenen Judenverfolgungen gehen, sind auch Ergebnis einer durch den Einfall der Beni Hilal verursachten Krise im Maghreb und dem auf diesem Hintergrund möglichen militärischen Erfolg der Christen in Spanien und Sizilien. Die mit solchen religiösen Erneuerungsbewegungen verbundene Stoßrichtung kann unterschiedliche Schwerpunkte haben. Beim „Mahdi“ 1882 richtet sie sich nach außen gegen die als un-islamisch empfundene Verwaltung des englischen Kolonialismus, bei Muhammed Ibn Abdul-Wahhab (1703–1791) nach innen gegen die Verehrung „heiliger“ Männer und ihrer Grabstätten, gegen die Mystik und eine laxe Befolgung der Scharia. Mit seinem Kampf gegen die Mystik, aber auch die vielfältigen Formen des Volksislam belegt der Wahhabismus eindrucksvoll Meyers These, daß die durch den Fundamentalismus hervorgerufenen Konfliktlinien nicht zwischen den, sondern innerhalb der Kulturen laufen. Die Zerstörung der von den osmanischen Kalifen überreich ausgestatteten Grabesmoschee Mohammeds durch die Wahhabiten, als diese sich Medinas bemächtigten, war ein Kulturfrevel. Man kann einen Vergleich zu den Taliban ziehen, die sich allerdings „nur“ an den Denkmälern einer fremden Religion vergriffen. Der Wahhabismus ist heute die politische Legitimation des saudischen Königshauses, sein weltweiter „Export“ mit Hilfe des saudischen Geldes vermag Huntingtons These zu stützen. Die Saudis unterstützten mit ihrem Geld allerdings auch ideologisch (nicht politisch) konkurrierende fundamentalistische Organisationen. Dies begann mit den 1970er Jahren, als sich aus fundamentalistischen Ideen eine politische Bewegung formte.

Die Frühgeschichte der Wahhabiten faßt der Islamwissenschaftler Tilman Nagel knapp zusammen:

„Die wichtigste Reformströmung der engen Rechtgläubigkeit tritt uns im Wahhabitentum entgegen. Sie geht auf

Muhammad b. 'Abd al-Wahhāb (1703–1792) zurück, einen aus der Landschaft Nedschd stammenden Hanbaliten. Nach Studien in seiner Heimat und im Hedschas ging 'Abd al-Wahhāb als junger Mann nach Basra, wo er Gelegenheit hatte, den Islam in seiner ganzen Vielfalt, Schiitentum und Sufismus eingeschlossen, kennenzulernen. In den vierziger Jahren des 18. Jahrhunderts treffen wir ihn wieder im Nedschd; dort predigt er den Beduinenfürsten und sucht in ihnen das Feuer der Glaubensstrenge der Altvorderen zu entfachen. Unterstützung findet er beim Emirsgeschlecht der Banū Sa'ūd; 1744 beeiden er und der Beduinenfürst eine Abmachung, die sie verpflichtet, gemeinsam ein Reich aufzubauen, in dem Gottes unverfälschtes Wort gelten soll. Dies ist die Geburtsstunde des sa'ūdischen Königreichs, das Ende des 18. Jahrhunderts zu einer ernsthaften Bedrohung für die Herrscher des Hedschas, die hasanitischen Scherifen von Mekka, herangewachsen war und auch von den Osmanen, den Oberherren der Arabischen Halbinsel, mit Sorge betrachtet wurde. 1803 zogen die Wahhābiten zum ersten Mal in Mekka ein und setzten dort dem munteren Treiben, das sich alljährlich zur Pilgerzeit entfaltete, ein jähes Ende, erwarben sich mit ihrer puritanisch-strikten Auslegung des Islams jedoch den Ruf von Barbaren. Das Osmanische Reich sah sich genötigt, nunmehr energisch einzuschreiten. Die Hohe Pforte verlangte von ihrem Vasallen in Ägypten, von Muhammad Ali das von ihm neu aufgebaute Militär im Kampf gegen die Wahhābiten zu erproben. Muhammad 'Ali folgte diesem Ruf; in den Jahren 1811 bis 1813 wurden die Wahhābiten wieder aus dem Hedschas vertrieben. Das ganze 19. Jahrhundert über kämpften sie unter den Banū Sa'ud um ihr Überleben; 1901 gelang ihnen unter 'Abd al-'Aziz mit der Einnahme von ar-Rijād die Neugründung ihrer Herrschaft, die sich seit der 1925 abgeschlossenen Eroberung des Hedschas auf das Gebiet des heutigen Saudi-Arabien erstreckt. Wesentlich weiter, als die kriegerischen Mißerfolge vermuten lassen, reichte schon im 19. Jahrhundert der Einfluß der Ideen Muhammad b. 'Abd al-Wahhābs; sie fielen im islamischen Teil Indiens auf fruchtbaren Boden, fanden aber auch in allen Gegenden der arabischen Welt zahlreiche Anhänger. Es ist noch schwer abzuschätzen, inwieweit das Wahhābitentum dafür verantwortlich war, daß die heraus-

ragenden Reformer des späten 19. und frühen 20. Jahrhunderts sich so eindeutig die enge Auslegung islamischer Rechtgläubigkeit zu eigen machten."

Tilman Nagel, Geschichte der islamischen Theologie. Von Mohammed bis zur Gegenwart, München 1994, S. 249f.

1.2 Die historischen Grundlagen der islamistischen Bewegung

Die Muslimbruderschaft

Die Muslimbrüderschaft[6] kann als „Keimzelle des modernen Islamismus"[7] angesehen werden. Als der Lehrer Hassan al-Banna sie 1928 gründete, geschah dies in einer Zeit, als der europäische Imperialismus aus der Sicht der Muslime seinen Höhepunkt erreicht hatte, die Welt des Islam durch die Abschaffung des Kalifats selbst eine Sinnkrise durchmachte, weil mit dem Kalifen ein wichtiges Symbol der Einheit der umma entfallen war. Der Gründungsort Ismailiya am Suezkanal mag daher auch nicht als Zufall angesehen werden, weil sich hier britische Militärpräsenz besonders manifestierte. Durch eine Rückbesinnung auf den Islam wollte al-Banna dessen Niedergang in der ägyptischen Gesellschaft aufhalten. Diese Zielsetzung schloß eine Kritik an den Kolonialmächten sowie an westlichen Ideen ein und mußte sich gegen den arabischen Säkularismus und Nationalismus wenden, die, vom Westen übernommen, auch für die Abschaffung des Kalifats verantwortlich waren. Die Organisatoren entwickelten erhebliche Aktivitäten im sozialen Bereich und konnten damit eine Grundlage für ihre Bedeutung, insbesondere in der Geschichte der ägyptischen Gesellschaft, schaffen. Sie gründeten private Schulen, bauten Krankenhäuser, schufen genossenschaftlich organisierte Betriebe, die insbesondere auf dem Land den Lebensstandard der Bevölkerung verbesserten. Aphabetisierungs- und Religionskurse hoben den Bildungsstandard, sicherten aber auch langfristig Einfluß. Binnen weniger Jahre wurde die Muslimbrüderschaft zu einer Massenbewegung, die insbesondere vom städtischen Kleinbürgertum bescheidener Herkunft getragen wurde und sich schnell in die benachbarten arabischen Länder, nach Palästina, Libanon, Syrien und Jordanien, ausbreitete.

Die Gründungsversammlung der Muslimbruderschaft soll mit folgender Klage der Versammelten begonnen haben:

„Wir haben dieses Leben satt, dieses Leben in Ketten und Erniedrigung."

P. Harris, Nationalism and Revolution in Egypt. The Role of the Muslim Brotherhood, Den Haag 1964, S. 149.

Die Muslimbruderschaft trug die Religiosität und die Normen einer traditionsgebundenen Gesellschaft in die Welt der westlich geprägten Kolonialstädte und trat offensiv gegen diese Entwicklung auf. Sie vertrat eine auf Frömmigkeit und Gottesdienst basierende „islamische" Moderne gegen die westliche Moderne; dadurch wurde sie zu einer politischen Bewegung. Sie verstand sich allerdings nicht als Partei, weil sie Parteien als eine Spaltung der umma ablehnte. Ab den 1940er Jahren sind erhebliche politische Aktivitäten zu verzeichnen, die sich in der Kriegs- und Nachkriegszeit auch in Anschlägen gegen westliche und jüdische Institutionen manifestierten. Es gab freundschaftliche Beziehungen zum Umfeld des ägyptischen Königs, das in der Bruderschaft ein Gegengewicht zum arabischen Nationalismus sah. In Syrien beteiligte sich die Bewegung zeitweise legal am politischen Leben, bis die Baath-Partei sie noch heftiger unterdrückte, als dies unter Nasser in Ägypten geschah. In Jordanien vermochten die im Vergleich zu anderen Ländern – nicht allerdings in der Israel-Frage sowie im Anti-Amerikanismus – gemäßigteren Muslimbrüder mit ihren guten Beziehungen zum Königshaus als „Vereinigung" auch die Zeit des Parteienverbots (1957 bis 1992) zu überleben; sie nahmen seit der politischen Öffnung der 1990er Jahre als „Islamische Aktionsfront" an Wahlen teil.

Links: Das Emblem der Muslimbruderschaft mit gekreuzten Säbeln, Koran und der Unterschrift: „Bereitet den Kampf vor". Rechts: Aufruf der syrischen Muslimbrüder: „Befreit die gefangene Moschee" (von Jerusalem). Entnommen aus: Olivier Carré und Gérard Michaud, Les Frères musulmans, Paris 2001, Abb. 1 und 17.

Mit der inneren und gesellschaftlichen Geschichte Ägyptens sind die Muslimbrüder in vielfältiger Weise verwoben. Der Sieg Nassers im Juli 1952 wurde durchaus begrüßt, kamen er und seine Gefährten doch aus der gleichen sozialen Schicht wie die Muslimbrüder selbst. Man hatte den gemeinsamen Feind besiegt, die westlichen Kolonialmächte. Auch die Auflösung der politischen Parteien, die die Gemeinschaft der Gläubigen zersplitterten, wurde mehrheitlich begrüßt. Doch die Ziele des von Nasser vertretenen arabischen Nationalismus und einer Re-Islamisierung waren nicht deckungsgleich, widersprachen sich und mußten gesellschaftspolitisch umso heftiger aufeinanderprallen, als beide Bewegungen um die Gefolgschaft der gleichen sozialen Schicht, des Kleinbürgertums, rangen. Ein Mordanschlag auf Nasser im Herbst 1954 wurde den Muslimbrüdern angelastet und führte zur Auflösung der Organisation. Nasser vermochte das städtische Kleinbürgertum, die Studenten und die Landbevölkerung für sich zu gewinnen, ihr konkrete soziale Aufstiegs- und Integrationschancen zu bieten und dadurch einer islamistischen Bewegung – zumindest für gewisse Zeit – die gesellschaftliche Basis zu entziehen, die für ihre späteren Erfolge unverzichtbar war. Für die ägyptischen Muslimbrüder, deren Führer und Mitglieder verhaftet, verbannt und gehenkt waren, bedeutete diese Entwicklung einen „Zug durch die Wüste".[8] Daraus wurden unterschiedliche Konsequenzen gezogen, die die späteren Verhaltensweisen der islamistischen Bewegung in den der 1990er Jahren widerspiegeln und von terroristischen Aktionen und Mordanschlägen (wie etwa gegen Sadat) bis zur Mitarbeit im bestehenden Staat reichen (etwa in den von der Muslimbruderschaft dominierten Standesvertretungen der Anwälte). Der für die Entwicklung der Ideologie des modernen Islamismus bedeutsame ägyptische Muslimbruder Sayyid Qutb repräsentiert nur einen, besonders radikalen Teil dieser Bewegung.

Hamas

Für die politische Ereignisgeschichte wie für die Lösung des Nahost-Konflikts spielt die Hamas (arabisch: Eifer, Engagement, gleichzeitig aber auch Abkürzung für Harakat al-maqawama al-islamiya = Bewegung für den islamischen Widerstand) eine bedeutsame Rolle. Sie wurde 1987 als „militärischer Arm" der palästinensischen Muslimbrüderschaft gegründet. Bis zum Sechs-Tage-Krieg 1967 war der palästinensische Widerstand vorwiegend national begründet worden. Danach mehrten sich Stimmen nach einer islamischen Reform der Gesellschaft. Sie fanden umso mehr Widerhall, als die Muslimbrüder, vor allem in den Flüchtlingslagern, in denen die Hamas auch heute noch ihre Hochburgen besitzt, durch ihre karitativen Einrichtungen nicht nur Not linderten, sondern in Kriegs- und Besatzungszeiten die nackte Existenz sicherten. Das anfänglich relativ gute Verhältnis von PLO und Hamas wich mit der Einrichtung der Autonomen Palästinenserbehörde im November 1988 einer zunehmenden Rivalität. Israel unterstützte anfangs die Hamas, weil die nationalistische PLO als gefährlicher angesehen wurde. Bei der Rivalität zwischen PLO und Hamas ging es nicht nur um den Einfluß auf die palästinensische Bevölkerung, sondern auch um die Friedensbemühungen, bei denen die Hamas oft genug durch Attentate gegen Israel Friedensangebote Arafats konterkarierte.

Artikel 2 der Charta der Hamas:

„Die Islamische Widerstandsbewegung ist eine der Untergruppen der Muslimbrüderschaft von Palästina. Die Muslimbrüderschaft ist eine Weltorganisation, eine der größten islamischen Bewegungen des modernen Zeitalters. Sie ist gekennzeichnet durch ein tiefgründiges Einvernehmen, präzise Vorstellungen und ein völliges Verständnis aller islamischen Konzepte in allen Lebensbereichen (...).“

Zitiert nach: Shaul Mishal and Avraham Sela, The Palestian Hamas. Vision, Violence, and Coexistence, New York 1993, S. 177. Nach der offiziellen englischen Version der Hamas-Charta übersetzt von G. Gemein.

Über die Gewaltbereitschaft von Muslimbrüdern gegenüber Glaubensgenossen berichtet der linksorientierte Salama Amin in „Tariq al-Intisar“ vom 1. Mai 1988:

„[die Muslimbruderschaft] (...) agierte mit direkter Unterstützung der reaktionären arabischen Regime, insbesondere Saudi-Arabiens, Ägyptens, Jordaniens und einiger Golfstaaten, im heimlichen Einverständnis mit der israelischen Besatzungsmacht. Diese Tendenz setzte sich in organisierten und methodischen Sabotageoperationen durch, die sich zu direkten Angriffen gegen nationalistische Institutionen steigerten, (...) und gegen nationalistische Kämpfer, die mit Keulen und Ketten geschlagen wurden (der Angriff auf Dr. Rabah Mahanna in Gaza am 26. Juli 1986) ebenso wie die Zusammenstöße mit nationalistischen Studentengruppen (Najah und Gaza). Die islamischen Gruppen haben ihre wiederholten Verbrechen ständig fortgeführt, selbst während der Intifada, besonders bei der sog. ‚al-Mujamma‘ al-‘Islami‘ im Gazastreifen, wobei sie seit Beginn der Intifada ruhelose Versuche durchführten, diese zu ihrem Vorteil zu drehen. Die Mujamma suchte der Intifada einen religiösen Stempel aufzudrücken, indem sie Pro-PLO-Slogans verkündete, falsche Gerüchte streute und das Volk aufrief, die Häuser von Kommunisten zu zerstören. Die Gefahr dieser Tendenz und die reaktionäre und konspirative Rolle, die sie

spielte, erreichte ihren Gipfel, als gewisse Demonstrationen gegen demokratische, nationalistische und kommunistische Kämpfer im al-Sabra-Viertel von Gaza organisiert wurden. Dies war der ernsthafte Versuch, den Besatzungsautoritäten direkt zu dienen.“

Zitiert nach: Ziad Abu-Amr, Islamic Fundamentalism in the West Bank and Gaza. Muslim Brotherhood and Islamic Jihad, Indiana Press 1994, S. 43. Aus dem Amerikanischen übersetzt von G. Gemein.

Die Gegensätze innerhalb der palästinensischen Araber suchte sich die israelische Regierung zunutze zu machen. Ihre Unterstützung von Fundamentalisten entsprach der amerikanischen Politik, die damit allerdings langfristig den gefährlicheren Gegner förderte. Dazu der frühere Korrespondent der New York Times in Jerusalem, David Shipler,:

„Politisch gesprochen, die islamischen Fundamentalisten wurden zuweilen als nützlich für Israel angesehen, weil sie Konflikte mit den säkularen Unterstützern der PLO hatten. Gewalttätigkeiten zwischen beiden Gruppen brachen gelegentlich auf dem Campus der West Bank-Universität aus, und der israelische Militärgouverneur des Gaza-Streifens, Brigadegeneral Yitzhak Segev, teilte mir einmal mit, er habe die islamische Bewegung als ein Gegengewicht zur PLO und den Kommunisten finanziert: ‚Die israelische Regierung gab mir ein Budget und die Militärregierung gab es an die Moschee weiter‘, sagte er. Als 1980 fundamentalistische Demonstranten das Bürogebäude des Roten Halbmonds in Gaza in Brand steckten, der von Dr. Haidar Abdel-Shafi, einem Kommunisten und PLO-Unterstützer, geleitet wurde, tat die israelische Armee nichts, intervenierte erst, als der Mob zu seinem Haus marschierte und ihn persönlich zu bedrohen schien.“

David Shipler, Arab and Jew. Wounded Spirits in a Promised Land, New York, 1987, S. 177. Aus dem Amerikanischen übersetzt von G. Gemein).

Die Ideologen: Qutb, Maududi, Khomeini

Der ägyptische Publizist *Sayyid Qutb* (1906–1966) wurde zum führenden Ideologen der islamistischen Bewegung, für diese durch sein Märtyrertum geheiligt, nachdem er nach neun Jahren Arbeitslager 1965 erneut verhaftet, zum Tode verurteilt und hingerichtet worden war. Seit 1952 Leiter der Propagandaabteilung der Muslimbrüder hat er seine bis heute weit verbreiteten Hauptwerke wie den Koran-Kommentar „Im Schatten des Koran" (30 Bände) oder die zum Leitfaden der islamistischen Bewegung gewordenen „Wegmarken" erst in den 1960er Jahren geschrieben. Dies geschah nicht von ungefähr. Qutb wendet sich an die „neue" Generation, die nach der Entlassung in die Unabhängigkeit geboren wurde und nicht mehr zu den Gewinnern der damit verbundenen gesellschaftlichen Umverteilung gehörte. Er bedient sich einer „neuen" Sprache, begründet einen neuen islamischen Stil, indem er die mit zahllosen Verweisen gespickte, vielfach geschraubt wirkende Rhetorik der Religionsgelehrten durch eine moderne Schriftsprache ersetzt, die sich dem Niveau seiner Leser anpaßt. Das Medium der politischen Kommunikation wird damit auch zu dem der Glaubensverkündung. Von seinem pakistanischen Zeitgenossen Maududi beeinflußt, entwickelt er eine radikalere und militantere Konzeption, die für den sunnitischen Islamismus der gesamten islamischen Welt von zentraler Bedeutung ist.

Das von Maududi eingeführte Begriffspaar „Souveränität" (hakimiyya) und „Anbetung" (ubudiyya) wird zum Unterscheidungskriterium zwischen Gut und Böse, Recht und Unrecht, Islam und Nichtislam. Da im Islam allein Allah Souveränität besitzt, nur Allah angebetet werden darf, wird jegliche andere Souveränität (des Volkes, der Nation, der Partei usw.) verworfen. Der Propagandakult der Massenveranstaltungen, die sich autoritäre Regime – wie in Ägypten Nasser, in Syrien und Irak die Baath-Parteien – zunutze machen, werden als „Anbetung" eines „Götzen", der wiederum die Nation, die Partei, die Armee usw. sein konnte, kritisiert. Die Kritik ging damit über die aktuelle politische Situation hinaus ins Grundsätzliche. Sie richtete sich gegen das Böse schlechthin, gegen Unrecht und Unwahrheit.

Damit aber werden im Gegensatz zur traditionellen islamischen Theologie Muslime und muslimische Herrscher außerhalb des Islam gestellt, schlimmer noch, als Abtrünnige gebrandmarkt. Indem die aktuelle Situation mit der historischen gleichgesetzt wird, als sich der Islam gegen den Nicht- bzw. Antiislam (die Jahiliyya) durchsetzen mußte, ergibt sich ein vergleichbarer Auftrag: Der Prophet stürzte in Mekka die „Götzenbilder". Für die muslimischen Gegner der Islamisten bedeutete der Vorwurf des Abfalls die schlimmste Anschuldigung, weil der damit „Exkommunizierte" nach einem wörtlich genommenen islamischen Recht mit Todesandrohung für vogelfrei erklärt wurde.

Links: Maududi, rechts: Sayyid Qutb

Der aus Nordindien stammende *Maududi* (1903–1979) kann als einer der geistigen Väter des pakistanischen Staates gelten. Sein Denken spiegelt die durchaus eigenständige Geschichte des Islam auf diesem Subkontinent wider. Die europäische Perspektive setzt oft den arabischen mit dem gesamten Islam gleich und hält den indischen oder indonesischen für peripher, obwohl diese ihn zahlenmäßig übertreffen. In Indien stellte zwar der Islam unter den Mogul-Kaisern die politische Herrschaft, er war aber doch gegenüber den Hindus eine Minderheitsreligion. Deren Stellung veränderte sich durch die britische Eroberung grundsätzlich. In den Deobandis fand er eine Bewegung, die in fundamentalistischer Ausprägung islamische Lebensformen zu erhalten suchte. Maududi lehnte die koloniale Fremdherrschaft ebenso wie die neu entstehenden Nationalstaaten als areligiös ab und entwickelte eine islamistische Ideologie, die das theoretische und begriffliche Rüstzeug für die politische Auseinandersetzung mit beiden Herrschaftsformen lieferte. Indem er eine Islamisierung „von oben" befürwortete, konnte er bei Aufbau und Legitimierung des pakistanischen Staates mit einer 1941 gegründeten Partei mitarbeiten, wenn dieser Staat seine Souveränität im Namen Allahs ausübte und die Scharia anwandte.

Folgenreich für die geistesgeschichtliche Entwicklung des Islamismus ist aber seine Lehre, daß die Politik „ein integraler und untrennbarer Bestandteil des islamischen Glaubens ist und der islamische Staat, den die Muslime durch ihre politische Aktivität errichten wollen, das Allheilmittel für all ihre Probleme".[9] Damit ist die Schwelle von der Religion zur politischen Ideologie überschritten. Folgerichtig werden dann die traditionellen fünf Pfeiler des Islam (Glaubensbekenntnis, Pflichtgebet, Fasten, Almosensteuer, Pilgerfahrt) zur geistigen Vorbereitung auf den Dschihad herabgestuft, der sich gegen all die richten muß, die sich die Souveränität Allahs angemaßt haben.

Was Maududi und Qutb für den sunnitischen Islamismus bedeuten, ist *Khomeini* (1902–1989) für seine schiitische Variante. Als der Schah von Persien 1971 mit großem Pomp im historischen Persepolis das 2.500jährige Jubiläum der persischen Monarchie feierte und sich damit zur Legitimierung seiner Herrschaft auf ein antikes, vorislamisches Vorbild berief, hatte Khomeini im gleichen Jahr in seinem Exil in Nedschef in einem Buch „Für eine islamische Regierung"[10] eine Reihe von Vorträgen zusammengestellt, deren Forderungen dann mit der iranischen Revolution von 1979 umgesetzt wurden. Dieses im Westen zunächst nicht beachtete Werk löste unter zeitgenössischen sunnitischen Muslimen eine breite Diskussion aus, weil ein schiitischer Geistlicher sich unter anderem Ideen von Qutb und Maududi zu eigen machte, die gegenüber der ulema (Geistlichkeit) immer erhebliche Vorbehalte gehabt hatten. Jetzt erhielten islamistische Ideen sunnitischer Herkunft die Weihe eines hochrangigen schiitischen Theologen.

Khomeini brach radikal mit dem schiitischen Quietismus, wie er sich etwa in dem „Dolorismus“ (der rituellen Geißelung) im Gedenken an den „Märtyrertod“ Husseins in Kerbela 680 n. Chr. manifestierte. Khomeini brach ebenso radikal mit einer den Schiismus bislang beherrschenden Denkrichtung, die in der Erwartung des Mahdi und der Unterwerfung einer sich aus dem politischen Leben zurückhaltenden Geistlichkeit einen schlechten Herrscher hinnahm. Die Forderung, daß die Geistlichkeit auch die tatsächliche Macht übernehmen sollte, war eine tiefgreifende Umgestaltung der traditionellen schiitischen Denkweisen; sie kam aber den Vorstellungen der vom iranischen Philosophen Ali Shariati (1933–1977) geprägten jungen Intellektuellen entgegen. Führer der künftigen Revolution und des islamischen Staates sollten für Khomeini die – theologisch geprägten – Rechtsgelehrten sein, wie sie auch im heutigen Iran als letzte Instanz herrschen und alle Reformversuche einer parlamentarisch gewählten Regierung verhindern. Indem Khomeini nach 1970 systematisch die vorher nur selten gebrauchten Begriffe „mostasafin“ und „mostakberin“ benutzte, machte er sich zum Sprecher der „Entrechteten“ und sicherte sich so nicht nur die Unterstützung der traditionsgebundenen Land- und Stadtbevölkerung, die traditionell den anerkannten Religionsgelehrten folgte, sondern auch die der modernen gesellschaftlichen Gruppen in den Städten, die der Studenten, Angestellten und Arbeiter, die sich in ihrer Oppositionshaltung zum Schah und seiner Hofgesellschaft als unterprivilegiert empfanden. Da Khomeini den Begriff der „Entrechteten“ bewußt vage ließ und nicht definierte, konnten sich alle angesprochen fühlen. Dies war eine wichtige Voraussetzung dafür, daß Khomeini die iranische Revolution von 1979 durch die Vereinigung fast aller gesellschaftlichen Gruppen zum Erfolg führen konnte.

1.3 Der moderne islamische Fundamentalismus

Phasen der islamistischen Bewegung

Vom Pakistani Maududi, dem Ägypter Qutb und dem Iraner Khomeini theoretisch fundiert, faßte die islamistische Bewegung in den 1970er Jahren in der Gesellschaft Fuß. Heute wird der fundamentalistisch eingestellte Teil der islamischen Weltbevölkerung auf 15 bis 25 Prozent geschätzt, er liegt damit niedriger als etwa in den USA, für die rund 30 Prozent angenommen werden.[11] Die Rückschau auf diese relativ kurze Zeit weniger Jahrzehnte läßt einzelne Phasen deutlich unterscheiden, die mit Ereignissen der politischen Geschichte korrespondieren und mit globalen sozioökonomischen Entwicklungen verknüpft sind. Vor allem die letzteren erfahren in der muslimischen Welt eine eigene Differenzierung, zum Teil auch eine besondere Zuspitzung. Es sind die Auswirkungen des Jom-Kippur-Krieges von 1973, die islamische Revolution im Iran 1979, der Afghanistan-Konflikt mit dem Erfolg über die Sowjetunion 1989, der erste Golfkrieg gegen den Irak 1991, an denen Kepel[12] die Phasen eines „Umschwungs" in den muslimischen Gesellschaften (bis 1979), eines Aufstiegs in den 1980er Jahren und einen „Niedergang" nach 1991 festmacht. Die These vom „Niedergang" dürfte heute noch strittiger sein als bei Erscheinen seines Buches; zumindest ist aber seit dieser Zeit eine Spaltung des Islamismus auszumachen. Bei Maududi und Qutb stand der Gedanke einer auf der umma basierenden Einheit im Vordergrund, inzwischen sind zahlreiche nationale Islamismen zu verzeichnen. Die Geschichte des Islamismus ist auf dem Hintergrund einer Bevölkerungsexplosion, von Landflucht, der Entstehung von urbanen Ballungsgebieten, der Auflösung traditioneller Gesellschaftsstrukturen, den Auswirkungen der Globalisierung zu verstehen.

Die sozioökonomische Entwicklung in der islamischen Welt

Verglichen mit europäischen, insbesondere der deutschen Gesellschaft, sind muslimische Völker „jung". Das hat zur Folge, daß das Bevölkerungswachstum wirtschaftliches Wachstum und ökonomischen Fortschritt regelrecht „auffrißt". Verbunden ist diese Entwicklung mit einer Landflucht, die einerseits städtische Ballungsgebiete zu fast unregierbaren Gebilden anwachsen ließ, andererseits die traditionalen Bindungen an Stamm, Sippe, Klan lockerte, die wirtschaftliche und soziale Sicherheit sowie – nicht zu unterschätzen – emotionale Geborgenheit boten. Völlig verschwunden sind diese Bindungen allerdings nicht.

Für die arabisch geprägte islamische Welt, insbesondere für ganz Nordafrika, führte dies zu einer grundsätzlichen Veränderung, weil ein für die gesamte Geschichte bis weit ins 20. Jahrhundert konstitutiver Anteil der Gesellschaft zu verschwinden droht: Die nomadisch lebenden Beduinen wurden seßhaft gemacht, allerdings häufig in der Form, daß sie Slumsiedlungen am Rand der Städte bezogen. Diese grundlegenden gesellschaftlichen Veränderungen konnten nicht ohne Auswirkungen auf Religion und Religionsausübung bleiben.

Die arabischen Eroberungen hatten zahlreiche Völker und Kulturen in die umma, die Gemeinschaft der Gläubigen, aufgenommen; die Folge war eine „Vielfalt des Islam".[13] Der meist auf den arabischen Islam zentrierte deutsche Blick verdeckt die erheblichen Unterschiede etwa zum indischen oder indonesischen Islam, läßt die Reste schamanistischen Glaubens bei türkischen Völkern ebenso übersehen wie das Weiterleben religiöser Vorstellungen der Völker am Rande der Sahara, beispielsweise in der Stellung der Marabuts. Deren in jüngerer Zeit gesunkene Bedeutung ist die Folge der gesellschaftlichen Entwicklung, spiegelt gleichzeitig eine Veränderung in Glauben und Glaubenspraxis. Der zwar nicht vollständige, aber doch mehr als tendenzielle Verlust dieser islamischen Vielfalt spielt den Islamisten in die Hände. Gestützt auf moderne Medien können sie in der jeweiligen Landessprache eine alphabetisierte, urban geprägte, meist junge Bevölkerungsschicht erreichen. Die Form islamistischer Publikationen unterscheidet sich grundsätzlich von der traditionaler islamischer theologischer Schriften, die in Sprache und Argumentation die arabische Hochkultur widerspiegeln. Der elaborierte Code arabischer Gelehrsamkeit bleibt letztlich für alle Gläubigen mit Ausnahme der Geistlichkeit unverständlich. Die oft umständliche Erörterung eines theologischen Problems, die zuerst alle Interpretationen anderer Gelehrter referiert, bis sie zur Darlegung der eigenen Position kommt, steht im deutlichen Gegensatz zu der „einsträngigen" Argumentation – genauer gesagt Agitation – islamistischer Schriften. Letzteren fehlt die traditionale Abschlußformel („Welches die Wahrheit ist, weiß nur Allah"), in der sich eine für andere Meinungen offene Grundeinstellung offenbart, die Voraussetzung für Toleranz ist.

Die Rolle der Geistlichkeit

Vor diesem Hintergrund ist verständlich, daß im sunnitischen Islam – nicht aber bei den iranischen Schiiten – die islamistische Debatte der 1980er Jahre nicht von der muslimischen Geistlichkeit, sondern von jungen Intellektuellen dominiert wird, die naturwissenschaftliche und technische Fächer studiert hatten, während Geisteswissenschaftler wie etwa Historiker deutlich unterrepräsentiert sind. Im Gegensatz zu den Historikern nehmen die Theologen eine ambivalente Haltung zum Islamismus ein, die aus einer langfristigen Entwicklung ihres Standes zu verstehen ist, die sie als einen sozialen Abstieg empfanden. Man muß sich dafür die Rolle der ulema, der Geistlichkeit, in vormodernen islamischen Gesellschaften vor Augen führen. Theologie war nicht nur Studium der heiligen Schriften, also des Korans, sondern auch des Gottesgesetzes, der Scharia, der auswendig zu beherrschenden Kodifizierungen von wenigstens einer der vier sunnitischen Gesetzesschulen, sowie der Grundlagen der jeweiligen Gesetzesregelungen. Das alles waren Gegenstände, die westliches Verständnis so unterschiedlichen Disziplinen wie Geschichte, Sozial- und Wirtschaftswissenschaften und Jura zuordnet. Weil „Recht" im islamischen Sinne alle Lebensbereiche umfaßte, bildeten die so ausgebildeten Gelehrten einen angesehenen Stand, auf den die Herrscher angewiesen waren, bis westliche Ideen hier zu einer Veränderung führten.

Am deutlichsten ist dieser Prozeß in der Türkei. Die tanzimat-Reformen seit der Mitte des 19. Jahrhunderts entzogen der Geistlichkeit eine Reihe von Befugnissen; Atatürk führte nach

1923 eine radikale Säkularisierung durch, ab 1928 war der Islam nicht mehr Staatsreligion. In den anderen muslimischen Staaten war die Ausschaltung der Geistlichen weniger radikal, doch wurden auch sie aus dem öffentlichen Leben zurückgedrängt, je mehr staatliche Körperschaften nach westlichem Vorbild gebildet wurden – immer verbunden mit einer finanziellen Schlechterstellung. Ihre traditionelle Kleidung, die der wohlhabender Muslime der Vergangenheit entsprach, unterschied sie von der neuen säkularisierten Oberschicht, die sich auch in der Mode an westlichen Vorbildern orientierte. Der Widerstand der ulema gegen alle osmanischen Reformversuche hat hier seine Ursachen, wie er auch heutige anti-westliche Vorbehalte nährt. Dies erklärt einerseits ein gewisses Wohlwollen gegenüber einer islamistischen Agitation, die einen „islamischen Staat" und eine „Rückkehr zur Scharia" fordert; allerdings kennen die Islamisten diese Scharia aus Sicht der traditional ausgebildeten Gelehrten nur oberflächlich und setzen sie „auf der Straße" durch. In beiden islamischen Hauptrichtungen der Sunniten und Schiiten finden wir Geistliche, die Politik machen (gegen alle schiitische Tradition: Khomeini) oder davor warnen, den Islam allzu eng mit der Tagespolitik zu vermischen (und dafür wie Ayatollah Schariat Madari von seinen Standesgenossen ausgeschaltet wurden) sowie alle Zwischenformen dieser beiden Verhaltensweisen.

Die Auswirkungen des Jom-Kippur-Krieges: Das Geld der Saudis

Die muslimische Geistlichkeit hatte in der gesamten islamischen Welt über Jahrzehnte diese schwindende Rolle hinnehmen müssen, als sich ihr in den 1970er Jahren neue Aufgaben und durch das saudische Geld auch finanzielle Einkommensmöglichkeiten boten. Saudi-Arabien war der eigentliche Sieger des Jom-Kippur-Krieges, der den Ölpreis explodieren ließ, so daß ein schon reicher Staat nun über so unermeßliche Mittel verfügte, daß er nicht nur seine fundamentalistische Form des Islam exportieren, sondern auch alle Bestrebungen einer Re-Islamisierung unterstützen konnte; diese Unterstützung erhielten selbst

Bewegungen, die in Konkurrenz zur eigenen Lehre standen. Es war saudisches Geld, mit dem in Deutschland die ersten Moscheen für türkische „Gastarbeiter" finanziert wurden, bis der türkische Staat, durch deren orthodoxe bzw. reaktionäre Ausrichtung und die Indifferenz des deutschen Staates alarmiert, in bewußter Konkurrenz eigene Moscheen baute. Mit saudischem Geld wurde in mehreren muslimischen Ländern wie dem Sudan ein sich an der Scharia orientierendes Bankwesen aufgebaut, saudisches Geld finanzierte die Religionspolizei in Afghanistan mit ihren schweren Verstößen gegen die Menschenrechte, vor allem die der Frauen. Saudisches Geld half den muslimischen Bosniern gegen Kroaten und Serben, und mit in Saudi-Arabien verdientem Geld finanzierte Osama Bin Laden sein Terrornetzwerk und die Anschläge vom 9. September 2001. Es kann dahingestellt bleiben, ob religiöse Überzeugungen ausschlaggebend waren oder ob sich ein korruptes Prinzenregime hier lediglich „freikaufen" wollte. Für beides gibt es mehr als Indizien.

Islamisches Bankwesen

„Ihr Gläubigen! Nehmt nicht Zins, (indem ihr) in mehrfachen Beträgen (wiedernehmt, was ihr ausgeliehen habt)! Und fürchtet Gott! Vielleicht wird es euch (dann) wohl ergehen." (Sure 3,130)

Kennzeichen des islamischen Bankwesens ist das Verbot fixer Zinsen, die im Koran mit riba (Wucher) gleichgesetzt werden. Gebühren sind dagegen erlaubt. Die wichtigsten Regeln für Bankgeschäfte: „Murabaha" ersetzt Kredite; die Bank kauft eine Ware und verkauft (leiht) sie mit vorher vereinbartem Aufschlag an den Kunden, der sie ratenweise zurückzahlt. „Muscharaka" heißt Partnerschaft und regelt die vorher ausgehandelten Risiken, Gewinne und Verluste zweier Geschäftspartner. „Mudaraba": Ein Anlageinstitut (eine Bank) wirtschaftet mit der Einlage eines Kunden und berechnet dafür eine Gebühr. Gewinne werden geteilt, Verluste trägt der Kunde.

Über die Einhaltung der Scharia wacht ein theologisch ausgebildetes Aufsichtsgremium; unzulässige Gewinne werden karitativen Organisationen für fromme Zwecke zugeführt. Der Aufbau eines islamischen Bankwesens seit 1975 ist daher eng mit einem Aufbau eines fundamentalistisch beherrschten karitativen Netzwerkes verbunden. Gespeist aus den Petrodollars kam es auch grenzübergreifend den Bedürfnissen der muslimischen Arbeitsmigranten in den Ölförderländern entgegen. Zudem bot es Angehörigen der frommen Mittelschichten Zugang zu Finanzierungsmöglichkeiten, die ihnen wegen ihrer religiösen Vorbehalte – oder weil sie westlich orientierten Banken nicht kreditwürdig erschienen – verschlossen waren. In Pakistan, Iran und Sudan wurden Banken autoritär vom Staat islamisiert, sonst überwiegen Privatinitiativen. 2004 wurde die Islamic Bank of Britain mit Filialen in London, Birmingham und Leicester gegründet, wo besonders viele muslimsche Immigranten leben.

Der Jom-Kippur-Krieg markiert für arabisches Bewußtsein einen weiteren Einschnitt. Es war eine nochmalige Niederlage gegenüber dem vom Westen unterstützten Israel in einer langen Kette von Niederlagen und Demütigungen, die bis ins 19. Jahrhundert zurückreichten – und das vor dem Hintergrund eines Geschichtsbewußtseins, das die frühe islamische Geschichte als eine kulturelle und politische Blütezeit, ein „goldenes Zeitalter" ansieht. Der arabische Nationalismus, der die Nachkriegszeit erfolgreich bestimmt und mit der Entkolonisierung auch seine Erfolge erzielt hatte, hatte für die nachwachsende Generation der 1970er Jahre seine Faszination verloren. Er erwies sich, gleich ob in monarchischer oder sozialistischer Form, als korrupt und unfähig, die sozialen Probleme zu lösen. Die sozialistische Baath-Partei war in einen syrischen und einen irakischen Teil gespalten, ohne daß bedeutende ideologische Unterschiede zu bemerken waren. Die Versuche, die arabische Zersplitterung zu überwinden, wie etwa Nassers VAR (Vereinigte Arabische Republik aus Ägypten und Syrien), waren kläglich gescheitert. Wenn aber Nationalismus und Sozialismus als „moderne" Heilslehren scheiterten, schien die Rückbesinnung auf die Religion der einzige Ausweg.

Die iranische Revolution: Khomeini

Daß dieser Weg erfolgreich sein konnte, schien die iranische Revolution zu belegen, mit der 1979 eine neue Phase in der Geschichte des Islamismus eingeläutet wurde. Die Errichtung des Gottesstaates im Iran, die Machtergreifung fundamentalistischer oder mindestens unter diesem Einfluß stehender Regime im Sudan und in Pakistan, ferner der Wahlerfolg der FIS in Algerien 1991 bedeuteten einen steigenden Aufstieg des Islamismus, der sogar – wie 1991 in Algerien oder 2001 in der Türkei – in demokratischen Wahlen zu siegen vermochte. Doch daß das Militär die FIS ohne die erwarteten schweren Unruhen 1991 um ihren politischen Erfolg zu bringen vermochte, zeigt auch schon den Beginn einer neuen Phase. Diese ist gekennzeichnet durch eine Spaltung der islamistischen Bewegung, weil sich das Bündnis der verschiedenen sozialen Gruppen mit ihren unterschiedlichen Interessen, die die islamistische Bewegung trugen, nicht auf Dauer erhalten ließ. Die Entwicklung in Afghanistan, aber auch die Auswirkungen des Golfkrieges von 1991 bildeten dafür den Hintergrund.

Die iranische Revolution ist daher eine bedeutsame Ausnahme im machtpolitischen Aufstieg des islamischen Fundamentalismus. Die Regime im Pakistan des Zia ul-Haq und im Sudan gründeten sich auf einer Militärdiktatur. Khomeini gelang es, die verschiedenen sozialen Gruppen mit ihren bislang unterschiedlichen Interessen zum Sturz des Schah zusammenzuführen. Ein ähnliches gesellschaftspolitisches Bündnis konnte mehr als ein Jahrzehnt später auch die FIS schmieden. Die jeweilige Rolle und Bedeutung dieser Gruppen wird in der Forschung unterschiedlich behandelt: Für Arjomand ist die iranische Revolution im Gegensatz zur Französischen eine von Klerus und Basar verkörperte antimoderne Bewegung, Nikki Keddie schreibt der ulema eine zentrale Rolle zu, Ashraf und Bannuazizi heben die Rolle von drei Gruppen (ulema, Intellektuelle, Basarhändler) hervor, Khosrokhavar unterstreicht darüber hinaus die Bedeutung der unteren Schichten, eine Sicht, der die jüngere westliche Forschung (wie etwa Kepel) folgt. Im Gegensatz zu Algerien gelang es allerdings Khomeini, dieses Bündnis so lange zusammenzuhalten, bis die religiös begründete Diktatur der Ajatollahs durchgesetzt war, was der FIS nicht gelang und in Ägypten schon in den Ansätzen einer gemeinsamen Bewegung scheiterte.

Tribalistischer (nomadischer) Bevölkerungsanteil im Iran

	Gesamtbevölkerung (Mio.)	*Nomadische Bevölk. (Mio.)*	*Anteil (Prozent)*
1900	10,0	2,47	25
1932	13,0	1,00	8
nach 1941	15,0–16,0	2,00	12–13
1966	25,8	0,71	3
1976	33,7	0,35	1

Städtische Bevölkerung im Iran

	Bevölkerung in Tausend	*Anteil an Gesamtbevölkerung (Prozent)*
1956	5.954	31,4
1966	9.794	38,0
1971	12.398	41,3
1976	15.854	47,0

Binnenwanderung im Iran

	Gesamtbevölkerung (Tausend)	*Migranten (Tausend)*	*Anteil (Prozent)*
1956	18.955	2.081	11,0
1966	25.079	3.224	12,9
1972	29.526	4.275	14,5
1976	33.709	5.056	15,0

Alle Zahlen nach Arjomand

Um dies zu verstehen, ist ein Blick auf die Gesellschaftsentwicklung im Iran zu werfen, wie sie – wenn auch nicht ganz so differenziert und etwas später – im Grundsatz auch in anderen muslimischen Staaten zu beobachten ist. Das im Vergleich zur Region vorbildliche Bildungssystem im Iran hatte eine säkulare städtische Mittelschicht[14] gefördert, der allerdings jegliche politischen Mitspracherechte verweigert wurden. Dieses demokratische Vakuum war insbesondere in der Studentenschaft (1975 fast 175.000, davon 67.000 im Ausland) der Nährboden für die Entstehung radikaler politischer Anschauungen, die allein im marxistischen Bereich (vor allem im Ausland) alle Spielformen vom Maoismus über Trotzkismus bis zur moskau-orientierten orthodoxen Tudeh-Partei umfaßte; im Inland dominierte ein „sozialistischer Schiismus". Alle Richtungen wurden brutal verfolgt von der politischen Polizei, der Savak, deren Menschenrechtsverletzungen bis in die deutsche Studentenbewegung der 1970er Jahre Nachklang fanden. Die Ölpreisexplosion nach 1973 hatte einerseits die rasche Modernisierung des Landes ermöglicht und eine neue Händlerschicht entstehen lassen, die in Geschäften mit dem Westen zu Reichtum kam, andererseits hatte sie auf zwei zahlenmäßig und gesellschaftlich bedeutsame Gruppen wie ein „Schock"[15] gewirkt: Die traditionelle Mittelschicht, die vom Basar symbolisiert wurde, der nur teilweise von diesem Aufschwung profitieren konnte, dessen Marktanteil aber im Vergleich zu der neuen, eng mit dem Hof verbundenen Händlerelite schrumpfte, sowie die Masse der meisten jungen Zuwanderer vom Lande; 1979 war die Hälfte der Einwohner Teherans außerhalb der Stadt geboren. Die von Kosrokhavar benutzte Bezeichnung „entbäuerlichte Bauern"[16] weist auf das Fortbestehen ländlich geprägter mentaler Strukturen in der städtischen Umgebung hin, die zwar in den Vorstädten bessere Lebensbedingungen als auf dem Lande bietet, allerdings die Verheißungen einer modernen Großstadt in eine unerreichbare Weite schiebt. Zu seinen Gegnern hatte sich der Schah die – im Gegensatz zu den Sunniten – hierarchisch strukturierte Geistlichkeit gemacht, nicht nur durch seine offenkundige Verachtung der Mullahs, sondern auch weil er nicht nur deren, sondern auch die religiösen Gefühle des frommen Bürgertums durch seine Berufung auf die von Muslimen als heidnisch verstandenen Achämeniden verletzte. Der Erfolg des charismatischen Khomeini liegt nicht nur darin begründet, diese verschiedenen Gruppierungen vereint zu haben; eine weitere wichtige Voraussetzung war, daß der wichtigste außenpolitische Rückhalt des Schah entfiel, als sich die USA mit der Wahl Carters vom Verbündeten zum Kritiker der Menschenrechtsverletzungen entwickelten.

Der ägyptische Experte Ibrahim beschreibt das soziologische Profil der Mitglieder islamistischer Organisationen; seine Analyse für die ägyptischen Verhältnisse kann weitgehend auf die anderen arabischen Länder übertragen werden:

„Das typische gesellschaftliche Profil von Mitgliedern militanter islamischer Gruppen könnte zusammengefaßt werden als jung (Anfang zwanzig) mit ländlichem oder kleinstädtischem Hintergrund, aus der Mittel- oder unteren Mittelschicht stammend, mit hoher Leistungsorientierung, aufstiegsbewußt, mit naturwissenschaftlicher oder Ingenieurausbildung und einer normalerweiser zusammenhaltenden Familie. Es wird manchmal in den Sozialwissenschaften angenommen, daß die Anhänger von radikalen Bewegungen irgendwie entfremdet, zu einer Randgruppe gehörend, andersartig oder in anderer Hinsicht anormal sein müßten. Die meisten von denen, die wir untersuchten, würden als typische junge Ägypter betrachtet."

Zitiert nach: John L. Esposito, The Islamic Threat. Myth or Reality? 3. Aufl., Oxford University Press 1999, S. 146. Aus dem Englischen übersetzt von G. Gemein.

Ein Bündnis von islamistischer Intelligenz, frommem Bürgertum und armer Stadtjugend hatte die iranische Revolution zum Erfolg geführt; es hielt auch während des gesamten revolutionären Prozesses, ganz im Unterschied zur Entwicklung in Ägypten am Ende der Sadat-Ära, wo die jungen bärtigen Ingenieure und Ärzte auf den Widerstand der ulema der al-Azhar gestoßen waren. In Teheran scharten sie sich mit der armen Stadtjugend hinter der sich bewußt an den schiitischen Sozialismus Shariatis anlehnenden Rhetorik des Ajatollah Khomeini, der allerdings den hier entlehnten und vor den 1970er Jahren nie benutzten Begriff der „Entrechteten" (mostasafin) ziemlich vage ließ, so daß sich alle außer dem Hof damit identifizieren konnten. Die Dynamik dieses Bündnisses aus frommen Bürgertum und armer städtischer Jugend riß die säkulare städtische Mittelschicht mit. Khomeini gelang es zudem, abweichende theologische Auffassungen wie die um den Großajatollah Schariat Madari auszuschalten, die

die Übernahme der Staatsgewalt durch die Geistlichkeit als Verstoß gegen die schiitische Tradition ablehnten und lediglich eine größtmögliche Autonomie für ihre Schulen, karitativen Einrichtungen und Finanzmittel wünschten. Khomeini hatte soziale und politische Bewegungen mit antagonistischen Zielsetzungen erfolgreich vereint, die nach der Flucht des Schah dann allerdings vom frommen Bürgertum als mächtigster Gruppe nacheinander ausgeschaltet wurden – zuerst das säkulare Bürgertum, dann die Linke, schließlich auch die arme städtische Jugend, die in dem von Saddam Hussein am 22. September 1980 angezettelten und vom Westen wie von Saudi-Arabien wohlwollend betrachteten Krieg in schlecht ausgerüsteten Freiwilligenkorps in den Märtyrertod[17] geschickt wurde.

Der Vergleich mit den Ereignissen in Algerien ein Jahrzehnt später macht die Interessenlagen deutlich: Der Wahlerfolg der FIS, mit dem sie die absolute Mehrheit errang, beruhte ebenfalls auf einem Bündnis von frommem Bürgertum und armer städtischer Jugend. Das Militär konnte das Wahlergebnis kassieren, ohne daß ein Volksaufstand dies verhinderte, weil in einer solchen Situation das fromme Bürgertum um seine Position fürchten mußte und sich lieber mit den neuen (bzw. alten) Machthabern arrangierte. Allerdings spielten bei dieser Entscheidung die Erfahrungen mit den aus Afghanistan zurückgekehrten, gewaltbereiten Dschihadisten eine bedeutsame Rolle.

Die Teheraner Tageszeitung Ettelaat berichtet am 30. Januar 1982 über die in die irakischen Minenfelder geschickten Kinder und Jugendlichen:

„Alle waren sie Freiwillige. Alle waren im Alter von vierzehn, fünfzehn, sechzehn bis zwanzig. Sie kamen, um aus den Minenfeldern einen Rosengarten zu machen. Sie standen vor dem Morgengrauen auf – wenn die Rosen ihre Blütenblätter öffnen. Dann rannten sie über die Minen und entfachten einen Sandsturm, der wie Donner dröhnte. Dann sahen die Augen nichts. Dann hörten die Ohren nichts.

Dann legte sich der Sturm, und eine heilige Stille lag über dem Feld. Wir konnten Reste junger zerrissener Körper se-

hen, die die Ebene bedeckten: Fleischfetzen und Knochenstücke, von denen manche an Dornbüschen hingen, auf den Steinen lagen. Es war, als hätte der Himmel Fleisch, Blut und zerbrochene Knochenteile auf das Feld geregnet (...).

Einige dieser Kinder hatten es aber geschafft, ihren Körper zum Zeitpunkt ihrer Heldentat mehr oder minder unversehrt zu erhalten. Sie hüllten sich in Decken, bevor sie über die Minen schritten. Somit konnten ihre Reste zur Absendung an die stolzen Eltern leichter eingesammelt werden. Zum Teil taten sie es, um unseren Rechtleitungsbeamten ihre Aufgabe zu erleichtern. Diese brauchten ja Leichen zum Vorzeigen, um andere Kinder anzuspornen, den gleichen Weg ins Paradies einzuschlagen (...).“

Zitiert nach: Amir Taheri, Morden für Allah. Terrorismus im Auftrag der Mullahs, München 1993, S. 345.

Der ägyptische Diplomat Azzam charakterisiert die iranische Revolution in einem 1980 überwiegend in Deutschland verfaßten Buch aus einer typisch sunnitischen Sicht:

„Die iranische Revolution hat ihren spezifischen Charakter. Sie kann nicht als nachahmenswertes Beispiel für andere islamische Länder gelten. Dieser spezifisch iranische Charakter unterscheidet sich von anderen islamischen Ländern besonders in folgenden Punkten:

1. Ein gutorganisiertes, hierarchisch aufgebautes System innerhalb der Geistlichkeit, der Mullahs, das dem christlichen Klerus bzw. der Priesterhierarchie innerhalb der Kirche zu vergleichen ist. Eine ähnlich strukturierte Priesterhierarchie (mit etwa 150.000 Mullahs und Theologie-Studenten) ist in der übrigen – vorwiegend sunnitischen – islamischen Welt nicht bekannt.

2. Die iranische Geistlichkeit war seit der Staatsgründung des modernen Iran zu Beginn des 16. Jahrhunderts durch Schah Ismail finanziell unabhängig. Diese Unabhängigkeit verdankt sie großem Land- und Grundbesitz sowie der Tatsache, daß ein Teil der schiitischen Gläubigen ein Fünftel ihres Einkommens für religiöse Zwecke (Khums) direkt an die Geistlichen abführt – eine Einrichtung, die ebenfalls in kei-

nem anderen islamischen Land anzutreffen ist.

3. Die historisch tradierte Neigung der schiitischen Gläubigen nach Märtyrertum, Geheimhaltung und religiösem Gehorsam bei gleichzeitiger erhöhter Skepsis gegen weltliche Autoritäten, die traditionell als Usurpatoren der im Grunde der Geistlichkeit zustehenden Macht angesehen werden.

4. Die exzessiv ausgeprägten anti-amerikanischen Gefühle, die ganz besonders virulent wurden, seit sich die USA als Hauptverbündeter des Schah erwiesen hat. Auch dieser Anti-Amerikanismus ist ein spezifisch iranisches Problem.

5. Die subjektiven politischen Anschauungen Ayatollah Khomeinis in vielen Fragen, sowie manche schiitischen Religions- und Glaubenssätze werden von der Majorität der Muslime nicht geteilt."

Hamdy Mahmoud Azzam, Der Islam. Plädoyer eines Moslems, Stuttgart 1981, S. 38f.

Die Ausstrahlung der iranischen Revolution und die saudische Eindämmungspolitik

Die iranische Revolution entwickelte zunächst eine gewisse Sogwirkung. Am 20. November 1979 stürmten einige hundert saudische Oppositionelle die Große Moschee in Mekka. Dieses lokale Ereignis ist der Beleg für einen fast epochalen Einschnitt in der muslimischen Welt, weil ab jetzt zwei unterschiedliche Strategien zur Beherrschung bzw. Kontrolle der islamistischen Kräfte miteinander konkurrierten. Bislang hatten die Saudis die Ausbreitung des Islamismus in der Welt finanziert, um ihn – beispielsweise durch die Islamische Weltliga – besser kontrollieren zu können. Jetzt suchte Teheran unter Herabspielung der schiitischen Besonderheiten insbesondere die jungen islamistischen Intellektuellen der radikalsten Flügel anzusprechen. Dies war erfolgversprechend, weil der Sturz eines von Amerika gestützten Tyrannen vor dem Hintergrund eines durch den Palästina-Konflikt immer neu angeheizten Antiamerikanismus in der arabischen Welt begrüßt wurde.

Die saudische Gegenpropaganda interpretierte die iranische Entwicklung als ein schiitisches Phänomen und als Ausdruck eines persischen Nationalismus. Insbesondere Saddam Hussein bediente sich dieses Arguments, um seinen Krieg von 1980 zu rechtfertigen, der tatsächlich „nicht im herkömmlichen Sinn als Ausdruck eines Grenzkonfliktes zweier Nachbarländer verstanden werden“[18] darf, wie sie die Region seit Jahrhunderten kannte. Das iranische Modell übte zwar auf muslimische Intellektuelle von Nordafrika bis Indonesien und insbesondere in den Migrantenländern[19] eine enorme Faszination aus,[20] doch von den zahlreichen Teheran-Besuchern tritt kaum einer zum Schiismus über. Zwar begeistert aus Teheran zurückkehrend, schließt man sich doch in der Heimat den dortigen islamistischen Bewegungen an.[21] Nur in dem als Staat immer mehr zerfallenden Libanon gelang es dem Iran, unter der schiitischen Minderheit mit der Hizbollah eine bedeutende extremistische Bewegung ins Leben zu rufen, während im Irak die Schiiten blutig verfolgt wurden. Sonst sind eher indirekte Wirkungen des iranischen Islamismus zu verzeichnen, etwa auf die PLO, die ihren traditionellen Nationalismus, der sowohl muslimische wie christliche[22] Araber zu vereinen mochte, zwar nicht aufgab, aber doch stärker islamische bzw. islamistische Positionen aufnehmen mußte. Zudem traf die iranische Propaganda in Palästina auf eine alteingesessene islamistische Bewegung, die Muslimbrüder, die insbesondere im Gazastreifen ein dichtes Netz karitativer Einrichtungen betrieben. So wird das iranische Vorbild zwar nicht übernommen, aber als erfolgreiches Beispiel wirkt es befeuernd, wie etwa in der Intifada von 1987, die die Vormachtstellung der PLO unter den Jugendlichen im Gazastreifen und den Westbanks gefährdete. Der Sieg über den Schah beflügelte auch die zum bewaffneten Dschihad entschlossenen Aktivisten, die sich in der Gründung des „Islamischen Dschihad“ zusammenfanden, der sich als aktivistische und militante Spitze der palästinensischen Bewegung verstand, allerdings in der tagespolitischen Entwicklung im Unterschied zu Hamas und PLO eine eher proiranische Position einnahm.

Khomeinis Kritik am saudischen Regime:

„Das herrschende Regime in Saudi-Arabien trägt zwar muslimische Kleidung, aber in Wirklichkeit repräsentiert es einen luxuriösen, frivolen und schamlosen Lebensstil, indem es dem Volk Geldmittel raubt und sie verschwendet sowie sich mit Spielen, Trinkgelagen und Orgien beschäftigt. Wäre es überraschend, wenn das Volk dem Weg der Revolution folgte, sich Gewalt zuwendete und seinen Kampf fortsetzte, seine Rechte und Mittel wiederzugewinnen?"

Zitiert nach: John L. Esposito, The Islamic Threat. Myth or Reality, Third Edition, Oxford University Press 1999, S. 19. Aus dem Englischen übersetzt von G. Gemein.

Iranische Mekka-Pilger 1979 bis 1994
(auf die jeweils nächsten 5.000 auf- bzw. abgerundet)

1979	75.000	1987	160.000
1980	10.000	1988	0
1981	75.000	1989	0
1982	85.000	1990	0
1983	100.000	1991	115.000
1984	150.000	1992	120.000
1985	15.000	1993	115.000
1986	150.000	1994	60.000

Zahlen nach: Martin Kramer, Arab Awakening and Islamic Revival, 1996, S. 184.

Die Zahl der saudischen Mekkapilger kann nur geschätzt werden. Für die ausländischen Pilger führt die saudische Regierung Statistiken, deren Gesamtzahl beträgt demnach:

1982	853.555	1986	856.718
1983	1.003.911	1987	960.386
1984	919.671	1988	774.560
1985	851.761		

Zahlen nach: Andrew Rippin, Muslims, Bd. 2, London 1993, S. 138.

Das Logo der Hizbollah mit der typischen Mischung aus Religion und revolutionärem Agitprop

Die libanesische Hizbollah bleibt mithin der einzige Erfolg, das iranische Vorbild nach außen zu tragen. Die Versuche Teherans, Einfluß auf die Pilgerbewegung nach Mekka zu gewinnen (1981 schwenkten die 75.000 iranischen Pilger Khomeini-Bilder und riefen USA- und Israel-feindliche Parolen), wurden durch die rigide saudische Reaktion, unter anderem durch Beschränkung der Pilgerzahl, blockiert. Zudem bot sich nach dem kommunistischen Staatsstreich von 1978 und der sowjetischen Besetzung Afghanistans[23] ein idealer „Ersatzkriegsschauplatz", der sowohl den Zielen der Saudis wie der USA entsprach. Die Saudis wollten wie die Amerikaner den iranischen Islamismus eindämmen, darüber hinaus versuchten die Amerikaner die Russen von „ihren" Meeren fernzuhalten. Außerdem bot Afghanistan allen Aktivisten, die von einem Waffengang gegen die „Ungläubigen" träumten, ein ideales Betätigungsfeld. Die „Gotteskrieger" in Afghanistan entstammen daher der gesamten muslimischen Welt, und manche Staaten wie Ägypten und Algerien nahmen diese günstige Gelegenheit, Unruhepotentiale „loszuwerden", gerne wahr. Die Rückkehr dieser Afghanistan-Kämpfer nach ihrem Erfolg ein Jahrzehnt später sollte dann allerdings zu einer schweren Hypothek werden.

Man wird diese saudische Eindämmungspolitik der 1980er Jahre gegenüber dem Konkurrenten Iran als insgesamt erfolgreich ansehen müssen. Die Saudis konnten sich außerdem durch den Aufbau eines nach islamischen Prinzipien organisierten

Bankwesens für die muslimische Welt eine weitere Stütze ihrer wirtschaftlichen Hegemonie sichern und dadurch die frommen Mittelschichten an sich binden, die grundsätzlich für die Kritik an dem korrupten Prinzenregiment anfällig waren. Ende der 1980er Jahre war die iranische Revolution eingedämmt, der iranische Staat und seine Gesellschaft durch den Krieg mit dem Irak geschwächt, dessen 1,5 Millionen Todesopfer überwiegend Iraner waren. Auch die durch den Krieg verschärften sunnitisch-schiitischen Gegensätze kamen letztlich den Saudis in ihrer Auseinandersetzung mit dem Iran zugute. Am 18. Juli 1988 hatte Khomeini in eine Waffenruhe eingewilligt, die den achtjährigen Krieg beendete. Es waren daher vorrangig innenpolitische Motive in einer Situation der außenpolitischen Schwäche, die Khomeini am 14. Februar 1989 zur Fatwa des Todesurteils gegen Salman Rushdie veranlaßten. Der Tag war nicht zufällig gewählt. Die Fatwa verdrängte den für den 15. Februar geplanten letzten Abzug sowjetischer Truppen aus Afghanistan, der in der islamischen Welt als ein Sieg der Saudis verstanden wurde, weltweit aus den Schlagzeilen und lenkte die Aufmerksamkeit wieder auf den iranischen Islamismus.

Europa – Land des Islam?

Die Stoßrichtung des Islamismus hatte sich damit verändert, richtete sich statt gegen Südwestasien nun gegen den Westen, repräsentiert in dem britischen Staatsbürger Rushdie. Gegen ihn hatten in Großbritannien schon kurz nach Erscheinen des Buches „Satanische Verse“ Anhänger Maududis in der pakistanischen Gemeinde mit einer Bücherverbrennung protestiert. Der Islam im Westen befand sich in einer Umbruchphase, die ihren Hintergrund in den Integrationsproblemen der muslimischen Migranten – in Frankreich hauptsächlich aus dem Maghreb, in England vom indischen Subkontinent, insbesondere Pakistan, in Deutschland aus der Türkei – hatte. Von diesen war inzwischen eine im Migrationsland geborene Generation groß geworden. Zwar (noch) nicht in Deutschland, das damals die Einbürgerung von Türken eher erschwerte, aber in Frankreich und England hatten viele die westliche Staatsbürgerschaft erworben. Dies hatte, insbesondere für konservative Theologen, Auswirkungen auf eine islamische Weltsicht, die die Welt in ein dar al-islam (Haus des Islam, des Friedens) und ein dar al-harb (Haus des Krieges) einteilte. Das erste umfaßte das Gebiet der umma, der Gemeinschaft der Gläubigen, in der die Scharia herrschen sollte; das zweite, da ja nicht überall und gleichzeitig Krieg geführt wurde, erlaubte Differenzierungen des dar al-kufr (Land der Ungläubigen) zum Beispiel in das dar al- 'ahd (Land des Vertragsfriedens), in dem Muslime als Kaufleute, Reisende oder Seeleute friedlich ihren Geschäften nachgehen konnten, in der es auch undenkbar war, die Einführung der Scharia zu fordern, da der Souverän ein kafir, ein Ungläubiger, war. Mit der Erwerbung der Staatsbürgerschaft einer großen Zahl von Muslimen verändert sich aber nach solchem Weltverständnis der Status des bisherigen „Gastlandes". Was einzelne Fundamentalisten wie Sabir Tuayma vorgedacht hatten, daß die Scharia nicht nur für Muslime, sondern für die gesamte Menschheit als ein „allgemein gültiges internationales Recht"[24] zu gelten habe, wird jetzt zum politischen Programm: Islamisten erklärten ab 1988 Europa zum dar al-islam. Verbunden ist dies mit dem Anspruch, für die ganze muslimische Gemeinde zu sprechen, sowie mit der Forderung, diese nach den Regeln der Scharia zu organisieren und auf die politische Ordnung einzuwirken. Die Folge ist die erste „Kopftuch-Affäre" im Herbst 1989 in Frankreich,[25] die viele weitere nach sich ziehen sollte.

Die Bedeutung der Kopftuchfrage für den islamischen Fundamentalismus faßt Daphne Grace zusammen:

„The 'new' veiling in Egypt, Turkey, Britain and the United States – as well as elsewhere in the world – is often a political-marker within the new wave of islamism."

„In Islamism, veiling has become not only a religious but also a politicised act (...)."

Daphne Grace, The Woman in the Muslim Mask, London 2004, S. 75, 19.

Das Jahr 1989, das für die Deutschen mit dem Fall der Berliner Mauer, weltweit mit dem Niedergang kommunistischer Herrschaft, einen epochalen Einschnitt bildet, markiert auch in der nur kurzen Geschichte des islamischen Fundamentalismus einen Höhepunkt, der in der Rückschau auch einen Wendepunkt einleitet: Die Ideen Qutbs, Maududis und Khomeinis, die 20 Jahre zuvor ihren Siegeszug unter Studenten und jungen Intellektuellen angetreten hatten, hatten in den neuen Generationen der städtischen Armen, dann im frommen Bürgertum zunehmend Anklang gefunden. Der Sturm, den die Fatwa gegen Rushdie in der ganzen Welt entfacht und der Massen mobilisiert hatte, schien die Stärke der islamistischen Bewegung erneut zu bestätigen. Ihre Bilanz des Jahres 1989 war beeindruckend, für den Westen aber besorgniserregend: Die Russen waren aus Afghanistan vertrieben, ein islamistisches Regime kam im Sudan an die Macht, in Palästina hatte die PLO seit der Intifada mit der Hamas einen ernst zu nehmenden islamistischen Konkurrenten erhalten, aus der in Algerien entstandenen FIS sollte innerhalb kurzer Zeit eine Massenbewegung werden, deren Sieg ihre Führer schon voraussagten: Im Juni 1990 erhielt die FIS 54,25 Prozent der abgegebenen Stimmen, im Dezember nach offiziellen, allerdings von der FIS angefochtenen Angaben 47,27 Prozent.

Die Auswirkungen des ersten Golfkrieges: Spaltung des Islamismus

Die 1990er Jahre brachten aber eine ganz andere Entwicklung, die durch eine Spaltung und einen zumindest partiellen Niedergang des politischen Islamismus gekennzeichnet ist. Auslöser ist der erste Golfkrieg, in dem Saudi-Arabien für die Operation „Wüstensturm" amerikanischen Truppen den Aufenthalt in dem Land der „heiligen Stätten" erlaubte. „Ungläubige" Soldaten, begleitet von christlichen Militärgeistlichen und Rabbinern, waren einem Land zu Hilfe gekommen, „das die Wahhabiten voller Stolz als heilig priesen und unter diesem Vorwand jede kultische Handlung, die nicht dem Islam galt, verboten hatten".[26] Diesen ideologischen Schwachpunkt nutzte Saddam Hussein, der als

Vorsitzender der laizistischen Baath-Partei konservative wie fundamentalistische Muslime blutig verfolgt hatte (wofür ihn manche Freitagspredigt in die tiefste Hölle verdammte hatte), allerdings im Iran-Krieg religiöse Motive hatte anklingen lassen. Hatten die Saudis im vergangenen Jahrzehnt den schiitischen Fundamentalismus noch erfolgreich als Ausgeburt des persischen Nationalismus darzustellen und damit abzuschwächen vermocht, war jetzt ein Krieg gegen ein – zumindest in der Führung – sunnitisches Land zu rechtfertigen. Der Irak konnte dagegen die soziale und antikoloniale Karte spielen: Dem vom ihm angegriffenen Emirat der Sabah-Familie sprach die irakische Propaganda seine Staatlichkeit ab und bezeichnete es als „verlorene“ Provinz des Irak, als ein vom Kolonialismus geschaffener künstlicher Staat, dessen Herrscherfamilie sich schamlos an den Erdölgewinnen bereichere. Diese Argumentation ließ sich nahtlos auf das Prinzenregiment der Saudis übertragen.

Das saudische Regime sah sich damit einer geänderten Gesamtlage gegenüber. Es war innenpolitisch unter dem doppelten Druck fundamentalistischer Agitatoren wie liberaler Gruppen geraten. Ein typisches Beispiel des Aufbegehrens war der 6. No-

Ein Sakrileg: Amerikaner im heiligen Land des Islam

Peter Bergen, Terrorismus-Experte von CNN, berichtet über ein Interview mit Osama Bin Laden:

„‚Unsere Kriegserklärung gilt in der Hauptsache den Soldaten im Land der zwei heiligen Stätten Mekka und Medina.‘ Dies war Bin Ladens Bezeichnung für Saudi-Arabien, dessen Namen er aus Hass auf die königliche Familie nie ausspricht. Er fuhr fort: ‚Das Land der zwei heiligen Stätten ist in unserer Religion gegenüber den anderen muslimischen Ländern etwas Besonderes. In unserer Religion ist es keinem Nichtmuslim erlaubt, sich in unserem Land aufzuhalten. Deshalb müssen auch die amerikanischen Zivilisten gehen, obwohl sie nicht das Ziel unseres Plans sind. Wir garantieren nicht für ihre Sicherheit.‘ “

Peter Bergen, Heiliger Krieg Inc. Osama Bin Ladens Terrornetz, Berlin 2001, S. 32.

Der jordanische Radikalenführer Scheikh Abu Zant zum ersten Golfkrieg:

„Dies ist keine Schlacht zwischen Irak und Amerika, sondern zwischen dem Islam und den Kreuzrittern (...) sie wird nicht zwischen Saddam und Bush ausgetragen, sondern zwischen den Anführern der Ungläubigen und dem Propheten des Islam (...). Warum steht Irak im Mittelpunkt? Weil die zionistischen und amerikanischen Feinde nicht wünschen, daß es eine arabische oder moslemische Macht gibt, die sich gegen Israel richtet (...). Die Saudis haben ihre Glaubwürdigkeit als Moslems verloren, seit sie fremden Truppen erlaubt haben, in unser heiliges Land einzudringen, das allein Gott beschützen kann! Die Saudis haben uns die Amerikaner gebracht, und was die Amerikaner ins Heilige Land gebracht haben, sind Geschlechtskrankheiten und AIDS."

Aus Milton Viorst, A Reporter at Large. The House of Hasem, in: New Yorker, 7. Januar 1991, S. 32, zitiert nach: Martin E. Marty/R. Scott Appleby, Herausforderung Fundamentalismus, Campus Verlag, Frankfurt, 1996, S. 180f.

vember 1990, als unter Berufung auf die Prophetenfrau Aischa, die ihr Kamel selbst gelenkt hatte, 70 saudische Frauen in die Innenstadt von Riad fuhren und damit gegen das religiös begründete wahhabitische Fahrverbot für Frauen verstießen. Diesem Skandal begegnete die Regierung mit Rücksicht auf die ulema mit harten Sanktionen. In Pakistan war der Diktator Zia ul-Haq einem Attentat zum Opfer gefallen, und er wurde bald von den Islamisten als Märtyrer und Opfer amerikanischer Machenschaften verehrt, wobei es diese nicht störte, daß dem gleichen Attentat auch der amerikanische Botschafter erlegen war. Seine Nachfolgerin Benazir Bhutto, deren Vater von ul-Haq hingerichtet worden war, hatte wenig Neigung zu fundamentalistischen Bewegungen. Dies hatte Auswirkungen in der Unterstützung der „Gotteskrieger" in Afghanistan, die zwar den Abzug der Sowjets als Sieg feiern konnten, aber auf die Machtübernahme noch warten mußten, da sich das kommunistische Regime unter Nadschibullah noch hielt. Mit dem Abzug der Russen hatten die Amerikaner ihr strategisches Kriegsziel erreicht, angesichts der Schwäche des Iran ebenso die Saudis. Der bislang schier unerschöpfliche Geldfluß[27] an afghanische Warlords wie den dem Wahhabismus nahe stehenden Hekmatjar versiegte.

Hatten islamistische Kreise in Pakistan die Besetzung Kuweits durch den Irak in der Regel nicht gutgeheißen, so machte sich mit seiner Befreiung durch die Amerikaner deren Enttäuschung aus einem Gefühl des Im-Stich-gelassen-seins durch die USA in einem Seitenwechsel bemerkbar. Die UN-Aktion wurde als moderne Form westlichen Kreuzfahrertums[28] dargestellt, ein Motiv, das bis in die Gegenwart die Argumentation islamistischer Kreise beherrscht und inzwischen auf gemäßigte Kreise abfärbt. Die in der Region stationierten arabischen Dschihad-Kämpfer folgten dieser Kehrtwendung der lokalen Islamistenparteien – mit der Konsequenz, daß Riad immer mehr die Kontrolle über die internationale Brigade der Afghanistan-Kämpfer verlor.

Dschihadisten

Diese Kämpfer hatten sich zu „Dschihadisten" gewandelt, mit bedeutsamen mentalitätsgeschichtlichen Auswirkungen und politischen Konsequenzen: Die Idee des Dschihad wird zum Mittelpunkt ihres Lebens, verabsolutiert sich zunehmend gegenüber den wichtigeren Elementen islamischen Glaubens. Diese Dschihadisten vertraten nicht (mehr) die Interessen des frommen Mittelstandes, auch nicht die der mittellosen Stadtjugend, aus der die meisten entstammten. Es waren kampferprobte „professionelle Islamisten"[29] mit der häufig ausschließlichen Lebenserfahrung des Krieges, die sie an andere weiterzugeben hatten. Wir finden sie in allen bewaffneten Konflikten der 1990er Jahre, in Tschetschenien wie in Bosnien, in afghanischen Mudschahidin-Lagern oder pakistanischen „Stammesgebieten", die fern der staatlichen Kontrolle Islamabads lagen. Da diese meist fest in der Hand von Schmugglerbanden – Afghanistan ist ein Hauptanbaugebiet für Opium – waren, war eine Entwicklung vorgezeichnet, die aus der Sicht des Westens in Kriminalität überging und im Terrorismus endete. Die Afghanistan-Veteranen hatten dabei in den letzten Jahren Zulauf von muslimischen Sympathisanten aus westlichen Ländern erhalten, die jetzt in der Region festsaßen, da ihnen, in der Heimat unangenehm aufgefallen, kein westlicher Staat ein Rückreisevisum ausstellen wollte. Zu ihnen gesellten sich junge Islamisten aus aller Herren Länder, die nach Afghanistan gekommen waren, um sich hier „ausbilden" zu lassen, unter ihnen der größte Teil der Attentäter, die 1995 in Frankreich eine Reihe von Anschlägen verübten.

In diesem Milieu, das die Welt nur noch über religiöse Dogmen und Waffengewalt wahrnahm, entwickelte sich eine neue islamistische Ideologie, die Kepel in Anlehnung an einen ihrer geistigen Anführer, Imam Abu Hamza, „dschihadistischen Salafismus"[30] nennt. Ohne hier auf die sich durchaus davon zu unterscheidende philosophische Schule des Salafismus im 19. Jahrhundert oder die als Gegner betrachteten salafistischen „Scheichisten" eingehen zu können,[31] hat die sich auf Ibn Taimiyya berufende Forderung nach einer strengen Beachtung des genauen Wortlauts der heiligen Schriften eine erhebliche Ausstrahlungskraft auf verwandte islamistische Richtungen wie etwa die in einer deobandischen[32] Tradition stehenden Taliban, die diese Tradition allerdings radikalisierten. Für die 1867 auf dem indischen Subkontinent entstandene Deobandi-Bewegung hatte die Idee des Dschihad noch eine untergeordnete Bedeutung besessen. Die Deobandischule hatte damals durch zahlreiche Fatwas eine islamische Lebensform in einem nicht mehr muslimisch, sondern von den Briten beherrschten Staat regeln und schützen wollen. Dies geschah – wie meist in Diasporagemeinden – in einer strenggläubigen Form. Jetzt wurde der Anti-Amerikanismus zum verbindenden Element, weil dem Dschihad gegen Amerika als Glaubensfeind Nummer eins absoluter Vorrang gegeben wurde, ein fundamentaler Gegensatz zu den saudischen „Scheichisten", die hinter der Maske der Wortgläubigkeit ein üppiges Wohlleben und die Anlehnung an die USA versteckten. Diese „Scheinheiligkeit" wurde aus Sicht dieser islamistischen Gruppierungen im Golfkrieg entlarvt, als amerikanische Truppen das „Land der heiligen Stätten" betraten.

Für die Saudis hatte diese Entwicklung enorme Auswirkungen, und sie erklärt auch deren Zurückhaltung im zweiten Golfkrieg 2003. Bis zum ersten Golfkrieg hatten sie den sunnitischen Islamismus zu beherrschen vermocht, der jetzt gespalten war, in Afghanistan – bedingt durch die ethnischen Gegensätze – gleich in mehrere rivalisierende Gruppierungen. Auch wenn die Saudis weiterhin ihr Geld fließen ließen,[33] ihr Einfluß in der Region sank, zumal sich den Dschihadisten nach dem Abzug der Russen aus Afghanistan und dem Zusammenbruch der Sowjetunion neue „Aufgabengebiete“ in den zentralasiatischen Staaten und im Kaukasus (Tschetschenien) auftaten.[34] Im Sommer 2004 dehnten sie das „Einsatzgebiet“ für ihre Attentate auch auf Saudi-Arabien aus.

Die heutige Rolle der Saudis faßt Reuter zusammen:

„Eigentlich ist der Wahhabismus eine Bewegung von den Rändern, entstanden in Ablehnung der Metropole. Aber als Saudi-Arabien von der Welle des jähen Ölreichtums in die Mitte der islamischen Welt getragen wurde, verfügte die saudische Geistlichkeit auf einmal über die Mittel Missionare in die anderen islamischen Länder zu schicken, dort Koranschulen und Moscheen zu betreiben und den schlicht gestrickten Dogmatismus zu verbreiten – was den Islamismus erheblich radikalisiert wie internationalisiert und damit Osama Bin Ladens Wirken einen mächtigen Schub gegeben hat.“

Christoph Reuter, Mein Leben ist eine Waffe. Selbstmordattentäter – Psychogramm eines Phänomens, München 2002, S. 48f.

Der Bosnien-Konflikt

Im April 1992 war in Afghanistan der Dschihad zum Erliegen gekommen. Im gleichen Monat begannen die kriegerischen Auseinandersetzungen in Bosnien, die Europa daran erinnerten, daß es in seiner Mitte eine slawische muslimische Völkerschaft[35] besaß, die allerdings auch in der muslimischen Welt kaum wahrgenommen worden war. Die Entstehung eines muslimischen Staates mitten in Europa wurde dort mit freudiger Begeisterung aufgenommen, für Islamisten war sie sogar eine Bestätigung ihrer mit der Fatwa von 1989 gegen Rushdie vorgenommenen Einverleibung Europas in das „Haus des Islam". Die serbischen Angriffe und ethnischen Säuberungen wurden als Kreuzzug verstanden, wozu nicht nur die Politik, sondern auch Erklärungen der serbisch-orthodoxen Kirche genügend Anlaß boten. Während der ebenfalls 1992 ausgebrochene algerische Bürgerkrieg als eine innermuslimische Angelegenheit aufgefaßt wurde, verlangte der Bosnienkonflikt nach islamischer Solidarität. Diese äußerte sich in konkurrienden Patenschaften für die unterschiedlichen Gruppen, wodurch sich die verschiedenen Frontlinien innerhalb des Islamismus sich auch in Bosnien spiegelten. Doch ließ sich der Dschihad nicht nach Bosnien verpflanzen, und die „Freiwilligen" aus Pakistan, dem Iran, aber auch aus Ägypten räumten bald das Feld. Dies war zunächst Folge einer entschlosseneren Politik des Westens, die mit den in Dayton getroffenen und in Paris unterzeichneten Vereinbarungen eine friedlichere Entwicklung einleitete. Wichtiger war allerdings eine an Laizismus gewöhnte Einstellung der muslimischen Bevölkerung, auf die islamistische Ideologien wenig Eindruck machten, auch wenn bei einzelnen ihrer Führer wie Izetbegovic durchaus Anklänge an Qutb zu beobachten sind.[36] In Bosnien hatte sich nach der Annexion durch Österreich-Ungarn keine den Deobandi vergleichbare Gruppierung gebildet. Muslime kamen aus allen Bevölkerungsschichten, die Verbindungen zur Hohen Pforte blieben weitgehend erhalten. Muslime lebten nicht in einem geschlossenen Siedlungsgebiet, sondern mit Orthodoxen und Katholiken zusammen, mit denen sie gemeinsam staatliche wie gesellschaftliche Institutionen nutzten. Religion war daher auf einen zwar nicht im westlichen Sinne privaten, zumindest aber auf einen kollektiv zu verstehenden Glaubensbereich beschränkt. Jaques Waardenburg kennzeichnet treffend die bosnischen Muslime als „aufgeklärter als ihre serbischen und kroatischen Nachbarn und sicherlich weniger aggressiv".[37] Vor dem Hintergrund dieser Entwicklung kam es zu empörten Unmutsbezeugungen der Bosnier, als die „Gotteskrieger" ihre in Afghanistan erworbenen salafistischen Gewohnheiten nach Europa übertrugen, den lokalen Islam reinigen wollten, Zeremonien ihrer „ketzerischen" Glaubensbrüder störten, Frauen den schwarzen Schleier und Männern den Bart (insbesondere in der Gegend von Zenica) aufzuzwingen versuchten. Als aufgrund des Dayton-Abkommens alle „internationalen" Freiwilligen das Land zu verlassen hatten, dafür aber „ungläubige" amerikanische Soldaten einrückten, war dies für das Selbstverständnis der Islamisten eine Niederlage. Der bosnische Islam dagegen hatte sich weitgehend als immun gegen islamistische Bestrebungen erwiesen.[38]

Der algerische Bürgerkrieg

Im Jahr 1992 begannen nicht nur die kriegerischen Auseinandersetzungen in Bosnien, sondern auch der Bürgerkrieg in Algerien. Dieser führte über die schon erkennbare Spaltung zu einer Zersplitterung der islamistischen Bewegung, die von der konkurrierenden Rivalität bis zu bewaffneten Auseinandersetzungen und bald auch zum Mord führen sollte. Um den Wahlerfolg der FIS zu verhindern, organisierten Militär und politische Funktionäre einen Staatsstreich, der die Wahlen für ungültig erklärte und den Ausnahmezustand erklärte. Dies war der Beginn eines über Jahre dauernden Bürgerkrieges, bei dem sich religiös-ideologische Frontstellungen mit ethnischen Gegensätzen zwischen Arabern und Berbern vermischten, die häufig mit sozialen Verwerfungen der Gesellschaft korrespondierten. Klare Frontlinien waren für den außenstehenden Europäer in diesen ausgesprochen blutig und brutal geführten Auseinandersetzungen kaum zu erkennen. Die Barbarei dieses bis 1997 dauernden Krieges zwischen der Armee und den militanten Extremisten hatte aber das Ergebnis, daß das Bündnis zwischen frommer Mittelschicht und der armen städtischen Jugend zerbrach, das bislang die Erfolge der FIS garantiert hatte. Die fromme Mittelschicht mußte in dieser Situation um ihre materielle wie soziale Existenz bangen, die perspektivlose Jugend war dagegen für eine militante Argumentation offen, weil sie nichts zu verlieren hatte. Die komplexe und manchmal auch verworrene Geschichte dieses Bürgerkrieges mit ihren unterschiedlichen Gruppierungen, Organisationen und ideologischen Ausrichtungen kann hier nicht nachgezeichnet werden.[39] Das Ergebnis hat nicht nur für Algerien eine historische Bedeutung, weil es die Entwicklung des Islamismus insgesamt betrifft: Die arme städtische Jugend fand in der „Bewaffneten Islamischen Gruppe“ (GIA) eine militante Organisationsform, die sich durch ihre Morde an regimekritischen, aber französisch sprechenden und damit den verhaßten Westen repräsentierenden Universitätsangehörigen vom frommen Bürgertum entfernte. Die Gegnerschaft des frommen Bürgertums zur Regierung wurde durch wirtschaftspolitische Maßnahmen – unter anderem durch Privatisierungen – abgebaut, die in der Summe einen Übergang vom Sozialismus zur Marktwirtschaft bedeuteten. Die GIA mußte in den Folgejahren eine Reihe von Spaltungen in rivalisierende Gruppen hinnehmen, deren „Emire“ bzw. Kommandanten häufig mit der Waffe in der Hand fielen. 1998 war die GIA faktisch verschwunden, ohne daß die Massaker ein Ende nahmen; sie war zerfallen in unterschiedliche Gruppen, für die die Bezeichnung Banden angemessener ist – das 2003 in Deutschland medial stark wahrgenommene Schicksal der Sahara-Geiseln geht auf deren Konto. Dieses Scheitern der GIA ist gleichzeitig das politische Scheitern der armen Stadtjugend, ohne die der Islamismus seine Wirkung, vor allem auf der Straße, nicht entfalten kann. Das Abgleiten in den Terrorismus ist, so schlimm es in den Auswirkungen für die Opfer auch ist, ein Kennzeichen dieses politischen Scheiterns – gleichgültig, ob hier in Algerien oder vorher bei den Roten Brigaden in Italien oder der Bader-Meinhof-Bande in Deutschland, die erfahren mußte, daß ihre nicht-militanten politischen Zielvorstellungen – z. B. die Vereinigung mit dem Proletariat – nicht realisierbar waren.

Vom Fundamentalismus zum Terrorismus: ein Niedergang des Islamismus?

Dieses zumindest strategische Scheitern ist auch anderswo zu beobachten. Eine strukturell ähnliche Entwicklung wie in Algerien nahm der Islamismus zur gleichen Zeit auch in Ägypten, in dem die Muslimbrüder im September 1992 noch die Wahlen für die Anwaltsvereinigung gewonnen und ihren Einfluß auf die Berufsverbände gestärkt hatten. Das Massaker in Luxor vom 17. November 1997 machte die Spaltung der radikalen gama'a islamiyya nach außen deutlich: Das europäische Zentrum verurteilte die Bluttat, die in Afghanistan verbliebenen Führungskräfte äußerten ihre Zustimmung. Die Verurteilung durch die Muslim-Bruderschaft klang überzeugend, war doch auch sie zumindest zum Teil vom Tourismusgeschäft abhängig.

Auch im direkten Krieg gegen den Westen vermochten die „salafitischen Gotteskrieger" keinen Sieg zu erringen. Das erste Attentat auf das World Trade Center im Februar 1993 und der von der GIA nach Frankreich getragene „Krieg" in Form von Attentaten waren von ihren Anhängern noch mit Freudentänzen gefeiert worden. Waren sie vorher auf die Region zwischen Kabul und Peschawar konzentriert, hatten sie sich über die ganze Welt verteilt und den Eindruck einer rasanten Ausbreitung des Islamismus erweckt. Doch dieser Eindruck, verstärkt durch die westliche Medienberichterstattung, täuschte: Es waren nur einige tausend, letztlich heimatlose „Gotteskrieger", die Afghanistan verließen oder verlassen mußten und jetzt an allen aktuellen Brennpunkten auftauchten. Ihre zunehmende Militanz, vor allem aber ihr Abgleiten in Terroranschläge provozierte staatliche Gegenmaßnahmen in Frankreich und Marokko, sie entfremdete sie auch von Bürgertum und Intelligenz. Vor allem stellte sie die arme städtische Jugend, die sie zu vertreten vorgab, vor die entscheidende Frage, ob sie diesen Weg der Gewalt mitgehen oder demokratische Konfliktlösungen bevorzugen wollte. Im Ergebnis erweist sich der von der GIA gegen Frankreich angezettelte Krieg als „verfehlt".[40] Der militante, vom Dschihad in den Terrorismus abgleitende Islamismus entzog sich selbst die Basis einer breiten sozialen Bewegung. Für Olivier Roy zeigt sich darin

Wieviel „Gotteskrieger“ gab es?
Gesicherte Zahlenangaben liegen nicht vor. Peter Bergen (Berlin 2002, S. 15) nennt 12.000 bis 15.000 Mann an der Seite Bin Ladens im Kampf gegen die Sowjets in Afghanistan; Mostafa Danesch (Hamburg 2002, S. 167, 173) berichtet von 30.000 Saudis und Jemeniten, davon 12.000 ständig an den Kämpfen beteiligt, und 5.000 bis 7.000 Algeriern als drittgrößter Gruppe nach den Arabern und Ägyptern.

Wie groß ist al-Qaida?
Unter Bezug auf arabische Quellen gibt Zidane Meriboute für die Zeit des amerikanischen Angriffs auf Afghanistan 2001 die Größe von al-Qaida mit 2.830 Personen an, davon 594 Ägypter, 410 Jordanier, 291 Jemeniten, 255 Iraker, 162 Syrer, 177 Algerier, 111 Sudanesen, 53 Marokkaner, 32 Palästinenser und einige Dutzend Saudis; zwischen 5.000 und 20.000 Kombattanten seien in den Lagern der al-Qaida vor den amerikanischen Bombardements ausgebildet worden.

Zidane Meriboute, La fracture islamique: demain, le soufisme?, Paris 2004, S. 114f.

das Scheitern des „politischen Islam“,[41] der trotz der sozialen Verwerfungen durch Landflucht und Urbanisation die traditionellen Stammeszugehörigkeiten, auch durch eine Revolution von oben, nicht aufzuheben vermochte. Dies gilt – trotz der zahlreichen sozial entwurzelten jungen Talibankrieger – selbst in Afghanistan, wo traditionelle Gegensätze auch die jüngere Geschichte bestimmten. Afghanistan belegt auf ebenso eindringliche wie blutige Weise einen konfliktschaffenden Gegensatz in der islamischen Welt: „Die muslimischen Gesellschaften des 20. Jahrhunderts sind zwischen zwei widersprüchlichen Strukturen hin- und hergerissen. Auf der einen Seite stehen der Clan, der Stamm, die ethnische Gruppe, auf der anderen Staat und Religion. Der kleinen Gruppe statt dem großen Glauben und dem Stamm statt der Ummah galt alle hauptsächliche Loyalität, nicht so sehr dem Staat.“[42] Die Islamisten vermochten diesen Widerspruch nicht zu lösen.

Das bedeutet allerdings nicht, daß dieser Terrorismus, zu dem auch das Netzwerk al-Qaida eines Osama Bin Laden[43] zu zählen ist, nicht durch spektakuläre Aktionen Aufmerksamkeit auf sich ziehen kann und bei westlichen Gegenreaktionen dann Massendemonstrationen meist jugendlicher Teilnehmer zu motivieren vermag. Trotz aller Gefährlichkeit im Bereich des Terrors fehlt es allerdings in den meisten arabischen Staaten an einer gesellschaftlichen und politischen Verankerung, die eine Machtübernahme durch diese Fundamentalisten ermöglichen könnte. Gleichzeitig deutet sich in der Geschichte der Attentate vom 11. September 2001 in New York bis zum 11. März 2004 in Madrid eine neue Entwicklung an, derzufolge die in den 1990er Jahren zersplitterten gewaltbereiten Gruppen und Grüppchen unter dem Dach der al-Qaida zusammenfinden, die sich von einer Organisation zu einer nicht hierarchisch strukturierten Bewegung wandelt.[44] Sie feierten den spanischen Regierungswechsel als Erfolg ihrer Aktion und sahen nicht die Ursache in der Desinformationspolitik der konservativen Regierung Aznar; in einer ähnlich monokausalen Geschichtserklärung haben sie den Rückzug der Russen aus Afghanistan als Erfolg der Gotteskrieger interpretiert.

Kepel sieht in dieser Entwicklung einen „Niedergang" des Islamismus,[45] den man um die Beispiele Jordanien oder Palästina ergänzen kann, wo die islamistische Hamas zwar gegen die aus anderen Wurzeln stammende PLO an Boden gewinnen konnte, aber dennoch zwischen Arafat und Israel wie „zwischen Hammer und Amboß"[46] existieren muß – angesichts der israelischen Militärmaschinerie ohne Aussicht auf Erfolg. Ob dieser Niedergang für den islamischen Fundamentalismus gleichzeitig das Ende im Sinne des Abschlußes einer historischen Epoche darstellt, darf allerdings bezweifelt werden. Vor dem Hintergrund der Wahlen von 2004 im Iran könnte man auch den „Niedergang" als einen (vorübergehenden) „Rückschlag" deuten, wie er in der Geschichte der fundamentalistischen Gruppierungen wie etwa der Muslimbruderschaft mehrfach zu verzeichnen war. Ideen und Ideologien sind in der Regel langlebig, und die Situation im Nahen und Mittleren Osten ist derart konfliktbeladen, daß sie jederzeit den Nährboden für ein erneutes Aufblühen des

Islamismus bilden kann. Die anti-amerikanischen Massendemonstrationen zu Beginn des zweiten Golfkrieges 2003 bestätigen dies.[47]

Für Kepels Erwartungen an eine zukünftige Wandlung des Islamismus hin zur Akzeptanz der Demokratie gibt es wenig Anzeichen, weil die von ihm genannten Rahmenbedingungen – beispielsweise die Lockerung der autoritären arabischen Regime und die Umsetzung der Menschenrechte – sich derzeit nicht abzeichnen. Betrachtet man die Entwicklung seit dem Erscheinen von Kepels Buch im Jahr 2002, wird man eher die Thesen Roys bestätigt sehen, der einen niedergehenden politischen Islamismus und einen sich ausbreitenden Neofundamentalismus sieht. Die arabischen Demonstrationen gegen die Militärpolitik Scharons sowie die Auswüchse der amerikanischen Besatzung im Irak führen immer wieder Menschen unterschiedlicher politischer Prägung zusammen. Die Erfahrung der Gemeinsamkeit in antiamerikanischen Aktionen bietet nicht nur dem Islamismus die Chance zur Ausbreitung, sie läßt auch die traditionellen Grenzlinien zwischen Islamismus und Traditionalismus zerfließen. Dennoch ist, als Bestätigung Kepels, auch die Möglichkeit nicht auszuschließen, daß der Islamismus in einer anderen, gewandelten Form überlebt, wie das türkische Beispiel zeigt.

Kepels und Roys unterschiedlich begründete These vom Niedergang des Islamismus findet in Frankreich insbesondere von islamischer bzw. islamistischer Seite entschiedenen Widerspruch. Während Gresh eine vermittelnd-gemäßigte Position einnimmt, steht Tariq Ramadan, ein Enkel des Gründers der Muslimerbruderschaft, Hassan al-Banna, ganz in der Tradition seines Großvaters. Die eigene Interpretation des Islam wird von ihm für den Islam schlechthin gehalten. Dies hat Auswirkungen auf sein Geschichtsbild und seine Bewertung der französischen Forschung, wobei Ramadan aber indirekt die sozialwissenschaftlich begründeten Forschungsergebnisse Kepels bestätigt:

„*Was die islamistischen Bewegungen im Westen sichtbarer hat werden lassen, ist das aufsehenerregende Wesen der iranischen Revolution. Alles scheint 1979 zu beginnen. Manche Forscher setzen bereits in den 60er Jahren an, in denen sich, nach der Unterdrückung der Muslimbrüder in Ägypten, die Ideen von Abou 'Aa al-Mawdudi und Sayyed Qutb ausbreiten. Die Geburt des Islamismus läge dann in der Zeit zwischen 1966 und 1979. Diese Lesart ist allerdings in ihrer Vorgehensweise wenig wissenschaftlich und kaum genau zu nennen. Denn zwischen 1966 und 1979 werden Bewegungen geboren, die sich im Wesen um die Übernahme von Macht, dem Sturz eines Staates bemühen und sich dabei radikalisieren. Als Forscher wie Olivier Roy, Antoine Basbous und Gilles Kepel die Zeit des Post-Islamismus ankündigen, sprechen sie in Wirklichkeit vom Scheitern radikaler und revolutionärer politischer Haltungen. Ein seltsamer soziologischer Zugriff, der ein Studienobjekt durch dessen Reduzierung schafft (,Islamismus gleich radikaler politischer Islam') und uns den Tod eines anderen Objektes verkündet (,politischer Islam, bei dem die Bewegungen, die sich auf den Islam beziehen, gescheitert sind'). Unschärfe ermöglicht die gegensätzlichsten Bewertungen durch den Einsatz verstümmelter oder falscher Lektüreraster.*

So beschwören die Propheten des Islamismus-Endes sowohl Radikale als auch Reformisten, oft auch beide Gruppierungen. Im Iran würde dann das Ende der Islamisten das Scheitern der Konservativen bedeuten und die Reformer wären keine ,Islamisten' mehr. Sie wären aus dem Feld des Islamismus ausgeschieden, während die gleiche Analyse die Reformer in Ägypten oder Malaysia als ,Islamisten' einstufen würde: dennoch sind die Sichtweisen der einen und der anderen konvergent, oder oft gleichartig."

Alain Gresh/Tariq Ramadan, L'Islam en question, Actes Sud, 2000, 2002, S. 63f. Aus dem Französischen übersetzt von H. Redmer.

Die Türkei als Beispiel eines gemäßigten Islamismus?

Gesellschaft und Staat der Türkei unterscheiden sich erheblich von den arabischen Ländern. Der seit den kemalistischen Reformen strikt laizistische Staat hatte neben dem traditionellen frommen Bürgertum eine im Vergleich zu den arabischen Ländern relativ starke westlich orientierte Bürgerschicht entstehen lassen. Die Türkei hatte sich in der Nachkriegszeit zu einer für die Region eher vorbildlichen Demokratie entwickelt, deren Parteienvielfalt und ordnungsgemäße demokratische Wahlen alle Gruppen zu Verhaltensweisen zwang, die westlichen Standards entsprachen. Dem mußte nicht widersprechen, daß bestimmte radikale Gruppierungen wie etwa Kaplans „Kalifatsstaat" in der Türkei verfolgt wurden und dann in Deutschland ein durch Asylrecht und Sozialhilfe gut abgefedertes Refugium erhielten. Die im Vergleich etwa zu den autoritär geführten arabischen Staaten wie Ägypten oder Jordanien ganz andere Situation mit einer vergleichsweise offenen Bürgergesellschaft hatte auf die Entwicklung des türkischen Islamismus[48] erhebliche Auswirkungen, der sich zeitlich parallel zu den anderen muslimischen Ländern bemerkbar machte. Zu Beginn der 1980er Jahre fanden zwar radikale islamistische Tendenzen iranischer oder arabischer Provenienz unter Studenten einigen Anklang, im Gegensatz etwa zu Ägypten oder Algerien allerdings nicht über dieses Milieu hinaus, vor allem nicht in der mittellosen städtischen Jugend. Denn der politische Islam, der nur einen kleinen Teil der türkischen Gesellschaft umfaßt, wurde „weitgehend von unabhängigen islamistischen Intellektuellen geprägt, die ihren Platz innerhalb einer pluralistischen, liberalen und laizistischen Gesellschaft suchten und an einem Revolutionsbund sozialer Klassen zum Sturz der ‚unfrommen' Regierung und Aufbau eines islamischen Staates wenig Interesse hatten."[49] Sie fanden – neben anderen Strömungen – in der von Turgut Özal, der selbst aus dem religiösen Milieu stammte, im Mai 1983 gegründeten Mutterlandspartei eine politische Heimat. Auch die von konservativen Intellektuellen gegründete „Türkisch-Islamische Synthese" (TIS)[50] entwickelte sich für die Regierung zu einem wichtigen Bindeglied zum frommen Bürgertum. Die TIS wollte in den 1970er Jahren den linken Intellektuellen in der Presse und an den Hochschulen die Vorherrschaft streitig machen, indem sie die islamische Kultur als notwendige moralische Ergänzung der vom türkischen Nationalismus verkörperten Werte forderte. Sie widerstand aber allen radikalen Tendenzen wie etwa der Aufwiegelung der armen Stadtjugend.

Angesichts dieser Entwicklung war es für den Westen wie für kemalistische Dogmatiker ein regelrechter Schock, als Necmettin Erbakan, der Vorsitzende der islamistischen Wohlfahrtspartei am 28. Juni 1996 zum Ministerpräsidenten ernannt wurde – in einem Jahr, in dem die islamistische Bewegung (noch) die algerische Untergrundbewegung trug, die ägyptische Regierung bedrohte, die Taliban Kabul einnahmen und Osama Bin Laden den Vereinigten Staaten den Dschihad erklärte. Erbakan war als unabhängiger Kandidat für das zentralanatolische Konya, einer konservativen Hochburg und Zentrum der von Atatürk verbotenen Bruderschaften ins Parlament gewählt worden; er hatte dann verschiedene islamistische Parteien gegründet, es in verschiedenen Koalitionsregierungen (Ecevit, Demirel) zu Kabinettsehren gebracht. Bis 1991 blieben die Wahlergebnisse allerdings, trotz einer durchgängig positiven Entwicklung, unter zehn Prozent. Eine Verdoppelung auf 19 Prozent erfolgte bei den Kommunalwahlen vom März 1994, bei denen in fast 330 Städten, darunter Istanbul und Ankara, die Rathäuser erobert wurden. Mit dem Wahlsieg vom 24. Dezember 1995 wurde erstmals in der türkischen Geschichte eine islamistische Partei mit 24 Prozent zur stärksten Kraft im Parlament. Für türkische Verhältnisse war dies ein triumphaler Sieg; ein Vergleich mit den doppelt so hohen Prozentzahlen der algerischen FIS macht allerdings auch die Unterschiede beider Gesellschaften deutlich.

Erbakan hatte inzwischen unter den Auslandstürken, vor allem in Deutschland, große (auch finanzielle) Unterstützung gewonnen. Er profitierte insbesondere vom Verfall der Mutterlandspartei, für die der Tod Özals ein fast vernichtender Schlag war. Zwar war Özal den Religiösen in vielen kulturellen und auch bildungspolitischen Fragen entgegengekommen, er hatte nach jahrzehntelanger Staatswirtschaft aber auch einen Übergang zur Marktwirtschaft vollzogen, deren Ultraliberalismus sich in den 1980er Jahren mit einem hohen Maß an Korruption und einer rasanten Inflation verband, die breiten Schichten ihre Löhne und Gehälter dezimierte, mittleren Unternehmern die Luft nahm. Diese sozioökonomische Entwicklung wurde verschärft durch die demographische Entwicklung einer Bevölkerungsexplosion, die die schon bestehende Binnenwanderung verstärkt anheizte. Diese war nicht nur eine Landflucht in die Städte, sondern gleichzeitig eine von den unterentwickelten Ostprovinzen nach Westen, in die bislang westlich orientierten Großstädte wie Istanbul und Izmir. Anders gesagt: Hatte Erbakan in der Vergangenheit nur im ländlichen Osten ein Wählerpotential gefunden, so war dieses inzwischen nach Westen gewandert und hatte das Bild der bislang „europäischen" Stadt Istanbul auch im Aussehen der Bewohner verändert.

Erbakan konnte die verschiedenen Elemente, die die islamistische Bewegung trugen – das fromme Bürgertum, die mittellose Jugend, die militante Intelligenzija – nicht zusammenhalten, ihre Erwartungen nicht erfüllen. Den Forderungen islamistischer Ideologen standen laizistisch geprägte Institutionen gegenüber, die nur durch eine revolutionäre Umwälzung hätten beseitigt werden können, die wiederum das fromme Bürgertum abgeschreckt hätte. Außerdem erinnerten die zähen Kompromißverhandlungen mit dem Koalitionspartner stets daran, daß Erbakan nur etwa ein Fünftel aller Wähler gewonnen hatte. Zudem scheiterte Erbakan mit seiner Außenpolitik. Im Wahlkampf hatte er neben den Ausfällen gegen den Westen die Auflösung der militärischen Vereinbarungen mit Israel versprochen, war dann aber gezwungen, weitere abzuschließen. Sein Versuch, als Gegengewicht gegen die türkische Militärhierarchie Rückendekkung in islamischen Ländern zu suchen, endete in einem fast peinlichen Desaster: In Teheran stellte man ihn wegen der türkisch-israelischen Beziehungen zur Rede, in Kairo sorgte sein Plädoyer für die ägyptischen Muslimbrüder für Verstimmung, in Tripolis forderte Gaddafi die Unabhängigkeit Kurdistans und lobte die links und marxistisch orientierte kurdische Arbeiterpartei PKK. Das durchaus staatsstreicherfahrene türkische Militär (1960, 1980)[51] brauchte in dieser Situation nicht zu seinen klassischen Mitteln zu greifen, sondern organisierte einen „kalten Staatsstreich": Der Druck auf Abgeordnete und Minister des von Tansu Ciller geführten Koalitionspartners, der Partei des Rechten Weges, führte zum Rücktritt Erbakans, dessen Wohlfahrtspartei im Januar 1998 vom Verfassungsrat aufgelöst wurde.

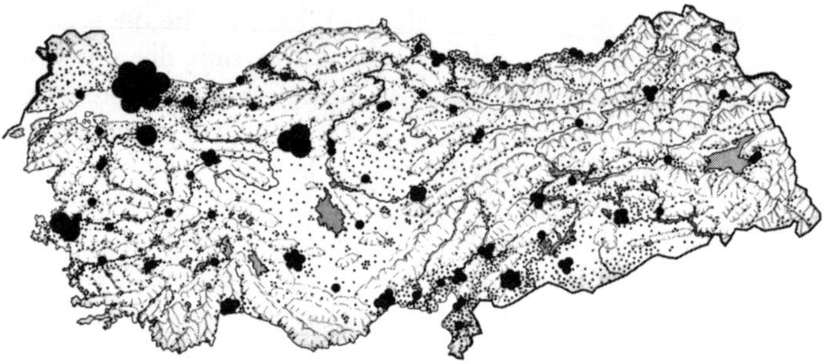

Bevölkerungsverteilung der Türkei 1955 (oben) und 1995 (unten). Die Punkte stellen keine einzelnen Orte dar, sondern geben die Bevölkerungsdichte wieder. Ein großer Punkt steht für eine Million Personen, ein mittlerer für 100.000 und ein kleiner für 10.000 Personen. Einwohnerzahl 1955: 24,1 Mio., 1995: 63,5 Mio.; Bevölkerungsdichte 1955: 31, 1995: 82 Einwohner pro Quadratkilometer; Anteil der städtischen Bevölkerung 1955: 28 Perozent, 1995: 73 Prozent. Entnommen aus: Geschichte lernen, Heft 98, März 2004, S. 44.

Am 28. November 1997 verfaßte der vom Militär beherrschte Nationale Sicherheitsrat ein Memorandum gegen den „Fundamenatlismus". Die wesentlichen Forderungen des darin enthaltenen 20-Punkte-Programms, von denen jede einzelne für die Regierung Erbakan eigentlich unannehmbar war, faßt Ulrike Dufner zusammen. Das Militär fordert unter anderem:

– Maßnahmen, die verhindern sollen, daß „muslimische Militante" den Verwaltungsapparat durchdringen;
– die Wohlfahrtspartei wird angehalten, nicht weiter Offiziere zu rekrutieren, die aufgrund islamistischer Sympathien vom Militär ausgeschlossen wurden;
– private, nicht staatlich kontrollierte Koran-Kurse zu schließen;
– die Propaganda für die Einführung des islamischen Rechts in privaten Rundfunk- und Fernsehsendern zu verbieten;
– Einschränkungen bezüglich religiöser Kleidung in öffentlichen Einrichtungen zu erlassen;
– Finanzorganisationen, die Sufi-Orden bzw. Religionsgemeinschaften angehören, stärker zu kontrollieren;
– die Schulpflicht auf acht Jahre zu verlängern;
– den Paragraphen 163 des türkischen Strafgesetzbuches wieder einzuführen, der das Politisieren von Religion verbietet und erst Anfang der neunziger Jahre abgeschafft worden war.

Ulrike Dufner, Militär konta Islamismus, http://www.uni-muenster.de/PeaCon/wuf/wf-98/9840500m.htm, S. 1.

Bis hierhin ist die Geschichte des türkischen Islamismus in der Gestalt der Wohlfahrtspartei strukturell vergleichbar mit der in anderen islamischen Ländern – die Folgeentwicklung ist aber eher atypisch. Auf die Auflösung der Partei gab es bei ihren Mitgliedern kaum Reaktionen, viel mehr bei den Demokraten, die hinter der juristischen Entscheidung, der festgestellten Verfassungswidrigkeit, politische Motive vermuteten. Die mangelnde Reaktion der Betroffenen ist mit der Neugründung einer Islamistenpartei im Dezember 1997 zu erklären, mit der man die Entscheidung des Verfassungsrates gewissermaßen schon vorweggenommen hatte. Diese „Tugendpartei" war im Gegensatz zu ihren Vorläufern, die Erbakan fest im Griff gehabt hatte, von einer jüngeren Generation von Politikern geprägt, die sich von den „alten Turbanen" absetzten. Diese Reformistengeneration, zu der der heutige türkische Ministerpräsident Erdogan und sein Vorgänger Gül gehören, suchte das fromme Bürgertum in das türkische Establishment zu integrieren: Waren in den Parteien Erbakans die Versammlungen nach Männern und Frauen getrennt gehalten worden, besetzten Frauen jetzt auch Führungspositionen. Die ständigen Rückbesinnungen auf das osmanische Kalifat traten in den Hintergrund, der Schleier wurde nicht als religiöses Gebot aufgefaßt, sondern als Entscheidung einer jeden Frau überlassen. Hatte Erbakan noch als Gegengewicht zur „christlich-jüdischen" Europäischen Gemeinschaft von einem „gemeinsamen arabischen Markt" geträumt, unterstützte die Tugendpartei die Politik des türkischen EU-Beitritts. Nachdem sie mit diesem gemäßigten Programm bei den Wahlen 2002 die absolute Parlamentsmehrheit[52] gewinnen konnte, hat sie durch eine konsequente Reformpolitik die von den Europäern eingeforderten Kriterien zu erfüllen gesucht und – nicht nur zur Überraschung, sondern auch zur Bestürzung mancher Westeuropäer – die Hürden abgebaut, die man hinsichtlich des EU-Beitritts als unüberwindlich für die Türken hielt. Daß eine islamistische Partei die Integration ihres Landes in den Westen nicht nur fordert, sondern derart forciert, steht im Gegensatz zur sonst scharfen antiwestlichen Tendenz des Islamismus. Ob man deshalb sowie wegen der Akzeptanz eines immer noch weitgehend laizistischen Staates und dem – etwas – anderen Umgang mit Frauen mit Kepel von einer „erzwungenen Laisierung des türkischen Islamismus"[53] sprechen kann, mag bei einer noch nicht abgeschlossenen Entwicklung dahingestellt sein. Daß Erdogan bei seinem Besuch in Berlin 2003 auch Vertreter der von einem Erbakan-Neffen geführten Organisation Milli Gorüs, von deutschen Ämtern als verfassungsfeindlich beobachtet, empfangen hat, sahen viele westlich orientierten und integrationsbereite Türken in Deutschland als „entlarvend" an.

Ein Schlaglicht auf die innenpolitische Situation der Türkei

„Heftige Reaktionen gegen Kutlu und die Begräbniszeremonie. Bilder des Mullah-Regime. (...)

Die Erklärung des AKP-Abgeordneten Hüsrev Kutlu, daß das Atatürk-Bild in Marschalluniform im Parlamentsgebäude ihn stören würde, und die Bilder der Ordensmit-

glieder mit Turban und Talar beim Begräbnis der Tochter des Ordensführers Mahmut Ustaosmanoglu, genannt Mahmut Hodscha, und ebenso, daß sie Bart und Auto des Ordensführers küssen, riefen eine heftige Kritik der Bevölkerung hervor. Während die Bürger heftige Reaktionen gegen diese Bilder zeigten, erklärte der Staatsanwalt von Fatih Aygün Soglali, gegen die Teilnehmer der Zeremonie ‚das Notwendige unternehmen' zu wollen. Zu der Beisetzungszeremonie stellte die Stadt Istanbul mehr als zehn Busse zur Verfügung. Wie die Zeitung Milliyet in ihrer Ausgabe vorigen Dienstag unter dem Titel ‚Auseinandersetzung in der Sache Marschall' mitteilte, behauptete der Vorsitzende des Immunitätsausschusses im Parlament Hüsrev Kutlu von der AKP, daß das Bild von Atatürk in Marschalluniform nicht zum zivilen Parlament paßt. Kutlu wollte stattdessen ein Bild im Staatspräsidentenanzug."

Cumhuriyet Nr. 1/2004 vom 2. Januar 2002. Aus dem Türkischen übersetzt von M. Oezsinmaz und G. Gemein.

1.4 Zusammenfassung und Ausblick

Der islamische Fundamentalismus hat zwar, wie auch der christliche und jüdische, weit in die Geschichte zurückreichende Wurzeln, ist aber als politische Bewegung ein historisch junges Phänomen, nur wenig älter als ein Vierteljahrhundert. Historisch löste er als bewegende Kraft den arabischen Nationalismus, repräsentiert von der Generation Nassers, ab, der in jeweils abgewandelter Form auch in der nicht-arabischen islamischen Welt südlich der Sahara, auf dem indischen Subkontinent und in Südostasien im Rahmen der Entkolonisation die beherrschende Bewegung war. In seiner antiwestlichen Tendenz war und ist der Islamismus stets auf den Westen bezogen. In vieler Hinsicht ist er durch die Geschichte des europäischen Imperialismus und der amerikanischen Hegemonie sowie durch die Interdependenzen mit dem christlichen wie jüdischen Fundamentalismus sogar ein Produkt des Westens.

Wie alle historischen Phänomene verzeichnet der Islamismus in zeitlich nachvollziehbaren Abschnitten einen Aufstieg, eine Blütezeit und einen Niedergang, auch wenn gegenwärtig ein Ende noch nicht absehbar ist. Die zahllosen ungelösten politischen, ethnischen und sozialen Probleme im gesamten islamischen Kulturkreis können jederzeit Ideologen zu fundamentalistischen Lösungsvorschlägen einladen; gleichgültig ob im Irak, in Palästina oder in Afghanistan.

Die Fokussierung der westlichen Medienberichterstattung – und auch dieses Beitrags – über die islamische Welt auf den Islamismus darf nicht dazu führen, Islam und Islamismus gleichzusetzen. Dies wäre eine Bestätigung der Huntington-These und würde die Voraussetzung für einen tatsächlichen „Kampf der Kulturen" gebären. Der Islam ist, trotz aller auch hier zu beobachtenden „Globalisierungstendenzen", sehr vielfältig. Der Islamismus macht nur einen Teil aus, einen Teil der Theologie, der Glaubenspraxis in den Gemeinden, einen Teil der von ihm beeinflußten Bevölkerungsschichten. Thomas Meyers[54] Gegenthese zu Huntington, daß die eigentlichen Frontlinien nicht zwischen den Kulturen, sondern innerhalb der Kulturen verlaufen, trifft auch auf den Islam zu. „Der traditionelle Islam hat auch eine Lehre entwickelt, nach der es keinem Muslimen zusteht, einen anderen Muslim als Ungläubigen abzuurteilen, wie dies die radikalen Islamisten praktizieren, wenn sie ihre Regierungen als ‚heidnisch' erklären."[55] Die überwältigende Mehrheit der Muslime auf der Welt ist nicht fundamentalistisch eingestellt; ihr Anteil wird sogar als deutlich niedriger als bei den Christen in den USA eingeschätzt. Fundamentalisten stellen in Vergangenheit wie Gegenwart auch nicht alleine die bedeutenden Denker,[56] das gilt erst recht nicht für die Theologen des Islam; die Gegenbeispiele sind dem Westen allerdings weitgehend unbekannt.

Man kann mit guten Gründen den Islam für nicht demokratiefähig halten,[57] müßte diese Kriterien dann allerdings auch auf das Christentum vor der Aufklärung und Französischen Revolution anwenden. Die Beispiele der Aleviten, einer schiitisch beeinflußten Sekte, der Bosnier und auch der Türkei zeigen aber, daß Demokratie in einer muslimischen Gesellschaft durchaus möglich ist.

Monotheistischen Religionen scheint aufgrund ihres Absolutheitsanspruches ein erhebliches Gewaltpotential innezuwohnen.[58] Man kann mit guten Gründen bei einem Vergleich der blutigen Bilanzen der Verfolgungen durch die beiden „Friedensreligionen" Christentum und Islam zum Urteil kommen, daß die westliche Christenheit hier ihre spätere militärische Überlegenheit vorweggenommen hat. Man kann auch mit dem iranischen Gelehrten Seyyid Hossein Nasr[59] dem Christentum eine gewisse Unehrlichkeit vorhalten, hinter dem für den Menschen nur schwer erfüllbaren Gebot der Feindesliebe Gewalt und Krieg zu verstecken, während der Islam beides als eine zwar nicht wünschenswerte, aber gegebene Tatsache hinnahm und dafür Regeln aufstellte. Das Christentum hat den Verzicht darauf, Andersgläubige zu verbrennen, mühsam lernen müssen. Die Verfolgung der „Mauren" wie im Jahr 1492 ist Geschichte, Christenverfolgungen – nicht nur im Sudan – sind Gegenwart. Das Christentum hat sich nicht erst seit der Aufklärung, sondern auch durch eigene innere Reformbewegungen mit seiner historischen Bilanz auseinandersetzen müssen. Beim Islam steht diese Diskussion noch weitgehend aus, die selbstkritische Reflexion ist eher unterentwickelt. Insbesondere in den arabischen Ländern wird stets der Westen und nicht die eigenen Unzulänglichkeiten zur Ursache aller Fehlentwicklungen erklärt; eine Argumentation, die selbstkritische Westler allzu gerne übernehmen. Dies ist in den arabischen Ländern sicherlich auch Folge eines ausgesprochen unterentwickelten Bildungssystems, das ganz im Gegensatz zur mittelalterlichen Hochkultur steht. Diese Unterentwicklung verhindert im Interesse der bestehenden Machtstrukturen deren kritische Bewertung, begünstigt aber auch die einseitige und undifferenzierte Argumentation des Islamismus.[60]

Mohammed Charfi, tunesischer Bildungsminister von 1989 bis 1994, beklagt den Einfluß des saudischen Wahhabismus auf die Bildungssysteme der arabischen Staaten; dieser Einfluß wird durch das Fernsehen unterstützt, das weitgehend die Ansätze einer Lesekultur verdrängt:

„Das Bildungssystem in den islamischen arabischen Ländern ist so beschaffen, daß der Fundamentalismus gefördert wird. Aus ihm müssen alle Meinungen verbannt werden, die den Menschenrechten und den Grundlagen des modernen Staatswesens widersprechen. Mit einer radikalen Reform des Erziehungswesens (...) wird die Schule mittelfristig dazu beitragen, die Gesellschaft vom religiösen Extremismus zu heilen."

Mohammed Charfi, Islam et liberté. Le malentendu historique, Paris 1999, S. 228; zitiert nach: Abdelwahab Meddeb, Die Krankheit des Islam, Heidelberg 2002, S. 247.

Eine Diskussion zum Thema Gewalt, nicht nur in der Gestalt des Terrors, ist zur eigenen Standortbestimmung notwendig. Sie würde vor allem in der Außendarstellung Vorbehalte abbauen, die Unterschiede zwischen Islam und Islamismus verdeutlichen. Die Konversion von Westeuropäern wie Murad Hoffmann in Deutschland oder des ehemals marxistischen französischen Philosophen Garaudy war für eine solche innere islamische Diskussion wenig hilfreich, weil diese Konvertiten dogmatische Interpretationen des Islam bevorzugen. Der christlich-islamische Dialog in Deutschland war im letzten Jahrzehnt eher durch Blauäugigkeit der christlichen Seite[61] geprägt und zeichnete sich durch Nachgiebigkeit gegenüber islamischen, auch islamistischen Organisationen aus, die solche Dialoge nur zu ihren Bedingungen führen und auf eine kritische Berichterstattung – wie das Beispiel Milli Görüs zeigt – mit Einschüchterungsversuchen reagieren.[62] Die behauptete Integrationsbereitschaft in die Mehrheitsgesellschaft erweist sich bei solchen Gruppierungen oft als fragwürdig, weil sie nur zu den Bedingungen der Minderheit erfolgen soll. Dies ist keine positive Aussicht für die Zukunft.

Kapitel 2

Islamismus in der islamischen Welt

Dieses Kapitel will in Ergänzung zum vorherigen mit einem anderen methodischen Ansatz Entwicklungswege islamistischer Strömungen, ihre Vernetzung und ihre Veränderungen im Gefolge politischer Ereignisse und sozioökonomischer Prozesse aufzeigen. Kurzanalysen einzelner Länder erscheinen notwendig, da die übrigen Kapitel unmöglich deren Details aufzeigen können, ohne den roten Faden zu gefährden. Diese Länderberichte ergänzen und vertiefen die Darstellung des ersten Teils, zeigen aber über die regionalen Grenzen hinaus globale Entwicklungszusammenhänge islamistischer Strömungen im Verhältnis von Zentrum und Peripherie des Islam. Die Wirksamkeit des Islamismus beim Aufeinandertreffen mit Naturreligionen ist durchaus verschieden von derjenigen beim Kontakt mit dem Monotheismus des Christentums. Ebenso spielen ethnische Gründe, unterschiedliche Lebensweisen mit ihren Traditionen oder Funde von Bodenschätzen von Weltbedeutung eine Rolle bei der Entwicklung von Gegensätzen und Kriegen.

2.1 Wirtschaftliche, soziale und politische Ursachen der Verbreitung des Islamismus

In Kapitel 1 wurden die wichtigsten Vertreter des Islamismus vorgestellt. Ihre Gedanken entwickelten sich wesentlich auf dem Hintergrund der großen Enttäuschung ganzer Bevölkerungsgruppen über das politische und vor allem auch wirtschaftliche Scheitern der Modernisierungsversuche ihrer auf der Basis vorwiegend laizistischer westlich-demokratischer Staatsideen aufgebauten Nationalstaaten. Die Industrialisierung entwickelte sich zu langsam, um die große Zahl von Hochschulabgängern aufzunehmen. Bei erst in allerjüngster Zeit etwas gebremstem Bevölkerungswachstum und hoher Arbeitslosigkeit trotz inzwischen z. T. guter Ausbildung drängte die ländliche Bevölkerung hoffnungsvoll in die Städte, um dort marginalisiert zu werden. Fehlendes Wirtschaftswachstum, Korruption und Vetternwirtschaft führten die Menschen von einer Enttäuschung zur nächsten. Am größten war diese Enttäuschung gerade bei denjenigen, die am meisten an das Gelingen der Modernisierungskonzepte nach westlichem Muster geglaubt hatten. Selbst die Versuche der progressiven nationalistischen Randstaaten Israels, Ägypten, Syrien, Libanon und Irak, die Palästinafrage ein für alle Mal zu klären, scheiterten im Oktober 1973 im israelisch-arabischen Krieg kläglich.

So wird – wie es Georges Mutin[63] ausdrückt – das auf Grundsätzen des Westens beruhende Entwicklungskonzept der islamischen Länder und der Dritten Welt selbst zur Ursache ihrer heftigen bis gewalttätigen anti-westlichen Reaktion. Arbeitslose Universitätsabgänger und enttäuschte Städter, Rückkehrer aus den Golfstaaten sowie traditionsverhaftete Händler und Handwerker der innenstädtischen Märkte konnten so, trotz aller Unterschiede, zusammenfinden und im Islamismus eine gemeinsame politische Sprache entwickeln.

Wie groß die Enttäuschung der islamischen Welt über den eigenen Entwicklungsrückstand ist, wird durch die asymetrischen Wirtschaftsbeziehungen der Länder nördlich und südlich des Mittelmeeres allzu deutlich. Das Bruttoinlandsprodukt der EU ist heute etwa 18 Mal höher als das der gesamten, in Teilen ölreichen arabischen Welt, und dasjenige je Einwohner in der EU ist immerhin noch 12 Mal so hoch. Letzteres hat sich in der EU seit den achtziger Jahren vervierfacht in den Ländern der arabischen Welt ist es nur um den Faktor 1,3 gestiegen. Dabei verdecken derartige Zahlen noch das hohe Maß an Ungleichheit zwischen und in den einzelnen Ländern. Ist das BIP je Einwohner in Luxemburg etwa viermal größer als das Griechenlands, um die beiden Eckwerte innerhalb der EU zu benennen, so liegen die Extreme zwischen ölreichen und weiteren Ländern am Süd- und Ostrand des Mittelmeeres sehr viel weiter auseinander.

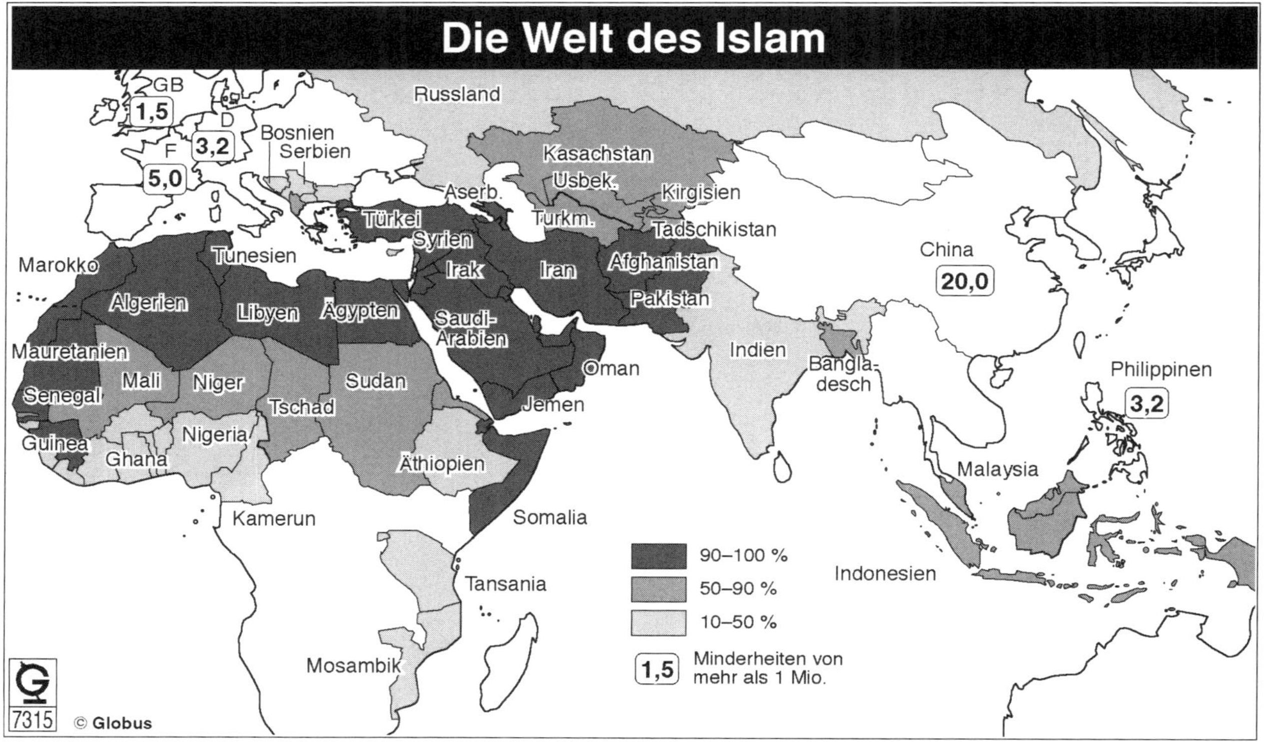

Die Welt des Islam
GB
1,5
D
3,2
F
5,0
Bosnien
Serbien
Russland
Kasachstan
Usbek.
Kirgisien
Aserb.
Türkei
Turkm.
Tadschikistan
Syrien
Irak
Iran
Afghanistan
Pakistan
China
20,0
Marokko
Tunesien
Algerien
Libyen
Ägypten
Saudi-Arabien
Mauretanien
Mali
Niger
Sudan
Oman
Indien
Bangla-desch
Philippinen
3,2
Senegal
Tschad
Jemen
Guinea
Nigeria
Ghana
Äthiopien
Malaysia
Kamerun
Somalia
Tansania
Indonesien
Mosambik
90–100 %
50–90 %
10–50 %
1,5
Minderheiten von mehr als 1 Mio.
7315
© Globus

Daten ausgewählter Länder der islamischen Welt und Europas

Land	Größe (km^2)	Einwohner (Mio.)	Bevölkerungswachstum pro Jahr	Lebenserwartung (Jahre)
Afghanistan	652.090	27,50	2,59 %	43,10
Pakistan	796.100	141,50	2,41 %	63,39
Indien	3.287.260	1.032,40	1,53 %	62,99
Iran	1.633.190	64,50	1,72 %	69,03
Irak	438.320	23,80	2,11 %	91,84
Türkei	774.820	68,53	1,37 %	69,76
Jordanien	89.342	5,03	2,76 %	71,74
Syrien	185.180	16,59	2,45 %	70,01
Israel	21.060	6,36	2,04 %	78,51
Saudi-Arabien	2.149.690	21,41	3,25 %	72,81
Usbekistan	447.400	25,07	1,28 %	67,41
Turkmenistan	488.100	5,44	2,01 %	64,83
Tadschikistan	143.100	6,25	1,13 %	66,94
Kirgisistan	199.900	4,96	0,98 %	65,83
Indonesien	1.904.570	208,98	1,30 %	66,34
Malaysia	329.750	23,80	2,09 %	72,69
Philippinen	300.000	78,32	2,06 %	69,51
Ägypten	1.001.450	65,18	1,82 %	68,34
Sudan	2.505.810	31,69	2,09 %	57,91
Äthiopien	1.104.300	65,82	2,28 %	42,21
Somalia	637.660	9,08	3,31 %	47,27
Kenia	580.370	30,80	1,96 %	46,26
Tansania	945.090	34,45	2,10 %	43,72
Tschad	1.284.000	7,92	2,84 %	48,40
Nigeria	923.770	129,88	2,22 %	46,06
Niger	1.267.000	11,19	3,15 %	45,71
Mali	1.240.190	11,10	2,25 %	41,46
Senegal	196.720	9,77	2,42 %	52,31
Marokko	440.550	29,20	1,60 %	68,00
Algerien	2.381.740	30,84	1,56 %	70,60
Tunesien	463.910	9,67	1,18 %	72,38
Libyen	1.759.540	5,41	2,25 %	71,91
Deutschland	357.030	82,33	0,20 %	77,63
Frankreich	551.500	59,20	0,42 %	79,16
Schweiz	41.290	7,30	1,00 %	79,84
Rußland	17.075.400	144,80	– 0,47 %	65,60
Ukraine	603.700	49,10	– 0,77 %	65,18

Anmerkung zu Rußland: In den Teilrepubliken Tartastan (67.836 km^2, 3,8 Mio. Einwohner) und Tschetschenien (15.700 km^2, 1,2 Mio Einwohner) ist der Islam Staatsreligion.

Land	Anteil der Muslime	Grad der Verstädterung
Afghanistan	84,0 % Suniten, 15,0 % Schiiten	22,33 %
Pakistan	77,0 % Suniten, 15,0 % Schiiten	33,43 %
Indien	12,0 %	27,87 %
Iran	10,0 % Sunniten, 89,0 % Schiiten	64,70 %
Irak	35,0 % Sunniten, 65,0 % Schiiten	67,52 %
Türkei	99,8 %	66,17 %
Jordanien	96,0 % Sunniten	78,83 %
Syrien	74,0 % Sunniten; 16,0 % weitere	51,78 %
Israel	14,6 % Sunniten	91,78 %
Saudi-Arabien	100,0 % Sunniten	86,62 %
Usbekistan	88,0 %	36,74 %
Turkmenistan	89,0 %	44,98 %
Tadschikistan	80,0 % Sunniten, 5,0 % Schiiten	27,61 %
Kirgisistan	75,0 % Sunniten	34,38 %
Indonesien	88,0 %	41,98 %
Malaysia	60,5 %, vor allem Sunniten	58,08 %
Philippinen	5,0 %	59,33 %
Ägypten	94,0 %, vor allem Sunniten	42,73 %
Sudan	70,0 % Sunniten	37,00 %
Äthiopien	45 bis 50 %, vor allem Sunniten	15,87 %
Somalia	99,8 % Sunniten	27,94 %
Kenia	6,0 %	34,29 %
Tansania	35,0 %	27,61 %
Tschad	50,0 %	24,17 %
Nigeria	50,0 %	44,88 %
Niger	80,0 %	21,07 %
Mali	90,0 %	30,86 %
Senegal	92,0 %	48,13 %
Marokko	80,0 % Sunniten; 18,7 % weitere	56,10 %
Algerien	99,0 % Sunniten	57,70 %
Tunesien	90,0 %, vor allem Sunniten	66,13 %
Libyen	97,0 % Sunniten	87,90 %
Deutschland	4,0 %	87,72 %
Frankreich	11,8 %	75,54 %
Schweiz	4,3 %	67,46 %
Rußland	8,0 %	72,90 %
Ukraine	unter 1,0 %	67,99 %

Zusammengestellt von Hartmut Redmer. Quellen: Atlaséco. Atlas économique et politique, Paris 2004. Fischer Weltalmanach 2004, Frankfurt a. M. 2004. Serge Cordellier (Hg.), Le dictionnaire hirtorique et géopolitique du 20e siècle. La Découverte. Paris 2003.

Das BIP Kuweits etwa ist 82 Mal größer als dasjenige des Yemen und 182 Mal größer als das Somalias.[64]

Diese Werte verdeutlichen den ursächlichen Zusammenhang von sozialer Ungleichheit zwischen und innerhalb der Länder bis hin zu größter Armut selbst in den ölreichen Staaten und der Unzufriedenheit und Enttäuschung breiter Bevölkerungsschichten mit den uns beinahe täglich vor Augen geführten Folgen.

Ein vergleichender Blick nach Norden über das Mittelmeer hinaus auf die demographischen Entwicklungen innerhalb des EU-Raumes kann der muslimischen Welt wesentliche Ursachen der eigenen wirtschaftlichen Misere verdeutlichen. Nirgendwo auf der Welt sind die Unterschiede der demographischen Entwicklung der vergangenen fünfzig Jahre krasser. Einer sehr schwachen, sich der Stagnation annähernden Bevölkerungsprogression innerhalb der EU steht ein extrem hohes Bevölkerungswachstum der muslimischen, insbesondere arabisch geprägten Welt gegenüber. Die Bevölkerung der 21 arabischen Länder hat sich von 1950 bis 1975 verdoppelt und innerhalb der vergangenen fünfzig Jahre vervierfacht![65] Bis zum Jahre 2025 wird sich das Bevölkerungsverhältnis zwischen Nord und Süd des Mittelmeeres regelrecht umkehren.

Vergleichende Bevölkerungsentwicklung des südlichen und nördlichen Mittelmeeres von 1950 bis 2025 (geschätzt)

Einwohner in Mio.	1950	1970	2000	2025
A: Europäisches Mittelmeer	132,7	155,7	176,0	177
B: Arabisches Mittelmeer	44,7	73,8	163,6	242
Verhältnis A/B	*2,97*	*2,11*	*1,08*	*0,73*
C: EU	294	339	375	379
D: Arabische Länder	74	123	275	456
Verhältnis C/D	*3,99*	*2,74*	*1,36*	*0,83*

Angaben nach G. Mutin.

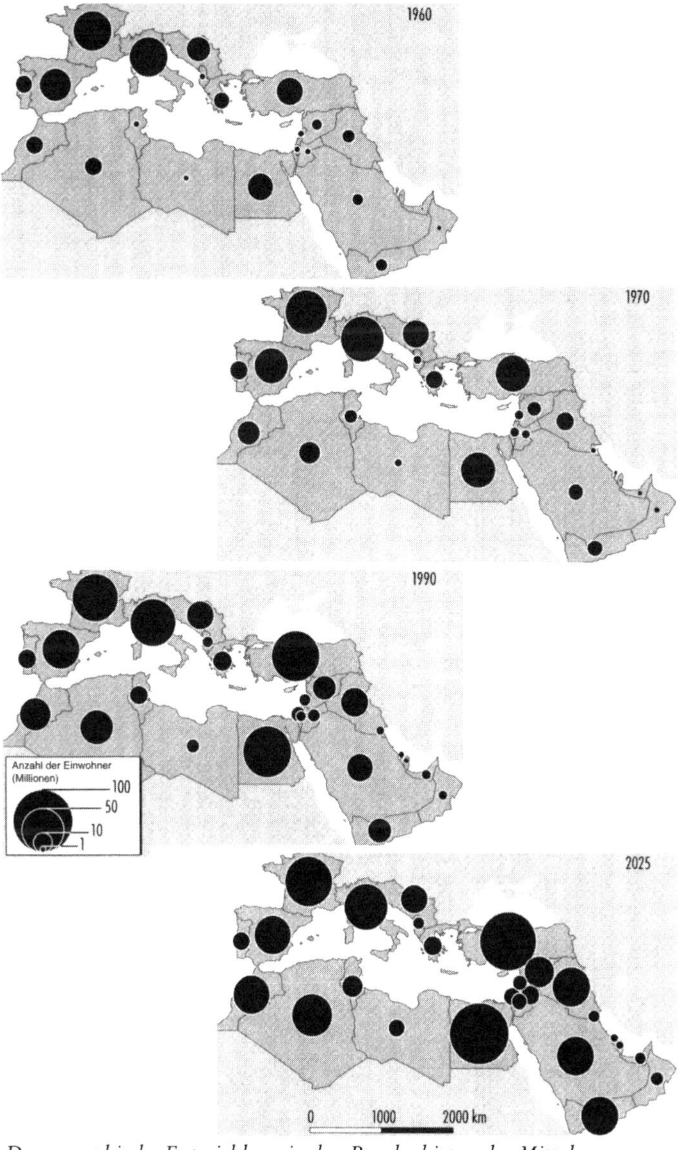

Demographische Entwicklung in den Randgebieten des Mittelmeeres von 1960 bis 2025 (nach Mutin, 2001, S. 14).

Obwohl sich die Kurve der Bevölkerungsentwicklung der arabischen Länder auf etwa 2,3 Prozent im Jahr abgeflacht hat, wird das Wachstum noch eine Weile recht hoch bleiben, denn während in der EU 17 Prozent der Gesamtbevölkerung unter 15 Jahre alt sind, liegt dieser Anteil in den arabischen Ländern bei 40 Prozent (110 Millionen Menschen). Dieser Unterschied zwischen einer stark übervölkerten demographischen Hochdruckzone im Süden und einer Zone ausgeglichener Bevölkerungsentwicklung im Norden zeigt sich auch in den Wirtschaftsbeziehungen beider Großräume. Sie zeigen eine – von den Islamisten oft voller Enttäuschung über die eigene Schwäche beneidete – Überlegenheit des Nordens und sehr starke Abhängigkeit des Südens vom europäischen Raum der EU.

Diese Abhängigkeit zeigt sich unter anderem an den starken Arbeiterwanderungen aus den arabischen Ländern in den EU-Raum. Hatte sie bereits während der Kolonialzeit – insbesondere nach Frankreich – eingesetzt, so hat sich ihr Ausmaß in der jüngsten Zeit wesentlich verstärkt. Der Ferienreisende in Spanien und Frankreich kann die Ströme rückflutender Maghrebiner während der Sommermonate, für welche man an den Autobahnen eigene Ruheplätze eingerichtet hat, nicht übersehen. Mutin gibt allein die Zahl der aus dem Maghreb stammenden Wanderarbeiter mit 2,3 Millionen an.[66]

Angesichts der oft chaotischen Verhältnisse vor allem in Algerien und der zunehmenden Arbeitslosigkeit im Maghreb wird die Attraktivität der EU mit ihrer westlichen Lebensweise für die oft gut ausgebildeten Maghrebiner noch größer. Und dies, obwohl man ihren Versuchen, sich sozial zu integrieren, oft große Schwierigkeiten entgegensetzt und sie aufgrund ihrer Sitten und ihrer Religion für kaum integrierbar erklärt. Bis heute ist die Zahl der zugewanderten und naturalisierten Muslime in der EU auf 12 Millionen angewachsen.[67]

Die Abhängigkeit zeigt sich auch in der unausgeglichenen Handelsbilanz der Nord- und Süd-Anrainer des Mittelmeeres. Während der Warenaustausch der EU mit den arabischen Ländern nur 2,6 Prozent ihrer Gesamthandelsbeziehungen ausmacht, tätigen diese damit bereits 35 Prozent ihres gesamten Außenhandels. Die EU ist für sie somit ein sehr wichtiger Partner,

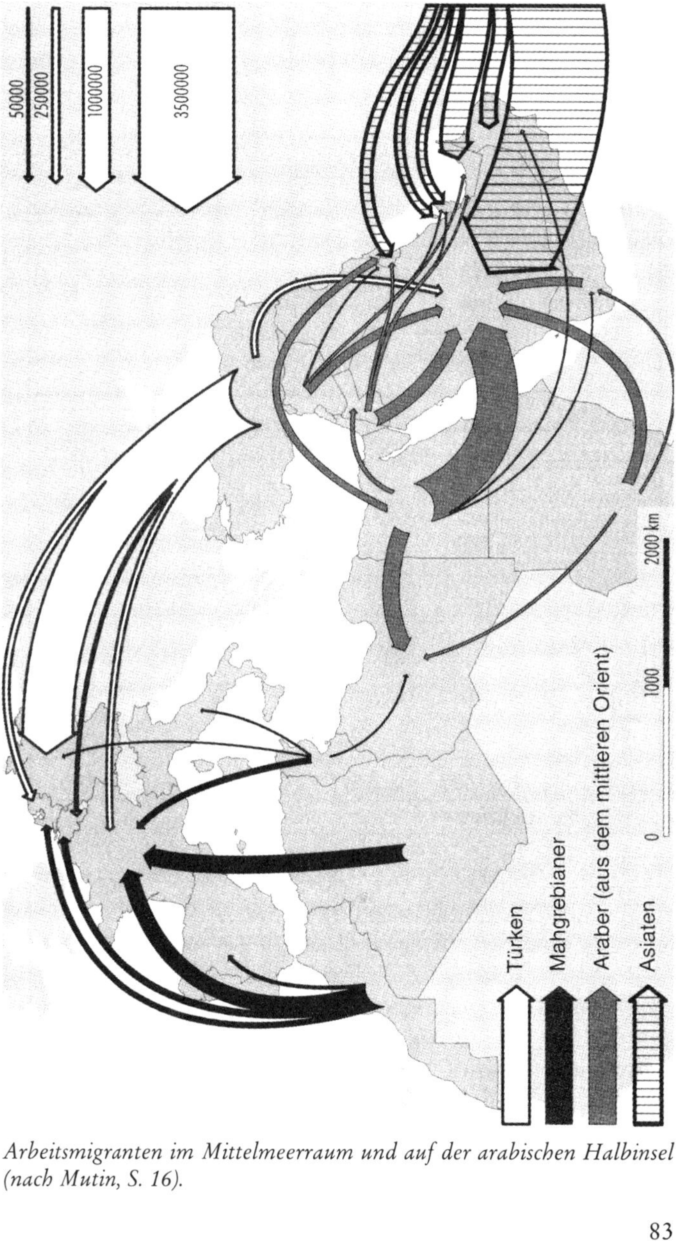

Arbeitsmigranten im Mittelmeerraum und auf der arabischen Halbinsel (nach Mutin, S. 16).

die arabischen Länder jedoch sind für die EU von nur geringer Bedeutung. Letztlich sprechen auch die ausgetauschten Produkte selbst eine deutliche Sprache über die Art der Handelsbeziehungen: Liefert der Süden vor allem Öl und Gas, so exportiert der Norden insbesondere hochtechnisierte Güter und Grundnahrungsmittel wie Getreide, Fleisch und Milchprodukte.

Dieser kurze Rekurs auf die wirtschaftliche und soziale Entwicklung beider Räume im Vergleich läßt Ursachen und Hintergründe der Entwicklung des Islamismus deutlich werden. Die Beziehungen zwischen ehemaligen Kolonialmächten und bis in die beginnenden 1970er Jahre von ihnen abhängigen Ländern haben sich erst allmählich verschlechtert. Letztere bemühten sich nämlich, im Anschluß an ihre Unabhängigkeit und trotz der vorangegangenen Kriegshandlungen sehr, ihren jenseits des Mittelmeeres gelegenen, wirtschaftlich starken ehemaligen „Mutterländern" nachzueifern und übernahmen von ihnen wichtige soziale, politische und wirtschaftliche Errungenschaften, Techniken und Modelle bis hin zu Nationalismus, Marxismus und Sozialismus, wie er etwa in Algerien jahrzehntelang praktiziert wurde. Man tat alles, um den Westen und seine Industriekultur mit seiner hohen, überlegenen Technologie nachzuahmen und einzuholen, erlernte seine Sprache und Kultur.[68]

Burgat zitiert den Tunesier Hichem Djaït, der 1974 seine Beobachtungen so beschreibt: „Es ist paradox, daß sich heute vor allem der Nationalstaat, nachdem er erst jüngst aus den Kämpfen mit seinem Kolonisator hervorgegangen ist, darum bemüht, das Ideal der Modernisierung zu verbreiten. Seine Jugend scheint westlichen Ideen und Verhaltensnormen stärker anzuhängen als diejenige der westlichen Welt selbst."[69]

War diese Verwestlichung zunächst nur bei einer kleinen städtischen Gruppe zu erkennen, so erfaßte sie während der ersten 20 Jahre der Unabhängigkeit immer größere Teile der Bevölkerung. Um rascher an dem „großen Fest der westlichen Technologie teilhaben zu können", so François Burgat, „verändert der Süden Gewohnheiten und Gesetze, schneidet Bärte und verbrennt Schleier. Mehr als je zuvor führt der berufliche Weg oft über das Erlernen westlicher Sprachen und selbst für einst religiöse Muslime wird der Laizismus interessant. In Zeiten, in denen die Kolonialmächte ihre letzten Rückzugsgefechte führten, erfochten sie im technologischen und kulturellen Sektor ihre größten Siege. Alle maghrebinischen Länder schrieben ihre wirtschaftliche Entwicklung während dieser Zeit gänzlich in der Sprache des Westens.“[70]

Erst der sich verstärkende, weiter oben dargestellte Bevölkerungsdruck, der selbst in den ölreichen Ländern nicht aufgefangen werden konnte, brachte das Ende dieser Entwicklung und die vollständige Desillusion. Die beginnende Industrialisierung geriet ins Stocken, der Optimismus in die Zukunft und das Vertrauen in die Moderne waren bald dahin. Hunger erfaßte immer größere Teile der Bevölkerung. Die westlichen Werte wurden zunehmend in Frage gestellt. Man selbst fühlte sich entwertet und seiner Würde beraubt. Hierzu trugen nicht unwesentlich auch die oft undiszipliniert auftretenden Touristengruppen bei.

Nun suchte man nach einem eigenen Weg: Für die Probleme der Moderne sollte – nach der Vorstellung der Islamisten – nun der Islamismus die zeitgemäße Antwort liefern und für Kontinuität in der Entwicklung sorgen. Er war die politische Reaktion auf die kulturelle und wirtschaftliche Bevormundung durch den Westen. Weder Ost noch West, nur der eigene Weg, die eigene Kultur und Sprache sollten von nun an die weitere Entwicklung bestimmen. Nachdem die linguistische (zum Teil Re-)Arabisierung weitgehend abgeschlossen war, wollte man der arabischen Sprache und dem muslimischen Wertesystem einschließlich der Scharia auch auf dem politischen Parkett wieder Gewicht verleihen. Es ging dabei nicht darum, die Errungenschaften des Westens abzulehnen, sondern sich von ihm deutlich, durch Hervorhebung der Andersartigkeit, zu unterscheiden.

Den Ideologen des Islamismus geht es deshalb heute darum, den Koran mehr politisch als religiös zu lesen. Er soll zu einer Ideologie werden, die den großen westlichen Ideologien die Stirn bieten kann, und stellt – wie Jean-François Clément anmerkt – in der langen Geschichte des Unglaubens der arabischen Länder eine echte Form des Atheismus und damit einen deutlichen Bruch dar. Die Islamisten haben, als „Ableger europäischen Gedankengutes“ (Burgat), mit der Religion des Islam gebrochen. Indem sie sich anmaßen, über Recht und Unrecht von Entscheidungen legitimer religiöser Vertreter des Islam zu entscheiden, stehen sie zu ihnen in direkter Opposition.

François Burgat erhält auf seine an Abdessalam Yassine, eine der wichtigsten Persönlichkeiten des marokkanischen Islamismus gerichtete Frage, warum der Islamismus gerade heute so erstarkt sei, die Antwort: „Die Herausforderung des Westens ist unerträglich. Trotz aller Kultur und Bildung kommt Gott in seiner humanen Dialektik nicht vor, obwohl er doch Teil des göttlichen Planes sein muß. Für mich ist der Islamismus nicht laizistisch. Er stellt vielmehr eine Kampfansage dar. Der Jihad ist das Mittel, die Ziele Gottes bei den Menschen durchzusetzen." An den unterschiedlichen Stellungnahmen wichtiger Vertreter des Islamismus läßt sich die Bandbreite islamistischen Denkens erkennen. Die Äußerung von Yassine kommt derjenigen von Sayyid Qutb sehr nahe, wenn er schreibt: „Was die christliche Gesellschaft betrifft (...) so beherrscht das Christentum sie nicht und die in ihr bestehende Ordnung stützt sich nicht auf den Glauben, sondern basiert auf den positiven Gesetzen, so daß der Glaube isoliert von den Gesetzen bleibt und nur versucht, im Gewissen des einzelnen zu wirken. Es ist einleuchtend, daß die Autorität der gesellschaftlichen Ordnung (der Staat) sich nicht die Zeit nimmt, das Individuum aufzufordern, der Stimme des Gewissens zu gehorchen, solange nicht diese Ordnung selbst auf dem Glauben gründet, der das Gewissen bildet. Dieser Widerspruch zwischen Glauben und weltlicher Ordnung, der christliche Welt genannt wird, enthält dem einzelnen die wesenhafte Harmonie zwischen seinem Gewissen und der Gesellschaft vor, unter deren Schutz er lebt. Ebenso beraubt sie die Gesellschaft ihrer wiederbelebenden, wertvollen Impulse, die aus dem Wesen des Glaubens entspringen (...). Auf jeden Fall muß dieser Zustand in der christlichen Welt zwangsläufig bestehen, da das Christentum kein religiöses Recht enthält, um die Gesellschaft mit Hilfe von Gesetzen zu ordnen."[71]

Auch der 1928 gegründeten islamistischen „Gemeinschaft der Muslimbrüder Ägyptens" (MB) ging es bei dem Ziel der Errichtung einer islamischen Ordnung innerhalb der muslimischen Nationalstaaten bereits um die Entwicklung eines eigenen Weges. Die Dschihadisten von heute, als international agierende islamistische Terroristen Osama Bin Ladens und der al-Qaida, versuchen dagegen, ihre Ziele vorwiegend und vor allem durch militante Aktionen zu erreichen. Ihnen gesellen sich vor allem in den europäischen Gastländern jene enttäuschten und oft arbeitslosen Muslime zu, denen die Integration, trotz zahlreicher Versuche und starker Übernahme der westlichen Kultur, nicht gelungen ist. Hierbei handelt es sich meist bereits um die zweite Generation der Einwanderer. Sie entwickeln, wie Farhad Khosrokhavar in Le Monde ausführt, dem arroganten Westen gegenüber ein Gefühl der Rache, weil er in Palästina die Israelis einseitig bevorzugt. Ihnen erscheint Bin Laden als ein Che Guevara.[72]

Gilles Kepel kennzeichnet die Zeit von 1970 bis zum Ende des Jahrhunderts so: Die Ära des Islamismus – 1970 bis 2000 – ist ein Ergebnis der beträchtlichen und dramatischen Veränderungen in der Welt, in der, im Anschluß an die Unabhängigkeit der Länder, die erste Generation von Menschen herangewachsen ist. Diese lehnt den Nationalismus der vorhergehenden Generation ab.

Aus einer Studie von Marc Sageman, der 382 gefangene Terroristen und deren Familien befragt hat, die alle al-Qaida nahestehen oder zumindest einen islamistischen Hintergrund haben, läßt sich auch der Typ des Islamisten in etwa bestimmen. Das Ergebnis ist überraschend. Die geschätzten 225.000 vor allem afghanischen und pakistanischen Gotteskrieger der ersten Generation, auch Taliban (Schüler) oder „Afghanen" genannt, waren aus den von Saudi-Arabien finanzierten etwa 2.500 Koranschulen hervorgegangen und zu blindem Gehorsam gegenüber ihren religiösen Führern erzogen. Auf Grund der gemeinsamen Erfahrungen in den Medressen war ihr Zusammenhalt sehr gut. Sie hatten gelernt, daß es nur eine, die göttliche Wahrheit gibt und daß jeder Widerstand gegen die Befehle des sie anführenden Imam einer Gotteslästerung gleichkommt. Sie waren entwurzelt, fanatisch, blind gehorsam und bereit, selbst andere (schlechte) Muslime auf Befehl zu töten oder selbst zu sterben.[73] Der Islamist oder terroristische Bombenleger der zweiten Generation dagegen ist Städter, denkt in globalen Dimensionen und ist vor allem Nihilist. Er ist keineswegs isoliert oder hilf- bzw. mittellos und entstammt selten den Armenvierteln der islamischen Städte. 90 Prozent der Islamisten haben keinerlei religiöse Vorbildung;

17,6 Prozent entstammen sozial höheren und 54,9 Prozent der Mittelschicht; 60 Prozent besitzen zumindest einen Sekundarabschluß; 42 Prozent entstammen höheren, 33 Prozent mittleren Berufsgruppen. Der Islamist ist im Mittel 25,7 Jahre alt, in sieben von zehn Fällen verheiratet und Vater. Die meisten Islamisten bzw. Terroristen sind vorher kriminell nicht in Erscheinung getreten. Sie sind völlig verwestlicht und echte Vertreter unserer globalisierten Welt. 70 Prozent der Befragten gaben an, zum ersten Mal nach ihrer Emigration während ihrer Studien bzw. beruflichen Tätigkeit im Ausland mit den Dschihadisten in Berührung gekommen zu sein. Heimweh, ein Gefühl des Alleinseins, aber auch das Gefühl der Nichtanerkennung durch die Umwelt habe sie in die Moscheen geführt. Hier habe man ihnen klargemacht, daß die westliche Zivilisation dekadent sei, hier auch habe der Prozeß der Radikalisierung eingesetzt.[74] Auch Sayyid Qutb, Rachid al-Ghannushi, Ali Shari'ati, Hasan Al-Turabi, Abbasi Madani, Necmettin Erbakan und andere haben längere Zeit im Westen gelebt.[75] Manche, wie Fathi al-Shiqaqi, der 1995 von der Mossad hingerichtete Führer des palästinensischen Dschihad, rühmten sich ihrer Kenntnis der westlichen Literatur.

Die islamistischen Kader, auch die meisten von denen, die nicht im Westen waren, kennen also den Westen gut, nicht zuletzt auch über die Kontakte, welche die Wahl ihrer Studienfächer (Naturwissenschaften, Ingenieurberufe) nötig machte. Der ehemalige Premierminister Gulbuddin Hekmatjar, während des Afghanistankrieges Leiter der Hisb-i-islâmî (Islamische Partei), aber auch der Wortführer der algerischen FIS, Abd al-Qâdir Hachaci, sind Ingenieure. Ein Drittel der türkischen islamistischen Anführer sind Ingenieure, 40 Prozent der islamistischen Gefangenen in ägyptischen Gefängnissen Studenten bzw. Akademiker.

Die Entwicklung des Islamismus entsteht als rein städtische Revolte. Bouchet verweist darauf, daß selbst die Anführer des so rural erscheinenden Afghanistan-Krieges Städter sind. Nach Olivier Roy entstammen sie einem soziologisch modernistischen Milieu der Gesellschaft: Der Islamismus, so Roy, ist keine Reaktion gegen die Modernisierung der muslimischen Gesellschaft, sondern ein Produkt dieser Modernisierung selbst.[76]

Wenn Rachîd al-Ghannushi schreibt, „der Islam ist alt, aber der Islamismus gegenwärtig“ oder ‘Alî Hoseyni Khameneï bemerkt, daß „das islamische System, das der Imâm Khomeini geschaffen hat, in der Geschichte des Islam, von den frühen Anfängen abgesehen, niemals existiert hat“, so kann man wohl den Vorstellungen Daniel Pipes folgen, der annimmt, daß es „nicht das Ziel des Islamismus sei, eine islamische Ordnung (wieder) herzustellen sondern eine islamisierte Form der westlichen Realität“ zu schaffen”.[77]

Die Übernahme westlicher Normen weist Pipes unter anderem an den heutigen Vorstellungen selbst des islamischen Rechts, der Scharia nach, die heute, wie etwa al-Turabi betont, nicht einmal mehr universal angewendet wird, sondern sich auf die territoriale Basis des jeweiligen Landes direkt bezieht. So folgt der Islamismus keinen irrealen archaischen und religiösen Vorstellungen. Vielmehr ist er den antikolonialen Gefühlen als Folge des wirtschaftlichen Scheiterns und der mißlungenen Modernisierungsversuche entwachsen und hat sich zu einer generellen anti-westlichen Grundhaltung gesteigert.

2.2 Wichtige Organisationen des Islamismus in der Welt und ihre Vernetzung

Der Perser Al-Afghani (eigentlich Jamal al-Dîn, 1839–1897) und der Ägypter Mohammad Abduh (1849–1905) hatten schon um die Wende vom 19. zum 20. Jahrhundert die Rückkehr zu den traditionellen Werten des Islam als Mittler im politischen Kampf um die Unabhängigkeit und gegen die Entfremdung in der Kolonialzeit hervorgehoben und damit eine Reform des Islam verbunden. Auf diesem Hintergrund kam die Abschaffung des Kalifats durch Kemal Atatürk einem Verrat gleich.

Bereits 1928, also nur vier Jahre später, gründete Hassan al-Banna (1906–1949) in Ismaïliya die Muslimbrüderschaft, die sich neben religiösen und sozialen Aufgaben auch das Ziel gesetzt hatte, eine neue politisch-islamische Gemeinschaft zu schaffen. Die Bewegung wurde, vor allem seit dem englisch-ägyptischen Vertrag von 1936, an verschiedenen Fronten, insbesondere auf Seiten der palästinensischen Araber, aktiv und seit den 1970er Jahren zunehmend radikal und militant. Aufbauend auf den Gedanken von Ibn Taymiyya (1236–1328), der durch seine Schriften den Grundstock für die Entwicklung der Lehre des Wahabismus (nach Muhammad ibn 'Abd al-Wahhâb, 1703–1792) gelegt hatte, wurde die sunnitische islamistische Theorie durch den später hingerichteten Ägypter Sayyid Qutb (1906–1966) und den Pakistani Abdel Alaa Al-Maududi (1903–1979) ausgebaut. Vor allem letzterer betonte den universellen Charakter des Islam in seiner Theorie, verstanden als ein Alternativ-System von Gedanken und Normen zur Bewältigung der modernen Welt. Auf schiitischer Seite erfolgte die Radikalisierung durch Ayatollah Ruhollah Khomeini (1902–1989) im Zusammenhang mit der Vorbereitung und Durchführung der iranischen Revolution. Das iranische Beispiel macht deutlich, daß die gewollte Radikalisierung des Islamismus nicht nur eine Reaktion auf ungünstige wirtschaftliche Verhältnisse ist. Sie ist auch eine Reaktion auf die autoritäre Gewaltherrschaft islamischer Staaten, die von den USA aus Nützlichkeitserwägungen oft reingewaschen werden, ebenso wie auf die dadurch diskreditierten Bestrebungen zur Demokratisierung, Modernisierung und Globalisierung westlicher Mächte; sie entspricht der Überzeugung, daß der legale Weg nicht wirkungsvoll genug zum Ziele führt.[78]

Der Soziologe Farhad Khosrokhavar gliedert die extremste Form des Islamismus, den Dschihadismus mit seinen „Märtyrern“, den Gotteskriegern, in drei Abschnitte: einen libanesisch-iranischen der Jahre 1970 bis 1980, einen der Taliban der 1990er Jahre und einen der Zeit nach den Taliban.

Von ihrem Gravitationszentrum im Bereich der Länder Afganistan, Pakistan und Irak aus verbreiten sie ihren Einfluß mit Hilfe vor allem wahhabitisch-saudischen Geldes rund um die Welt und sind in der Lage, von al-Qaida, der algerischen FIS, der libanesischen Hizbollah-Miliz, der palästinensischen Hamas oder der Vielzahl anderer islamistischer Gruppen und Gruppierungen die Probleme in Palästina, Afghanistan, Irak, Tschetschenien oder anderswo vernetzt und sozusagen global durch Terrorakte weiter anzuheizen.

Mouna Naïm bezeichnet diese Form der Globalisierung als „Neo-Umma".[79] Erleichtert wird die weltweite Wirksamkeit der Islamisten und Terroristen durch die „virtuelle Umma" (Olivier Roy), das ebenfalls mit saudischem Geld und stillschweigender Duldung der USA weltweit installierte und mit entsprechender Software ausgestattete Internet. Der Islamismus, in seiner jüngsten Variante von Roy als Neofundalismus bezeichnet, schafft neue Formen der Religiosität. Um den universellen Islam voranzutreiben ist er von „Traditionen und Gewohnheiten so weit gereinigt, daß er sich den unterschiedlichen Gesellschaften anpassen und durch das Internet vermittelt werden kann."[80]

Trotz finanzstarker Bemühungen um den Aufbau eines weltweiten Netzwerkes kann man auch heute kaum von einer islamistischen Internationalen im Sinne der oft beschworenen umma sprechen. Die religiösen, ethnischen, stammesmäßigen und politischen Gegensätze sind zu stark. Dennoch sind die Organisationen grenzüberschreitend bis global tätig. Bereits der ägyptische Präsident Gamal Abdel Nasser (1918–1970), der 1962 zur Verbreitung seiner laizistischen Politik die „Islamische Weltliga" (Râbitat al-alam al-islâmî) mit Nebenstellen in allen islamischen Staaten gegründet hatte, konnte sich kaum gegen die Verbreitung islamistischen, den Islam uniformisierenden wahhabitischen Gedankengutes wehren, das sich mit saudischem Geld in Schriften und der Errichtung immer gleicher Moscheen ausbreitete. Auch die ägyptische Muslimbruderschaft (al-Ikhwân al-muslimûn) gründete in den 1940er Jahren eine Abteilung, die den Gedankenaustausch mit dem Rest der islamischen Welt regelte, 1949 ein Exekutivbüro für die Verbindungen zum Mittleren Orient und 1959 die „Islamische Konferenz von Jerusalem" zur Koordination der bereits bestehenden islamischen Bewegungen des Vorderen Orients. In den kommenden Jahrzehnten errichtete die Bruderschaft unter verschiedenen Namen zunächst im gesamten Maschrek und bis in die 1960er Jahre auch im Maghreb Filialen. Die unter der Bezeichnung „Islamische Werte" offiziell eröffnete Organisation wurde bereits 1966 von der algerischen Regierung verboten. Angeblich unterhalten die

Muslimbrüder insgesamt Zweigstellen in 70 Ländern, darunter auch in Deutschland. Allerdings dauerte der Aufbau eines international kontinuierlich funktionierenden Netzes der Muslimbruderschaft mit einem obersten Leiter (murshid) in Ägypten selbst, angesichts vieler politischer Schwierigkeiten, bis in die 1970er Jahre. Von London aus operiert und publiziert seit 1982 die „Internationale Organisation der Muslimbrüder".

Auf dem indischen Subkontinent gründete Abu ‚Ala' Al-Maududi 1941 die fundamentalistische „Islamische Gesellschaft" (Jama'at- I Islami), die sich nach der Teilung Indiens in mehrere Sektionen spaltete, deren bedeutendste in Pakistan von Al-Maududi selbst bis zu seinem Tode geleitet wurde und heute, unter dem Emir Qazi Husayn Ahmad international tätig ist. In Afghanistan, Indien, Bangladesh, Kaschmir, Großbritannien (Islamic Foundation), Mauritius und der Südafrikanischen Republik bestehen Sektionen, deren afghanische „Hisb-i-islami" unter Gulbuddin Hekmatjar als besonders militant bekannt ist.

Eine weitere bedeutende islamistische internationale Organisation ist die „Islamische Befreiungspartei" (Hisb al-tahrir al-islami), in Ostjerusalem 1953 von dem Ex-Muslimbruder und Journalisten Taqi du Din An-Nadhani gegründet. Sie fungiert auf der ideologischen Basis des Islam als politische Partei und ist im Vorderen und Mittleren Orient ebenso verbreitet wie in Europa. Ihr Ziel ist die Wiedererrichtung des Kalifats und der umma unter der politischen Leitung des Koran. Als panislamische Bewegung grenzt sie sich vom arabischen Nationalismus ab und unterhält enge Kontakte nach Mittelasien, insbesondere zu den Dschihadisten Usbekistans.

Im folgenden sollen Besonderheiten islamistischer Bewegungen im Überblick dargestellt werden. Als Dauerkrisenherd hat sich im Vorderen Orient ein besonders dichtes Netz von (post-) islamistisch-fundamentalistischen und terroristischen Organisationen entwickelt. Ihr geographisches Umfeld erstreckt sich über demokratienahe ebenso wie diktatorische Länder. Überall sind die Muslimbrüder als Organisationen mit unterschiedlichen Namen aktiv, sei es im sozialen Bereich, innerhalb politischer Parteien oder im Dschihad. In Jordanien unterhalten sie Krankenhäuser und Schulen und zeichnen unter dem Namen „Partei der islamischen Befreiung" gleichzeitig verantwortlich für Attentate. Aus der Vielzahl der Organisationen können nur einige wenige herausgegriffen werden. So wurde beispielsweise 1982 die Gruppe Amal (Hoffnung) unter dem Einfluß junger schiitischer iranischer Geistlicher und mit Hilfe iranischen Geldes in die „Partei Gottes" (Hizbollah) umgewandelt. Bald erklärte sie die Bekaa-Ebene zur „Islamischen Republik des Libanon" und begann von hier aus ihre terroristischen Attentate. Hierbei kamen am 23. Oktober 1983 auch 300 Soldaten der internationalen Friedenstruppe zu Tode.[81] Gleichzeitig betätigte sich die Hizbollah karitativ und in den 1990er Jahren mit einigem Erfolg als politische Partei. Etwa gleichzeitig mit dem Beginn der ersten „Intifada" (Erhebung) gründeten die Muslimbrüder die „Hamas" („Mut, Tapferkeit" aber auch „Bewegung des islamischen Widerstandes") sowie deren bewaffneten Arm, die Kata ‘ib ‘Izz al-Din al Qassam. Politisch wird sie durch die „Partei des nationalen islamischen Heils in Palästina" vertreten. Eine weitere große islamistische Organisation ist die „Bewegung des islamischen Dschihad in Palästina" (Harakat al-jihad al-islami al-Filastini), politisch vertreten durch die „Bewegung des islamischen Kampfes in Palästina" (Hara-kat al-nidal al-islami fi Filastin).

Die Situation in Syrien – 70 Prozent der Bevölkerung sind Sunniten – ist gekennzeichnet durch die Repression der Baath-Partei und den Widerstand islamistischer Organisationen. Die in Syrien unterdrückte Muslimbruderschaft wird von ihrem murshid bis 1980 aus dem Aachener Exil geleitet. Im Irak wie im Libanon ist die Bevölkerung zwischen Sunniten und Schiiten religiös geteilt. Der Anteil der Schiiten überwiegt. Islamistische Bewegungen sind aus beiden Lagern entstanden.

In der kurdischen Volksgruppe hat in den letzten Jahren „Ansar al-Islam" (Partisanen des Islam) eine terroristische Bedeutung bekommen. Nachdem Saddam Hussein die Kontrolle über die nordirakischen Kurdengebiete verloren hatte, entstand (nach eigener Gründungslegende) die Ansar am 1. September 2001 im östlichen Niemandsland an der iranischen Grenze, wo sie einen regional kleinen „Gottesstaat" errichtete. Geistiger Führer ist der in Oslo im Exil lebende Mullah Krekar, als militärischer Führer gilt Abu Musab al-Zarqawi, ein Giftstoffexperte. Anfangs kämpften sie gegen „ungläubige" Landsleute, im Golfkrieg 2003 mit ihrer etwa 700 Mann starken Untergrundarmee gegen die US-Truppen. Von diesen in den Iran vertrieben, sikkerten sie in der Folgezeit im sunnitischen Dreieck um Bagdad ein, wo sie für zahlreiche Anschläge verantwortlich zeichnen.

Zur bedeutendsten terroristischen Organisation hat sich al-Qaida entwickelt, in der ersten Phase ihrer Geschichte (1988 bis 2001) zu einer straff organisierten militärischen Hierarchie, danach als ein Netzwerk unterschiedlicher terroristischer Gruppen; die massiven Verluste an Kämpfern und auch der Führungskader im Afhanistankrieg – auf ein Drittel geschätzt – spielen hier eine Rolle. Der Name leitet sich ab von einem namenlosen Sammel- und Trainingslager in der Nähe von Jalalabad. Hier wurden die neu eingetroffenen ausländischen Freiwilligen vor ihrem Einsatz an der Front ausgebildet. Sie nannten ihr Lager einfach al-Qaida, „die Basis". 1996 umgab sich Bin Laden, der das volle Vertrauen der Taliban genoß, mit einem Generalstab, den drei Ägyptern Ayman Al Zawahiri, Mohammed Atef und Abou Zoubeyda, und im Jahre 2000 gab Osama Bin Laden seiner Organisation eine fest gefügte Struktur mit einem Leiter (er selbst) und einem Rat (Majliss Al Chaoura) aus weiteren verantwortlichen Personen. Sie organisierten die Tätigkeiten von 24 verschiedenen nationalen Gruppen. Die Freiwilligen wurden nach verschiedenen Aufgabenbereichen gegliedert. Die „Brigade 55" aus alten Frontkämpfern aus der Zeit des Krieges gegen die UdSSR kämpfte an der Seite der Taliban, Kenner des Westens wurden dorthin geschickt, um ein Terrornetz aufzubauen und mit Hilfe der Moscheen in Europa gut ausgebildete weitere Freiwillige für besondere Aufgaben zu suchen. Die breite Masse der militanten Islamisten lieferten insbesondere die Länder Saudi-Arabien, Ägypten und Algerien, doch scheinen die Rückwirkungen zu den islamistischen Gruppierungen in diesen Ländern nur gering gewesen zu sein. Im Anschluß an die Vertreibung der al-Qaida aus Afghanistan fanden in Saudi-Arabien oder Ägypten kaum noch Attentate statt, die mit dieser Gruppe in Verbindung gebracht werden könnten. Deren Aktivitäten finden sich vor allem im Umfeld der muslimischen Welt in den USA, Europa, Ostafrika, Tschetschenien, Kaschmir und auf den Philippinen. Als weiterer Gründungsakt wird die Fatwa (Bekanntmachung, Aufruf) zur Gründung der „Islamischen Weltfront für den Dschihad gegen Juden und Kreuzritter“ vom 23. Februar 1998 angesehen. Unterzeichnet von Osama Bin Laden, Ayman Al Zawahiri und Ahmed Taha von der ägyptischen Organisation Gama a islamiyya (Islamische Gruppe), von Scheich Mir Hamza von der Jamiat Ulama Pakistan (Gesellschaft der pakistanischen Ulemas) und Fazil Ur Rahman der Gruppe Dschihad Bangladesh, rief sie dazu auf, „die Amerikaner überall auf der Welt zu töten, da ihr Militär weiterhin auf der Arabischen Halbinsel präsent ist“. Daß dies eine echte Kriegserklärung an die Vereinigten Staaten war, machten die beiden Attentate vom August 1998 auf die US-Botschaften in Daressalam und Nairobi mit mehreren hundert Toten deutlich. Seit dem zweiten, gelungenen Anschlag der Organisation Osama Bin Ladens vom 11. September 2001 auf die beiden Türme des World Trade Centers in New York und das Pentagon in Washington ist der Name der islamistischen und terroristischen Organisation al-Qaida zum Synonym des dschihadistischen Terrors geworden. Dieser Anschlag und die harte Reaktion der westlichen Welt haben das Verhältnis Orient und Okzident weiter radikalisiert.

Die Ideologie von al-Qaida basiert vollständig auf den Vorstellungen des Dschihad und der umma, also den Vorstellungen von einer arabischen universellen Nation. Diese verbinden sie mit dem Kampf gegen den Westen, vor allem den Imperialismus der USA und die durch ihn ausgelöste Globalisierung. Die Schaffung nationaler islamistischer Staaten, wie etwa im Iran, lehnen sie dagegen entschlossen ab.

Trotz der nicht enden wollenden Attentate der islamistischen Gruppierungen sprechen Olivier Roy [82] und Gilles Kepel[83] vom Niedergang des Islamismus. Während der Islamismus – so referiert Guido Steinberg treffend[84] – als Variante des politischen Aktivismus nach politischer Macht strebe und auf die Errichtung eines islamischen, bisher nur in der Islamischen Republik Iran realisierten Staates abziele, versuche der Neofundamentalismus (oder Salafismus) vor allem durch den Wandel des sozialen, kulturellen und ökonomischen Lebens nach dem Muster der

Frühzeit der Muslime in Mekka und Medina des 7. Jahrhunderts islamische Idealgesellschaften zu schaffen. Dabei beschränke er sich auf die Durchsetzung der Scharia. Der Neofundamentalismus werde besonders durch Saudi-Arabien gefördert, ein Staat, der seine eigene Legitimität aus dem Bündnis mit den neofundamentalistischen wahhabitischen Religionsgelehrten beziehe. Die zunehmende Attraktivität des Neofundamentalismus schwäche den Islamismus als eine politische, überwiegend sogar sozialpolitische Bewegung, dem es außer im Iran nie gelungen sei, die politische Szene im Vorderen Orient tiefgreifend zu verändern und der an historischer Wirkungsmacht deutlich verloren habe. Er sei an seinem wichtigsten Ziel, der Errichtung islamischer Staaten, gescheitert und werde nun mehr und mehr durch den Neofundamentalismus abgelöst.

Nach Kepel ist der Islamismus seit 1989 im Niedergang. Die Flucht in den Terrorismus sei ein Indiz für seine Schwäche. Er sei nicht mehr in der Lage, die arme städtische Jugend, die religiös-konservativen Mittelschichten und die islamistische Intelligenz der Bildungseliten zu mobilisieren. Kepel unterscheidet vier Entwicklungsphasen des Islamismus, eine Entstehungsphase bis 1967 nach der Niederlage der Araber im Sechstagekrieg gegen Israel, eine Phase des Umschwungs von 1967 bis 1979, in der es – hier bildet der Iran die Ausnahme – den Arabern auf Grund der Interessengegensätze kaum gelang, gemeinsame Programme durchzusetzen, eine dritte Phase der Ausbreitung und Widersprüche von 1979 bis 1989, in der sich der Islamismus, trotz sich verschärfender Widersprüche am weitesten verbreitete (afghanischer Dschihad, palästinensische Intifada, islamische Heilsfront Algeriens, Übernahme der Macht durch den Islamisten Hasan at-Turabi und die Militärs im Sudan) und seitdem eine vierte Phase „zwischen Gewalt und Demokratisierung". Infolge des Golfkrieges 1990/1991 zerbrach der islamistische Konsens. Angesichts des US-amerikanischen Truppenaufmarschs in Saudi-Arabien wandten sich Teile der Bevölkerung, vor allem die Mittelschichten von dem ehemaligen Förderer Saudi-Arabien ab und dem Terrorismus zu. So ist für Kepel der Terrorismus der al-Qaida nur ein erfolgloser Versuch, die Dynamik des bewaffneten Kampfes neu zu beleben.

2.3 Länderberichte Asien

Vorbemerkung: Die folgenden Länderberichte wollen an Beispielen aus den Regionen der islamischen Welt einen repräsentativen Überblick bieten. Sie vertiefen und ergänzen die eher universalhistorisch angelegte Darstellung des ersten Kapitels, in dem Länder wie Ägypten, Afghanistan, Algerien, Saudi-Arabien, der Iran, der Libanon, Palästina und die Türkei besondere Beachtung finden mußten; auf die Ausführungen dort wird verwiesen.

Iran

Der Iran, im Schnittpunkt alter Handelsstraßen im Südwesten Asiens gelegen, gehört zu den früh islamisierten Gebieten und beeinflußte – als Brücke zu Indien – maßgeblich die Blüte der sogenannten „arabischen“ Kultur des Mittelalters. Den Invasionen der aus Innerasien kommenden Turkvölkern und Mongolen war er früher ausgesetzt als der Vordere Orient. Die Perser waren Anhänger der Schia, die Eroberer wie die türkischen Seldschuken Sunniten, so daß religiöse Gegensätze und politische Unterdrückung sich ergänzten, die mongolische Herrschaft sogar zur existentiellen Bedrohung des Islam schlechthin wurde. Diese Gegensätze prägten auch die Geschichte des sunnitischen Osmanischen Reiches mit dem Safawidenreich der Perser, dessen Begründer Ismail Safawi 1501 die Lehre von den zwölf Imamen, die Schia, zur Staatsreligion und Basis einer neuen nationalen persischen Identität machte. Hatten die Safawiden den Ursprung ihrer Dynastie über den siebten Imam noch bis auf Ali zurückführen können, so fehlte den nachfolgenden Dynastien der Qatscharen (1779–1925) und Pahlawis (1925–1979) das zur Herrschaft notwendige Charisma. So wuchs notwendigerweise die politische Bedeutung des schiitischen Klerus. Im 18. Jahrhundert, als das Reich der Safawiden verfiel, wurde Persien von Afghanistan überfallen und von Russen und Osmanen bedroht. Bis ins 20. Jahrhundert blieb das ölreiche Land Interessengebiet und Spielball der Osmanen, Russen und vor allem Engländer.

Der von Reza Khan mit Unterstützung schiitischer Kreise durchgeführte Staatsstreich vom 22. Februar 1921 beendete die Herrschaft der Qadscharen-Dynastie. Als Reza Schah Pahlavi bestieg er im Dezember 1925 den persischen Thron. Doch führten sein despotischer Führungsstil, vor allem aber seine Anstrengungen zur Modernisierung und Verwestlichung des Landes – denen Kemal Atatürks vergleichbar – auf der Basis der Erdölexporte der Anglo-Iranian Oil Company, die bereits 20 Jahre vor der Entdeckung der saudischen Ölfelder produzierten und 1939 bereits 41 Prozent des persischen Handels ausmachten ,und ganz besonders seine Demütigung der schiitischen Würdenträger durch die im Rahmen der Modernisierung erzwungene westliche Kleidung und Abschaffung des Schadors zur Entwicklung religiös und politisch motivierter Widerstände. 1941 wird der Iran von den Alliierten besetzt, der Schah zur Abdankung gezwungen und durch seinen Sohn Mohamed Reza ersetzt.

In der Nachkriegszeit wurde die Modernisierung des Landes durch den Aufbau industrieller Großprojekte vorangetrieben. Die Folgen zeigten sich im raschen ungesteuerten Städtewachstum, verbunden mit der Verelendung urbaner Randgebiete, in der Landflucht, dem Brachfallen großer Teile der Landwirtschaft und der Entwicklung sozialen Elends im Lande. Der Schah baute die Armee zu einem gewaltigen Apparat aus. Etwa 30.000 US-Berater machten aus dem Iran den „Polizisten am Golf". Widerstände wurden durch die Geheimpolizei Savak im Keim erstickt.

In dieser Atmosphäre der Repression konnte einzig der schiitische Klerus sich als gesellschaftliche und damit politisch relevante Macht halten. Er stellte sich der Modernisierung des Landes entgegen. Nach 1945 entstand die erste islamistische Bewegung, die „Organisation derer, die sich für den Islam opfern" (Jam'iyat-e fedâ'iyân-e eslâm). Sie betätigte sich politisch und beging zahlreiche terroristische Attentate gegen islamfeindliche Intellektuelle, attakierte selbst den Premierminister und den Schah. Zugleich organisierte sie den Palästina-Einsatz des Iran und plante, teilweise zusammen mit den Muslimbrüdern Ägyptens, Aufstände. Von besonderer Bedeutung war der enge Kontakt der „Organisation derer, die sich für den Islam opfern" zu

Ruhollah Khomeini (1902–1989). Dieser kritisierte die Modernisierung, den Laizismus im Lande und die Präsenz der US-(Militär-)Berater und kam dafür 1963 ins Gefängnis. Nur die Ernennung zum Ayatollah durch die höchsten schiitischen Würdenträger des Landes rettete ihm das Leben.[85] Ein Jahr später kam er frei, polemisierte weiter gegen die Präsenz der USA und wurde des Landes verwiesen. In seinem zunächst türkischen, später irakischen Exil verfaßte er sein Buch „Für eine islamische Regierung", in dem er zur Beseitigung der Monarchie aufrief. Diese sollte durch eine islamische Regierung unter der Leitung eines theologischen Doktors der Rechte ersetzt werden.

Die einseitige Entwicklung des Landes, die Verarmung immer größerer Bevölkerungsteile, die sich verschärfenden Wirtschaftsprobleme, das Drängen der USA unter Jimmy Carter nach einer Liberalisierung der Monarchie sowie gewalttätige Auseinandersetzungen sind der Hintergrund für die Flucht des Schahs am 16. Januar 1979, den Zusammenbruch der Armee und den Rückzug der US-Berater aus dem Iran. Die triumphale Rückkehr Khomeinis am 1. Februar besiegelte die „Islamische Revolution". Mit Hilfe der Mobilisierung großer Massen, von Hilfstruppen, der „Partei der islamischen Revolution" und Revolutionsgerichten setzte man die Ideologie der „Velayet-e Faqih" in den folgenden vier Jahren endgültig um. Die laizistischen oder nationalistischen Linksparteien wurden aufgelöst. Ihre Mitglieder, nunmehr „Verräter des Islam", wurden beseitigt oder vertrieben. Teile der Gesellschaft wurden reislamisiert, das Tragen des Schador Pflicht. Den Versuch, diese „islamische Revolution" in die überwiegend sunnitische muslimische Welt zu exportieren, vermochten allerdings die mit dem Iran rivalisierenden Saudis zu verhindern.

Erst der Tod Khomeinis 1989 und die Wahl und Wiederwahl des reformoffenen Präsidenten Muhammad Khatami in den Jahren 1997 und 2001 ermöglichten eine langsame Normalisierung. Man kann Christian Bouchet zustimmen, wenn er den heutigen Iran, in dem sich langsam – natürlich unter Aufsicht – wieder Individualismus und westliche Wünsche nach Konsum entwikkeln und dessen Religion mehr und mehr Konvention wird, bereits als ersten post-islamistischen Staat bezeichnet.[86]

Unmittelbare Konsequenz des sowjetischen Einmarsches in Afghanistan 1979 war eine sofort einsetzende politisch gesteuerte Gegenbewegung einer radikalen Re-Islamisierung des Landes. Bald zogen die Mudjahidin unter dem Banner des Islam in den Kampf, und ein ehemals tolerantes und offenes Land verwandelte sich unter dem Einfluß des radikalen wahhabitischen Islamismus mehr und mehr. Schon immer hatte das Land, im Schnittpunkt alter Handelswege und Zivilisationen gelegen, die Begehrlichkeit der Nachbarn geweckt. Als Pufferstaat zwischen den Interessen der Großmächte konnte es erst 1921 seine Unabhängigkeit erlangen. 1973 folgte auf die Monarchie die Ausrufung der Republik. Nach dem Einmarsch der sowjetischen Truppen rekrutierten die USA in der gesamten muslimischen Welt Freiwillige, bewaffneten sie mit saudischem und chinesischem Geld und ließen sie in Pakistan zu Kämpfern ausbilden. Erst Gorbatschow zog die Truppen 1989 zurück. Die Bilanz dieses Krieges war schrecklich: 15.000 Soldaten der Sowjetarmee und eine Million afghanischer Kämpfer waren gefallen. Fünf Millionen Menschen befanden sich auf der Flucht. Aber die Schrecken waren noch nicht vorbei. Dem Krieg gegen den äußeren Feind folgte ein Bürgerkrieg um die Aufteilung der Macht, den auch die einheitliche islamische Religion – 99 Prozent der Einwohner; davon 84 Prozent Sunniten und 15 Prozent Schiiten – nicht verhindern konnte. Die Konflikte entwickelten sich im Zusammenhang mit wechselnden ethnischen und stammesmäßigen, meist auch über die Landesgrenzen bestehenden Bündnissen und deren politischen und territorialen Ansprüchen. Jede Ethnie unterhielt eine oder mehrere politisch-militärische Gruppierungen. Die Solidarität gegenüber den Stammesbrüdern war stets größer als gegenüber dem Staat.[87] Von den heute 27,3 Millionen Afghanen des etwa 652.000 Quadratkilometer großen Landes sind 40 Prozent Paschtunen, 25 Prozent Tadschiken, 15 Prozent mongolstämmige Hesoren (Hazara), fünf Prozent Usbeken. Daneben gibt es weitere Minderheiten (Turkmenen, Kirgisen, Belutschen usw.). Aber auch die Nachbarstaaten versuchten bis heute ihre Interessen durch Bündnisse mit afghanischen Bevölkerungsgruppen durchzusetzen: Usbekistan liefert derzeit Waffen und Logistik gegen Transporterleichterungen in Richtung Indischer Ozean und Persischer Golf; die Russen fürchten das Einsickern islamistischer Milizen über ihre ehemaligen Staatsgebiete; Pakistan fürchtet separatistische Tendenzen seiner paschtunischen Minderheit entlang der afghanischen Grenze und versucht, die politischen Verhältnisse in Afghanistan mitzubestimmen. Es versucht zugleich, durch politische Einigkeit mit Afghanistan den indischen Staat zu beunruhigen.

Während der andauernden Kämpfe der unterschiedlichsten Gruppierungen im Lande wurden die von Saudi-Arabien bezahlten Religionsstudenten, die Taliban, 1996 zunächst mit Erleichterung begrüßt. Bald jedoch haßte man vor allem die Willkür der Religionspolizei. Am Ende des Krieges waren wieder 40.000 Tote zu beklagen und zwei Millionen Flüchtlinge unterwegs in den Lagern. Die Taliban hatten gelernt, zu kämpfen und zu beten, aber sie waren nicht in der Lage, das Land zu verwalten. Bis zum Verbot des Mohnanbaus durch ihren geistigen Führer, den Mullah Omar im Jahre 2000, bauten sie in großem Stile Mohn an und finanzierten mit dem Geld islamistische Organisationen auch in den Nachbarländern, beispielweise in Kaschmir und Indien. 1994 war Afghanistan mit einer Produktion von 2.800 Tonnen Opium der bedeutendste Drogenproduzent der Welt. Vier Fünftel des in Europa gehandelten Heroins stammten aus dem Gebiet des sogenannten goldenen Halbmondes Afghanistans und Pakistans. Zehn Prozent des Erlöses wanderten als „Zakat“ (Religionsabgabe) an die Taliban. Auch eine mit Osama Bin Laden verbündete islamistische usbekische Gruppe wurde von dem Drogengeld finanziert.

Die Reaktion auf das Attentat vom 11. September 2001 war ein von den USA angeführter Krieg gegen die Taliban und al-Qaida. Im Bombenhagel wurde ein Großteil der islamistischen Terroristenlager zerstört. Der Versuch der Taliban und al-Qaida-Kämpfer, sich unter das Volk zu mischen, mißlang. Vor allem den abfällig „Araber“ genannten Kämpfern der al-Qaida vergaß man in Afghanistan nicht, daß sie die fliehenden Kämpfer hinter der Front erschossen und das feige Attentat gegen Massud durchgeführt hatten. Das hier wurzelnde Mißtrauen, das Gefühl, daß diese Ausländer für das Unglück im Lande verantwortlich sind, führte zum Frontwechsel mancher Taliban-Einheit, auch zu Massakern unter den „arabischen“ al-Qaida-Kämpfern, ohne daß solche Ereignisse als eine dauerhafte Abwendung von einem islamischen Fundamentalismus interpretiert werden dürfen.

Nach dem Sieg über die Taliban in Mazar-e-Charif wurden von den Stämmen neue Allianzen ausgehandelt und die Taliban aufgefordert, sich einzureihen. Ein Kopfgeld von 25 Millionen Dollar führte nicht zur Ergreifung von Bin Laden, dem die Flucht – wohl aus dem Gewirr von Tunneln und Gängen im Gebirgsmassiv von Tora Bora – gelang. Doch war sein Netzwerk zunächst neutralisiert. Wie im späteren Irakkrieg hatte sich George Bush das Recht ausbedungen, gefangene Kämpfer außer Landes zu bringen und in gesonderten Gefängnissen, auch außerhalb der USA zu verhören, eine auch im europäischen Westen als sehr problematische Lösung eingeschätzte Maßnahme, die in der muslimischen Welt bis heute besondere amerikafeindliche Emotionen auslöst.

Mit dem Ende der Taliban war ein Neuanfang in Afghanistan möglich geworden. Am 26. November 2001 trafen sich die vier auf ethnischer Grundlage gebildeten politischen Gruppierungen auf dem Petersberg bei Bonn. Ziel war die Schaffung einer politischen Führung, die die ethnischen Verhältnisse berücksichtigt. Auch die Diplomaten der afghanischen Nachbarländer und der Sieger waren an der Planung der politischen Zukunft des Landes beteiligt. Am 12. Juni 2002 versammelte sich die Loya Jirga, um das neue Parlament und die Übergangsregierung zu wählen. Hamid Karzai, ein paschtunischer Aristokrat, 1957 in Kandahar geboren, wurde der erste gewählte Premierminister der Nachkriegszeit. Seine Regierung bereitete erste Wahlen vor, aus denen er im Oktober 2004 als Sieger hervorging.[88]

Pakistan

Der Islam Pakistans zeigt ein überaus vielfältiges, ja angesichts der besonders stark ausgepräten Vorurteile der Sunniten gegenüber Schiiten gegensätzliches Gesicht. Innerhalb der sunnitischen Mehrheit von etwa 75 Prozent, die sich zumindest nominell zur hanafitischen Rechtsschule bekennen, rivalisieren unterschiedliche Denkschulen. Neben der bedeutenden Minderheit der Schiiten – nach sunnitischer Schätzung etwa 5 Prozent, nach eigener 20 Prozent der Bevölkerung – finden sich neben anderen islamischen Sekten allein drei Richtungen des Islamismus, die brauchtumsmäßig Hindutraditionen nahestehen, aber auch arabische und persische Identitätsmerkmale pflegen. In Karachi leben außerdem die sonst nur in Belutschistan anzutreffenden Dhikris. Eine große Bedeutung kommt in Pakistan dem Volksglauben zu, in dessen Mittelpunkt eine Heiligenverehrung steht, Mystiker und Prediger, die in bestimmten Landesteilen gewirkt haben. Entsprechend stark ist auch die Bedeutung der Sufi-Orden, insbesondere der Qadiriya und Naqshabandiya.

Wie in den arabischen Ländern war in der Nachkriegszeit der Nationalismus die vorherrschende Bewegung, der allerdings in den 1970er Jahren in eine schwere Krise fiel. Die Abtrennung Bangladeshs und die militärische Niederlage gegen Indien hatten ähnliche Auswirkungen der Demütigung wie die arabische Niederlage gegen Israel 1967. Die anfänglichen Erfolge der Linken riefen allerdings schnell eine islamische Gegenreaktion hervor. Die von Ali Bhutto, aus einer Großgrundbesitzerfamilie stammend, gegründete „Pakistan People's Party" (PPP) konnte zwar mit ihrer Devise „Sozialismus, Islam und Demokratie" großen Zuspruch bei den städtischen und ländlichen Volksmassen mobilisieren, doch gegen den Ministerpräsidenten Bhutto (1972–1977) schlossen sich angesichts seiner geringen Erfolge bei der Bodenreform sowie der herrschenden Korruption und Willkür alle Gegner in der „Nationalen Allianz Pakistans" (PNA) zusammen, deren Speerspitze die von Maududi gegründete „Jamaat-i islami" (JI) war. Bhuttos Entgegenkommen gegenüber den islamischen und islamistischen Kräften – Verbot von Alkoholkonsum, Pferderennen, Nachtclubs – und die Einführung der Scharia im April 1977 vermochten seinen Sturz durch den General Zia ul-Haq im Juli 1977 nicht zu verhindern.

Zia ul-Haq, der Bhutto im April 1979 hinrichten ließ, war ein Bewunderer Maududis und ließ sich von ihm und seinen Anhängern beim Aufbau eines islamischen Staates nicht nur beraten, sondern beteiligte die JI mit mehreren Ministern an der Regierung. Die Verhängung des Kriegsrechtes war dabei nicht nur ein Riegel gegen die Wiedereinführung der Demokratie, sondern wurde zur Rechtfertigung der Errichtung des islamischen Staates ausgegeben. Der Islamismus war – ähnlich wie 1989 im Sudan – durch einen Militärputsch an die Macht gekommen, er wurde aber – im Gegensatz zum Sudan – von den USA angesichts der betont antiwestlichen Töne in der zeitlich parallelen islamistischen Revolution im benachbarten Iran als Bündnispartner akzeptiert, auch als Brücke zum Afghanistankonflikt. Pakistanische Mittelsmänner in der Weiterleitung saudischen Geldes und amerikanischer Waffen kamen in der Regel aus dem islamistischen Milieu. Diese Transfers, aber auch die aus den Golfstaaten überwiesenen Gelder der dort tätigen „Gastarbeiter“ boten der frommen Mittelschicht eine einträgliche Zeit, die sie mit der islamistischen Militärdiktatur aussöhnte. Die fromme Mittelschicht, die sich vom Sozialismus der PPP bedroht fühlte, war durch deren Zerschlagung beschwichtigt, die islamistische Intelligenz, die sich mit Maududi identifizierte, in die Macht eingebunden, die städtischen Unterschichten, insbesondere der Jugend waren im Gegensatz zum iranischen und später algerischen Beispiel angesichts der Militärdiktatur politisch zum Machterwerb nicht nötig.

Die Islamisierungsmaßnahmen seit 1979 galten neben der Umsetzung der Ideen Maududis vorrangig der Machtsicherung. Mit langfristig nachhaltigen Auswirkungen waren sie erfolgreich im Bildungswesen, während der Versuch, über die zakat eine Kontrolle der Religion zu gewinnen, nur partielle Erfolge erzielte; die traditionell privat und deshalb nach eigener Einschätzung unterschiedlich hoch abgeführte Almosenabgabe sollte als einheitliche Armensteuer vom Staat zentral eingezogen werden. Die Schiiten konnten sich ihr als erste mit dem Hinweis entziehen, daß sie schon die zakat an ihre Ayatollahs abgeführt hatten. Die zakat sollte zwar zur Finanzierung der Medresen (Koranschulen) dienen, an denen arme Jugendliche Kost und Logis erhielten, doch wollte sich auch manche sunnitische Einrichtung ihre Unabhängigkeit erhalten und sich der damit verbundenen staatlichen Kontrolle entziehen. Im Gegensatz zu großen Teilen der ulema (Geistlichkeit) konnte sich die JI nicht der kompromittierenden Zuwendung des Diktators entziehen, während ein Großteil ihrer Sympathisanten aus der frommen Mittelschicht sich zunehmend mit dem Regime arrangierte. Die der ulema nahestehenden Parteien, die ihren Nachwuchs aus den immer zahlreicher entstehenden Medresen zogen, bildeten eine wachsende Konkurrenz zur JI, der nach Zias Tod bei den Parlamentswahlen im August 1988 die Wähler davonliefen.

Zia ul-Haq hatte zwar Maududi und seinen Anhang auf seine Seite ziehen können, sich aber zumindest die Neutralität der ulema durch die Umverteilung der zakat gesichert, die nicht nur Beschäftigungs- und Verdienstmöglichkeiten an den Koranschulen bot, sondern auch die arme Jugend dort band. Zur Herrschaftssicherung förderte er die Animositäten zwischen der traditionellen Geistlichkeit und den Islamisten ebenso wie die religiöse Zersplitterung seines Landes, das dadurch besser kontrolliert werden konnte. Die islamistische Partei der JI wurde dadurch zwar an den Rand gedrückt, aber insgesamt wurde in Pakistan, bedingt auch durch die enge Verzahnung mit dem afghanischen Dschihad, eine explosive Spirale von Gewalt und Fanatismus geschaffen, die nach einem demokratischen Intermezzo unter Bhuttos Tochter Benazir auch die heutige Situation Pakistans unter einer neuerlichen Militärdiktatur prägt.

Nach dem Zerfall der Sowjetunion hatte Pakistan gehofft, im Verbund mit den Taliban, den islamischen Staaten der ehemaligen UdSSR in Zentralasien und dem Iran, das strategische Gleichgewicht gegenüber Indien verändern zu können. Aber der Krieg in Afghanistan hatte auch die Wirtschaft Pakistans behindert, den Handel und vor allem die Lieferung des turkmenischen Gases. Die US-Verbindungen zu Pakistan isolierten den Staat in der muslimischen Welt; zudem destabilisierten ihn die zahlreichen ethnischen Minderheiten und islamistischen Organisationen im Lande und trübten obendrein seine Beziehungen zu den islamischen Nachbarn. Osama Bin Laden ließ verkünden, der pakistanische Präsident kämpfe unter dem Banner der Kreuzfahrer. Auf US-amerikanischen Druck verbot Präsident Muscharraf am 12. Januar 2002 die großen islamistischen Organisationen, die ihn bisher in seinem Kampf um Kaschmir unterstützt hatten und ließ mehr als 1.500 militante Islamisten verhaften. Sie verlegten daraufhin ihre Operationsbasis direkt nach Kaschmir, agierten aber weiterhin auch in Pakistan (u. a. Anschlag auf die US-Botschaft in Karachi am 14. Juni 2002). Die für das Attentat verantwortlich zeichnende Organisation „Sprachrohr des Gesetzes“ (Tarju-man Al Qanoon) verkündete anschließend: „Dieser Angriff ist erst der Beginn unseres Kampfes gegen die USA und ihren Verbündeten, die Marionette Pakistan.“

Hinsichtlich des Afghanistankonfliktes mag es unerheblich sein, ob die meist an pakistanischen Koranschulen ausgebildeten Taliban weniger den Ideen Maududis als deobandischen Traditionen verhaftet waren. Ideologiegeschichtliche Begriffe wie Islamismus oder Neofundamentalismus vermögen die Konflikt- und Gewaltpotentiale der pakistanischen Gesellschaft kaum zu beschreiben. Pakistan ist eine Atommacht. Wenn das derzeitige autoritäre Regime die Kontrolle verlieren sollte, ist es unerheblich, ob islamistische, fundamentalistische oder aus anderen Gründen fanatisierte Muslime die Massenvernichtungswaffen in ihren Besitz bekommen.

Indien und der Kaschmir-Konflikt

Mit mehr als einer Milliarde Einwohnern stellt die „Indische Union“ die größte Demokratie der Erde dar. Der religiösen Gleichberechtigung wegen ist der Laizismus in der Verfassung festgeschrieben. Dennoch konnten religiöse Auseinandersetzungen nicht verhindert werden. Mit 80,3 Prozent stellen die Hindus die überwiegende Mehrheit dar, ihnen folgen die Muslime mit 11 Prozent, die Christen mit 2, 4 und die Sikhs mit 1, 1 Prozent.

Ausgelöst durch oft schwierige politische Verhältnisse und das gesteigerte Nationalbewußtsein der Hindus und Muslime gewinnen, insbesondere bei regionalen Streitigkeiten, religiöse Unterschiede, als politischer Machtfaktor geschickt und radikal eingesetzt, große Bedeutung. Auch im Großraum rivalisierende Nachbarländer wie Pakistan, China und Bangladesh schaffen in der Region ein Klima latenter Gewalt. So starben bei Auseinandersetzungen zwischen Muslimen und hinduistischen Nationalisten und der Zerstörung einer Moschee in Ayodhya im Bundesstaat Uttar-Pradesh 2.000 Menschen.

Im Zusammenhang mit der Radikalisierung des Landes sind hinduistische und vor allem zahlreiche islamistische Organisationen entstanden. Die islamistischen Organisationen leben so gut wie vollständig von internationalen Geldzuwendungen. Ihr Aktionsfeld beschränkt sich im wesentlichen auf den Jammu- und Kaschmirkonflikt im Grenzbereich Nordindiens zu den Nachbarländern Pakistan und China, innerhalb der orographisch sehr unzugänglichen Hochgebirge des Hindukusch und Karakorum. Dieses ehemalige hinduistische Fürstentum wurde bis zu seiner Teilung vor allem von der Kaste der Brahmanen beherrscht. Es wurde seitdem sozusagen zu einem vom Ausland finanzierten Lieblingskampfplatz islamistischer Organisationen. In der Mehrheit der Bewohner muslimisch, betrachtet es das seit 1947 selbständige Pakistan in Gänze als seine Provinz. Der Konflikt entstand im Herbst 1947, als pakistanische Stämme in Kaschmir einfielen und der Maharadschah Hari Singh die Hilfe Indiens anforderte. Statt der erhofften Selbständigkeit Kaschmirs wurde die Provinz, nach einer Zeit der Unruhen, durch die UNO provisorisch geteilt. Zwei Drittel wurden Indien, ein knappes Drittel Pakistan und ein schmaler Gebietsstreifen China zugesprochen. Ein bis heute von Indien, trotz mehrfacher muslimischer Aufforderungen, nicht durchgeführtes Referendum sollte eigentlich über die endgültige Zugehörigkeit der Gebirgsprovinz Kaschmir entscheiden.

Ein kleiner Grenzzwischenfall zwischen Indien und Pakistan führte 1965 zu einem ersten Krieg und – teilweise mit Unterstützung Pakistans – zur Entstehung bewaffneter islamistischer Gruppen. Mit dem erklärten Ziel der Wiedervereinigung Kaschmirs gründete der Geheimdienstoffizier Amunallah Khan 1977 die „Nationale Befreiungsfront Jammu-Kaschmir“. Ihre ideologischen und religiösen Stellungnahmen brachten ihr großen Zulauf in der Bevölkerung. Selbst nur teilweise islamistisch, verfügte sie mit der „Befreiungsarmee Kaschmirs“ über eine islamistisch-militante terroristische Unterabteilung, die sich 1988 und 1989 zu zahlreichen terroristischen Anschlägen bekannte.

Seit der Führungsübernahme durch Javed Ahmed Mir wurde diese Organisation nicht mehr von Pakistan unterstützt. Ihr Ziel ist die Loslösung des von Pakistan verwalteten Teils von Kaschmir (Azad-Kaschmir) und seine eventuelle Angliederung an den indischen Teil der Provinz. Der indische Staat hat eine Reihe wirksamer Ausnahmegesetze erlassen,[89] um sich gegen Ausschreitungen sowohl der „Nationalen Befreiungsfront Jammu-Kaschmir" als auch der separatistischen Sikhs zur Wehr zu setzen. Dennoch sind seit Anfang der 1970er Jahre eine Reihe weiterer islamistischer Organisationen entstanden, deren bedeutendste die „Partei der Mudjahidin" ist, die mit der inzwischen sehr radikalen „Gesellschaft islamischer Ulemas" (Jamiat Ulama Islam) in Verbindung steht.

Wie in Afghanistan unterhält die pakistanische Armee auch im indisch verwalteten Teil Kaschmirs islamistische Gruppen. Der pakistanische Präsident Pervez Muscharraf predigt, wie früher auch seine Vorgänger, den Dschihad. Jede Änderung der Politik der Angliederung Kaschmirs, die Teil der Gründungsmythen Pakistans ist, würde im Lande zu einer Revolte führen.

Die Tatsache, daß Indien wie Pakistan über Mittelstreckenraketen verfügt, die mit nuklearen Sprengköpfen ausgestattet werden können, macht Anschläge, wie den vom 1. Oktober 2001 vor dem Provinzparlament in Srinagar, der indischen Sommerresidenz Kaschmirs, zu einem höchst gefährlichen Unternehmen für die gesamte Region.

GUS-Staaten (Ehemalige Sowjetunion)

Die rund 55 Millionen Muslime der ehemaligen Sowjetunion gehören überwiegend zu den Turkvölkern (Aserbeidschaner, Karakalpaken, Kasachen, Kirgisen, Tataren, Turkmenen, Usbeken), zu einer Minderheit zu persischen Ethnien (Tadschiken) oder sind Ibero-Kaukasier (Abchasen, Tscherkessen); 90 Prozent sind Sunniten hanafitischer oder shafitischer Rechtsschule; der Rest Anhänger der Zwölfer-Schia (Aserbeidschaner).

Die Unterdrückung des Islam im Zarenreich wurde in der Sowjetunion bis zum Ausrottungsversuch gesteigert. Die Gründe für das Scheitern dieses Versuchs sind zum Teil identisch mit denen für die Schwierigkeiten des Islamismus in der Region, eine breite gesellschaftliche Basis bei den Turkvölkern zu finden. Da Muslime zur Erfüllung ihrer religiösen Pflichten nicht auf eine muslimische Geistlichkeit angewiesen sind, konnte sich eine hierarchische Amtskirche nicht entwickeln, die wie die orthodoxe Kirche staatlichen Maßnahmen ausgesetzt war. Neben dem im Vergleich dazu gering ausgeprägten staatlich kontrollierbaren Islam (Moscheen, Medresen) bestand ein einflußreicher, tief in der Gesellschaft verankerter „Schatten-Islam" in vier nach außen abgeschotteten Sufi-Bruderschaften, die schon zu Zarenzeiten einen erbitterten Widerstand gegen die russischen Unterdrücker leisteten. Die Ideologie des Kommunismus konnte letztlich auch nicht verstehen, daß in den Hochburgen islamischer Gelehrsamkeit (Buchara, Samarkand) die Idee der umma überlebte und daß Islam und nationale Identität in Mittelasien unentwirrbar verbunden waren.

Die Stärke dieses traditionellen Volksislam bzw. Sufitums bei türkischen Ethnien bedeutet für den Islamismus ein großes Hindernis, auch wenn die gleichen sozioökonomischen Rahmenbedingungen wie etwa Landflucht, Arbeitslosigkeit oder Massenarmut seine Entwicklung im arabisch geprägten Raum begünstigten. Doch stellen sich in Innerasien die Probleme zum Teil nicht in gleicher Schärfe, wie etwa die im Vergleich teilweise deutlich niedrigere Geburtenrate zeigt. Dennoch ist innerhalb der GUS ein ständig wachsender politischer Islam zu verzeichnen (Parteigründungen 1990: „Islamische Partei der Wiedergeburt" in Astrachan, „Islamische Demokratische Partei" in Usbekistan, „Islam und Demokratie" in Alma Ata, „Liga der muslimischen Frauen" in Alma Ata, „Jamaat-ul islami" (Muslimische Gesellschaft) in Dagestan (Kaukasus). Dieser politische Islam tritt mehr im Rahmen einer nationalen Wiedergeburt denn als Fundamentalismus auf, der zudem auf die Unterdrückungsmechanismen der meist autoritären Herrschaft treffen würde. Wie weit er als gesellschaftliche Unterströmung vorhanden ist, ist schwer auszumachen. Er macht sich lediglich in Einzelaktivitäten von Dschihadisten (Terroristen) bemerkbar.

In Tolstois Erzählung „Hatschi Murat" aus dem 19. Jahrhundert kann man den heutigen Tschetschenien-Konflikt in seiner Anfangsphase wiedererkennen, ausgefochten nur mit anderen Waffen. Ähnlich modellhaft ist auch sein weiterer Verlauf, wie der nationale Aufstand eines Volkes mit einem traditionell gemäßigten Islam vom Islamismus infiziert wurde, so daß die „Gotteskrieger" aus Afghanistan im Kaukasus ein neues Betätigungsfeld fanden. Die russische Unterdrückung zeitigte ähnliche Ergebnisse wie der Druck der englischen Kolonialmacht, der in Ägypten zur Gründung der Muslimbruderschaft beigetragen hatte. Die in den letzten Jahren zunehmende Zurückhaltung der westeuropäischen Partner Putins gegenüber den russischen Menschenrechtsverletzungen bot den Islamisten die Chance, eine „Lücke" zu schließen, die durch das Gefühl, im Stich gelassen zu sein, entstanden war – ähnlich wie die Unfähigkeit der nationalistischen PLO und auch des Westens, den Palästina-Konflikt zu lösen, den Aufstieg der islamistischen Hamas begünstigt hatte. Saudisches Geld sorgte in beiden Fällen für die Finanzierung eines Aufstandes gegen eine jeweilig überlegene Militärmaschinerie, in Rußland mit einer Eskalation des Terrors, die mit der massenhaften und blutig endenden Geiselnahme von Schülern in Beslan 2004 eine neue Qualität erreichte. Die von den Russen vorgenommene Gleichsetzung Tschetschene = Wahhab = Terrorist weist – wenn auch deutlich verkürzend – auf saudische Hintermänner, birgt aber auch die Gefahr, daß die gesamte muslimische Bevölkerung Rußlands, mit 20 Millionen immerhin die zweitgrößte Glaubensgemeinschaft, unter Islamismusverdacht gerät und der Blick auf ein erfolgreiches Gegenmodell verstellt wird.

Von den im Jahr 2002 rund 3,8 Millionen Einwohnern der Republik Tatarstan an der mittleren Wolga und Kama bezeichnen sich 15 Prozent als gläubige Muslime. In der Hauptstadt Kasan entsteht anstelle der 1552 von Iwan dem Schrecklichen geschleiften Kul-Sharif-Moschee eine neue Großmoschee, deren Einweihung für 2005 geplant ist. Nach jahrhundertelanger Unterdrükkung und Zwangschristianisierung – eine Ausnahme bildete nur die Regierungszeit von Katharina der Großen – ist nun in den schon bestehenden etwa tausend Moscheen religiöses Leben möglich. Eine neu gegründete „Russische Islamische Universität“ will ihre Koranschüler gezielt im eigenen Lande unterrichten, bevor sie an arabischen Universitäten mit radikalem Gedankengut konfrontiert werden. Man knüpft dabei an die Reformbewegung des „Dschadidismus“ aus dem ausgehenden 19. Jahrhundert mit seinem aufgeklärten Islam an.

Dschadidismus
(arabisch: dschadid, jadid = neu) ist eine unter den Tataren Rußlands verbreitete Reformbewegung, die den Islam mit dem westlichen Fortschritt, insbesondere größerer Gewissensfreiheit und pluralistischem Weltbild zu vereinen suchte. Hauptvertreter sind: Kursawi, Mardschani, Fahraddin und der Krim-Tatar Bey Gasprinski (1851–1914), der folgende Ziele formuliert:
- Neubesinnung der Geschichte;
- Dezentralisierung des Islam, um den Menschen in einem gleichermaßen logischen wie heiligen Schema zu verankern;
- ein neues Bildungsverständnis, das an naturwissenschaftlichen Erkenntnissen und dem Moralkodex des Islam ausgerichtet ist;
- Stärkung der Rolle der Frau in der Gesellschaft;
- Modernisierung der Wirtschaft, Produktivitätssteigerung.

China

In China leben zwischen 20 und 25 Millionen sunnitische Muslime, überwiegend Angehörige von Turkvölkern (insbesondere Uiguren, Kasachen, Kirgisen, Usbeken), ferner Tadschiken. Sie leben meist in Xinjiang (Sinkiang), dem historischen Ostturkestan, sowie in Ningxia, Gansu und Qinghai; eine große Gruppe stellen die Hui, zum sunnitischen Islam konvertierte Han-Chinesen. Unter Mao-Tse-tung mußten sie eine massive Unterdrückungs- und Assimilierungspolitik erdulden; die Sprachen der Uiguren, Kasachen, Kirgisen, Tadschiken wurden systematisch sinisiert; während der Kulturrevolution wurden fast alle Moscheen zerstört oder geschändet, Geistliche inhaftiert oder hingerichtet. Nach Maos Tod 1976 und dem Sturz der „Viererbande“ verbesserte sich die Situation. 1989 wurde in Xian die erste islamische Universität Chinas eröffnet, seit 1982 darf ein kleines Kontingent islamischer Studenten in Ägypten, Libyen und Pakistan studieren, seit 1979 ist für eine auf zweitausend beschränkte Zahl von Gläubigen die Wallfahrt nach Mekka erlaubt.

Sind schon die Informationen über chinesische Muslime im Vergleich zu anderen Ländern eher dürftig und gering, schweigt die durchgesehene Literatur weitgehend zum Thema Islamismus in China, was angesichts der geringen Zugangsmöglichkeiten westlicher Forschung zu allen chinesischen Themen nicht verwunderlich ist. Man darf hinsichtlich der Turkvölker eine ähnliche Situation wie in dem ehemals russischen Mittelasien unterstellen. Ein nennenswertes Kontingent von Uiguren hat mit den Taliban gegen die internationale Anti-Terror-Allianz gekämpft, rund tausend Uiguren sollen in al-Qaida-Camps ausgebildet worden sein; bei einem Anschlag auf ein McDonalds-Restaurant in Xian im Dezember 2001 starben zwei Menschen. Dies weist auf Konfliktbereiche, ohne daß deren gesellschaftliche Relevanz beurteilt werden kann. Die herrschende kommunistische Partei verfolgt den uigurischen bzw. ostturkestanischen Islamismus als eine konkurrierende politische Bewegung, der deswegen mehr durch seine Kontakte und Aktivitäten in Afghanistan, Pakistan und Mittelasien auffällt. Die Regierung der VR China wirft Deutschland vor, daß hier, mit dem Hauptquartier in München, ostturkestanische Organisationen wie „The Islamic Jihad Force“ ihre Hauptstützpunkte haben.

Malaysia

Die blutigen Rassenunruhen vom 13. Mai 1969 erschütterten nicht nur die Grundlagen des erst 1957 in die Unabhängigkeit entlassenen Staates, sie waren, früher als in der arabischen Welt, der Beginn einer Islamisierung der ethnisch malaiischen Gesellschaft. Die britische Kolonialmacht hatte in großer Zahl Inder (etwa 15 Prozent der Bevölkerung) und Chinesen (ein Drittel) angesiedelt. Die Inder, nur zum kleinen Teil Muslime, arbeiteten überwiegend auf Kautschukplantagen, die Chinesen im Handel, so daß mit der Unabhängigkeit faktisch der Reichtum des Landes in ihrer Hand lag. Die Bevölkerungsmehrheit der ethnischen Malayen war muslimisch. Im neuen Regime waren die Eliten der drei Gemeinschaften entsprechend ihren Kräfteverhältnissen beteiligt. Es sah sich allerdings angesichts von Bevölkerungsexplosion und Landflucht dem Druck einer malayischen Jugend ausgesetzt, die massenhaft in die Städte abwanderte, in denen die Chinesen den Ton angaben. Nach den antichinesischen Pogromen von 1969 gab die Regierung einigen Forderungen der malayischen Jugend nach: Die Vorherrschaft des Englischen wurde durch die Einführung des Malayischen als offizielle Sprache gebrochen; durch eine „positive Ungleichbehandlung" bei der Vergabe von Studienplätzen an der Staatsuniversität sowie bei öffentlichen Stellen wurde die malayische Mehrheit bevorzugt. Die Chinesen nahmen diese Benachteiligungen hin, weil das „asiatische Wirtschaftswunder" genügend Verdienstmöglichkeiten bot, ihre Jugend an australischen und westlichen Universitäten studieren und dort die höherrangigen Abschlüsse machen konnte. Zudem blieben die Grundlagen des Staates, vor allem im Wirtschaftssystem und der Machtverteilung, unverändert.

Die urbanisierte und alphabetisierte städtische malayische Jugend hatte in der seit 1971 aktiven „abim" („Liga der muslimischen Jugend Malaysias") mit ihrem charismatischen Führer Anwar Ibrahim eine politische Plattform gefunden. Der ins Malaische übersetzte Maududi bot die Grundlage für eine muslimische Identität, die die traditionellen Formen des Volksislam verdrängte, der manche Anleihe beim benachbarten Hinduismus gemacht hatte. Die Regierung suchte diese Islamisierung durch „islamische Gesetze" zu steuern, die allerdings für Nichtmuslime nicht bindend waren. Diese Steuerung der Islamisierung der muslimischen Bevölkerung durch eine Regierung, die gleichzeitig den säkularen Charakter des Staates betonte, kennzeichnet die Situation in Malaysia. Ein Umsturz der bestehenden Verhältnisse wurde rigoros verhindert: Anwar mußte ins Gefängnis, als seine abim mit den Studenten die gewalttätigen Ausschreitungen der Landjugend 1974 in Baling unterstützte.

Die Steuerung des Islamismus stand auch 1982 hinter der Aufnahme Anwars in die Regierung Mahathir. Dieser hatte bei der Politik der Islamisierung eine zentrale Rolle gespielt, unter anderem hatte er zahlreiche Fakultäten für Islamwissenschaft und Scharia gegründet. Die Aufnahme Anwars in die Regierung bedeutete für ihn eine Kontrolle der abim, für Anwar war es die Chance, seine studentische Anhängerschaft unterzubringen. Verpflichtender Islamunterricht für jeden muslimischen Schüler und Studenten brachte Arbeitsplätze für die Absolventen der zuvor gegründeten Fakultäten, ähnlich wie der Aufbau eines islamischen Bankwesens ab 1983, in dem Religionswächter die Einhaltung des Zinsverbots überwachten. 1983 wurde in Kuala Lumpur eine Internationale Islamische Universität eröffnet, die ideologisch dem Wahhabismus verpflichtet war.

Als die asiatische Wirtschaftskrise von 1998 Malaysia mit voller Wucht traf, war Anwar ihr prominentestes Opfer. Seine eigene Entmachtung fürchtend, enthob Mahathir seinen „Kronprinzen“ aller seiner Ämter und ließ ihn inhaftieren. Das ohnmächtige Aufbegehren der Anwar-Anhänger zeigte, daß diese ihre Mobilisierungsfähigkeit eingebüßt hatten und daß die potentiell revolutionäre islamistische Intelligenz erfolgreich in das herrschende System eingebunden war. Das Regime konnte auch ohne Anwar eine Politik der Islamisierung fortsetzen, die unter den Bedingungen der Rezession den totalitären Charakter der moralischen Verbote noch weiter betonte.

Indonesien und Philippinen

Seit dem 7. Jahrhundert traten Muslime aus Persien, Indien und Arabien als Seefahrer und Händler in Südostasien auf, seit dem 13. Jahrhundert übten sie Einfluß durch Einheirat auch auf die einheimische Bevölkerung aus, vorrangig in Küstennähe. Marco Polo berichtet 1292 von kriegerischen Auseinandersetzungen zwischen muslimischen und „heidnischen“ Quartieren, Ibn Batuta stellt um 1350 – nach einer anfänglichen Verbreitung der Schia durch Perser – eine Wandlung zum sunnitischen Islam und eine Ablösung der hanafitischen Rechtsschule zur shafiitischen fest, womit ein stärkerer indischer Einfluß und eine größere Offenheit gegenüber vorislamischen Rechtsbräuchen und kulturellen Traditionen verbunden war, die die Missionierung des Hinterlandes erleichterte. Die Lehren des Islam wurden vor allem durch „heilige Männer" verbreitet, die mystischen Orden angehörten. Indem die absolut herrschenden Sultane dieses Raumes mystische Vorstellungen des „vollkommenen Menschen" auf sich bezogen und mit buddhistischen über den Herrscher vermischten, fanden sie eine religiös begründete Herrschaftslegitimation, die allerdings mit dem islamischen Verständnis von der Gleichheit aller Mitglieder der umma im Widerspruch stand. Dieser mußte im 20. Jahrhundert und mit der Unabhängigkeit aufbrechen. Islamische Organisationen und Parteien in Indonesien sind daher in die Geschichte des Unabhängigkeitsstrebens von den Niederlanden und eine gesellschaftlich-politische Vorherrschaft des Adels einzuordnen: Die 1912 gegründete „Muhammadiyah" war noch überwiegend eine soziale Organisation, die 1926 entstandene „Natiyatul Ulama" (NU) forderte darüber hinaus eine größere Offenheit gegenüber dem Adel, die „Partai Sherikat Islam Indonesia" (PSII) lehnte jegliche Zusammenarbeit mit den Niederländern ab. Für die Nachkriegsgeschichte ist für diese Parteien die Bezeichnung „islamisch" angebracht; soweit sie sich radikalislamisch bzw. islamistisch geben, bleiben sie bei Wahlen von geringer Bedeutung. Einflußreiche intellektuelle Gruppen (etwa in der NU, um Habibie, Wahib) haben die Pluralität der indonesischen Gesellschaft (Muslime, Christen, Hindus, Buddhisten in jeweils unterschiedlichen Ethnien und kulturellen Traditionen) akzeptiert und bemühen sich um einen „indonesischen Islam".

Die etwa fünf Prozent Muslime an der philippinischen Gesamtbevölkerung konzentrieren sich auf einige südliche Inseln. Von den Spaniern (seit 1570) als „Moros" genauso unterdrückt wie die Mauren in Spanien, diskriminiert auch unter der US-Regierung (1898–1946), fühlen sie sich als eigenes Volk und kulturell mit ihren südlichen Nachbarn in Indonesien verbunden.

Nach dem erfolglosen Widerstand Mindanaos und der Sulu-Inseln gegen die Eingliederung in die Republik Philippinen bilden verstärkte Kontakte in die islamische Welt seit den 1950er Jahren und der massive Zuzug christlicher Siedler aus dem Norden (der muslimische Bevölkerungsanteil sank von 76 auf 23 Prozent im Jahr 1980) ab 1968 den Hintergrund einer Unabhängigkeitsbewegung („Muslim Independence Movement" sowie die bedeutender werdende „Moro National Liberation Front"), die bis zum Krieg eskalierte, um dessen Beilegung sich auch internationale islamische Organisationen bemühten. Das Schwanken der Moro-Führer in der Zielsetzung – vollständige Ablösung von den Philippinen mit eigener Staatlichkeit oder weitgehende Autonomie als „muslimische Filipinos" – ordnet diese Gruppierung in die Bewegungen von Nationalismus und Unabhängigkeitsstreben und nicht in den Islamismus ein.

Islamismus im indonesischen Inselreich einschließlich der nördlich anschließenden Philippinen zeigt sich daher fast ausschließlich in terroristischen Gruppen. Auf der südphilippinischen Insel Basilan hatte sich 1991 die Gruppe „Abu Sayyaf" (Vater des Schwertes) von der gemäßigteren „Moro-Befreiungsfront" abgespalten. Ihr Gründer Abdurajak Abubar Janjalani hatte eine katholische Schule besucht, in Saudi-Arabien Islamische Rechtswissenschaften studiert, in Libyen eine militärische Ausbildung erfahren und in Afghanistan Kampferfahrungen gesammelt. Seine Gruppe zeichnet für Entführungen von Christen und Lösegelderpressungen, brutale Überfälle auf christliche Einrichtungen und „Stätten der Sünde" wie Kinos verantwortlich. Der Gründer der Gruppe fiel 1998 in einem Gefecht mit der Polizei, anschließend übernahm sein jüngerer Bruder Khaddafi Janjalani die Führung der auf 200 bis 1.500 geschätzten Kämpfer, die ihre wichtigsten Stützpunkte auf den Mindanao vorgelagerten Inseln Basilan und Jolo haben. Nach eigenen Angaben gibt es Kontakte zu al-Qaida.

Die in Indonesien aktive „Jemaah Islamiyah" (JI) wurde ebenfalls Anfang der 1990er Jahre von Abdullah Sungkar – wohl im malaysischen Exil – gegründet. Spiritueller Führer wurde der arabischstämmige Religionslehrer Abu Bakar Bashir, der nach dem Ende der Militärdiktatur 1998 aus dem Exil zurückkam und auf Zentraljava in Jolo das Religionsinternat „al-Mukmin“ gründete, in dem etwa 1.800 Schüler nach dem Motto der Schule „Der Dschihad ist unser Weg, der Tod im Auftrag Allahs unser höchstes Ziel“ ausgebildet werden. Der politische Arm der JI ist der „Indonesische Mudjaheddin Rat“ (MMI), sein Generalsekretär ist ebenfalls Bakar Bashir; sein Stellvertreter und operativer Führer Riduan bin Isasmuddin, auf den mehr als 40 Bombenattentate – darunter am 12. Oktober 2002 auf Bali – zurückgehen, war bis zur Verhaftung 2003 in Thailand auch Kontaktmann zu al-Qaida. Ziel der JI ist ein Gottesstaat, der Indonesien, Malaysia, das Sultanat Brunei und Teile der Philippinen umfassen soll.

2.4 Länderberichte Afrika

Nordafrika

So unterschiedlich die jüngere Geschichte der Länder des Maghreb und Ägyptens im Einzelnen auch sein mag, in allen hat sich der Islamismus, dessen Keim bereits während der Kolonialzeit gelegt wurde, trotz massiver Gegenwehr der in ihrer Form so unterschiedlichen, aber durchweg repressiven Regierungen, immer stärker entwickeln können. Ob in Marokko, Algerien, Tunesien, Libyen oder Ägypten, es sind vorwiegend die Universitäten, aus denen die islamistischen Bewegungen hervorgehen.

Marokko

Den Anfang machte 1969 die von Grundschullehrern in Marokko gegründete „Bewegung der islamischen Jugend“. Als ideologische Basis diente ihr der von Sayyid Qutb verfaßte „Leitfaden auf der Straße des Islam“. Ihr Kampf galt anfangs den sogenannten staatsgefährdenden Lehren wie Maoismus, Kommunismus und der Hippie-Bewegung. Nach zahlreichen Attentaten gegen marokkanische Linksparteien mußte ihr Anführer, Abdelkrim Mouti, fliehen. Von Belgien aus agierte er weiter und gründete, nach seinem Ausschluß aus der von ihm aufgebauten Bewegung, die terroristische Gruppe „Bataillon des Dschihad". Sie verübte bis Ende der 1990er Jahre zahlreiche Attentate.

Auch die „Gesellschaft für Gerechtigkeit und Wohltätigkeit" unter der Leitung von Scheich Abdessalam Yassine trägt islamistische Züge. Nachdem dieser es in einem offenen Brief 1974 gewagt hatte, den König und obersten Führer der Gläubigen Hassan II. wegen seiner „Vergeßlichkeit den Pflichten des Islam gegenüber" zurechtzuweisen, wurde er für drei Jahre in eine psychiatrische Anstalt gesteckt und 1989 – im Anschluß an eine Publikation zur sozialen Frage im Marxismus und Islam – erneut unter Hausarrest gestellt. Seine islamistische Organisation wurde verboten. Dennoch wuchs sie stark an. In sogenannten Feriencamps an der Atlantikküste wurden ihre Mitglieder ideologisch geschult. Im März 2000 organisierte die Gruppe „Gerechtigkeit und Wohltätigkeit" in Casablanca Massenkundgebungen gegen die neuen Familiengesetze, an denen mehrere hunderttausend Menschen teilnahmen.

Seit der Thronbesteigung des marokkanischen Königs Mohammed VI. am 30. Juli 1999 scheint die politische Zukunft des Landes ungewisser denn je. Die im Familienrecht vorgenommenen Reformen – etwa zur Gleichstellung der Frau – reichen bei weitem nicht aus, um die politischen Gegner und vor allem die marginalisierte breite Masse am Rande der Städte, aus denen sich die Islamisten rekrutieren, zu beruhigen. Anders als sein Vater Hassan II., der sich u. a. durch die Niederschlagung des Aufstandes der Berber des Rifgebirges 1958 bis 1959 einen Namen gemacht hatte, war der junge König (geboren am 21. August 1963) bei seinem Amtsantritt politisch kaum hervorgetreten und beliebt. Man nahm seine gezeigte Fürsorge für die Ärmsten im Lande ernst und glaubte ihn modern und aufgeschlossen genug für soziale Reformen.[90] Aber in seiner Thronrede vom 30. Juli 2000 machte Mohammed VI. allen deutlich, daß sich an dem Verhältnis des Königs zu seinem Volk nichts geändert hatte. Er erinnerte seine Untertanen an die seit 1.300 Jahren bestehende

Treuepflicht des Volkes gegenüber seinem König. Als direkter Nachkomme des Propheten in einer von „Gott eingesetzten Monarchie" ist der König als absoluter politischer und religiöser Herrscher unverletzlich. In ihm sind die drei Gewalten des marokkanischen Staates unteilbar vereint. Er selbst ist der Beschützer des Islam und der Gläubigen im Lande.

Diese im allgemeinen anerkannte religiöse Legitimität des Königs erschwerte den Aufbau islamistischer Gruppierungen und dies um so mehr, als es salafistische Strömungen in der Regierung selbst gab. Der Vater des heutigen Königs, Hassan II., trat seit 1972 immer wieder in der Funktion des „Beherrschers der Gläubigen" und Verteidiger islamischer Werte auf, um die Entwicklung islamistischer staatsgefährdender Gruppen zu verhindern. Dennoch sah er sich, wie später auch sein Sohn, trotz repressiver staatlicher Maßnahmen gezwungen, einige islamistische Gruppen zuzulassen, andere vom staatlichen Sicherheitsdienst überwachen zu lassen. Mohammed VI. verbot beispielsweise die rasch wachsende Gruppe „Gerechtigkeit und Wohltätigkeit" (Al 'Adl Wal Ihsan). Bei vielen Gelegenheiten zeigte er, wie sehr ihm an der Aufrechterhaltung der überkommenen Herrschaftsstrukturen lag. Die Hilfe für die Opfer des großen Erdbebens im Rif vom Februar 2004 ließ – wie es hieß aus Arroganz dem Makhzen des peripheren Rif gegenüber – zu lange auf sich warten. Politische Extravaganzen wie die Eroberung der „Petersilieninsel" im Juli 2002 mit ihren Folgen oder die Verärgerung der UN im Zusammenhang mit der Lösung des Westsahara-Problems untergruben seine Autorität. Sein unerhörter Reichtum im Gegensatz zu der großen Verelendung von Millionen von Menschen im Lande machten ihn unglaubwürdig.[91]

Hatten sich bereits seit den siebziger Jahren im In- und Ausland islamistische marokkanische Gruppen gebildet, so entwikkeln sich in jüngster Zeit äußerst radikale dschihadistische Gruppen, wie sie bisher vor allem in Jordanien, Ägypten oder Saudi-Arabien seit den 1990er Jahren auftraten. Als Splittergruppe der Muslimbrüder handeln sie gemäß der fundamentalistischen Ideologie des „Takfir". Ihre Aggression gilt nicht nur den USA oder Israel, sie richtet sich vielmehr auch gegen Regierungen der muslimischen Welt, die vom rechten Glauben abweichen. Die Attentate vom 16. Mai 2003 in Casablanca haben das Anliegen der Takfir-Ideologen deutlich gemacht. Sie zeigen, wie sehr die Vorstellungen dieser – zuweilen auch „salafistische Takfiristen" genannten – Gruppen von den staatlichen Normen eines traditionellen Islam abweichen. Wenige Wochen vor dem Attentat haben sie den marokkanischen Staat auf Flugblättern des Unglaubens beschuldigt. Die Herkunft der Attentäter macht deutlich, welche sozialen Bedingungen die Entstehung der radikalen Gruppen fördern. Sie alle entstammen den Elendsvierteln am Rande von Casablanca. Hier wie außerhalb von Meknès, Fès oder anderswo haben sich riesige spontane Siedlungszonen entwickelt, in welchen es weder fließend Wasser, noch Strom, noch Schulen, Kindergärten oder öffentliche Einrichtungen wie Polizei, Post oder Nahverkehr gibt.

Ihre Bewohner, oftmals auch Saharauis oder Bauern aus den Bergen, werden verwaltungsmäßig nicht erfaßt und nicht einmal als Marokkaner betrachtet, sie leben in einem Zustand der Rechtlosigkeit. Hier, wo sich die Staatsmacht aufgelöst hat, ist die Heimat der radikalen Gruppen, deren Mitglieder mit der marokkanischen Gesellschaft, der Verwaltung und selbst der eigenen Familie gebrochen haben.[92]

Allein im Jahre 2002 wurden in Marokko166 politische Morde verübt. Im Anschluß an die Attentate vom 16. Mai 2003 erließ Mohammed VI. ein Anti-Terror-Gesetz und verkündete „das Ende der Nachgiebigkeit" im Lande. Zwar nimmt die staatliche Repression zu, doch müßten der marokkanische Staat und sein König statt dessen die größten Anstrengungen machen, um das soziale Elend zu bekämpfen. Nur so ließe sich eventuell die Gefahr weiterer Attentate verringern. Zur Zeit nimmt die Zahl radikaler Gruppen ständig zu und Marokko ist – wie auch der Anschlag vom 11. März 2004 in Madrid zeigt, dessen Attentäter nachweislich aus den Elendsvierteln von Casablanca, Meknès, Fès und Tanger stammen – zum Exporteur internationaler Terrorgruppen geworden.

Die ersten algerischen Bewegungen, deren Parteiprogramme die Werte des Islam betonten, sind in den Jahren 1930 bis 1940 die „Algerische Volkspartei" und die „Gesellschaft der Gelehrten (Ulemas)". Beide gingen 1956 in der „Nationalen Befreiungsfront" auf. Nach der Unabhängigkeit des Landes 1962 konnten sie, trotz eines hohen Anteils laizistischer Politiker in der Regierung, einen Teil ihrer religiösen islamischen Vorstellungen umsetzen und diesen in den 1970er Jahren ausbauen. So wurde der Freitag wieder gesetzlicher Ruhetag, der Genuß von Alkohol und Schweinefleisch verboten. 1976 wurde der Islam in der Nationalcharta zur Staatsreligion erklärt. Die Aktivitäten der religiösen Gruppen der Malekiten, Hanafiten und Ibaditen wurden vom Staat mit Hilfe eines besonderen Religionsministeriums und eines hohen Islamrates gelenkt. Die Imame sind Beamte und unterstehen staatlicher Kontrolle.

Auf Geheiß der Minister für religiöse Angelegenheiten wurde die Zahl der Moscheen im Lande seit 1962 stark erhöht. In Ermangelung eigener Prediger wurden aus dem Vorderen und Mittleren Orient – aus Ägypten, Syrien, Saudi-Arabien und anderen Ländern – den Moslembrüdern nahestehende Prediger angeworben. Schon 1963 bis 1964 wurde von der FLN nahestehenden Kreisen die „Organisation der islamischen Werte" (al-Qiyam al-islamiyya) gegründet. Ihr erklärtes Programm war der Kampf gegen die Verwestlichung, den Kolonialismus und die Dekadenz und für die Errichtung eines islamischen Staatswesens, das sie als eigentliches Ziel des Unabhängigkeitskrieges ansah. Sie berief sich in ihren Gedanken zugleich auf die salafitischen Denker Mohammed Abduh und Rachid Ridha und die ägyptischen Moslembrüder Hassan al Banna und Sayyed Qutb. Durch Ministererlaß vom 17. März 1970 wurde die „Organisation der islamischen Werte" zusammen mit der Gruppe der „Soldaten Gottes" (Djounoud Allah) verboten. In der Folgezeit entstanden, zum Teil in der Universität, weitere informelle Gruppen. 1982 gründete ein ehemaliges FLN-Mitglied, Moustapha Bouyali, die erste militante „Islamische Bewegung Algeriens" (MIA). Sie verübte in und um Algier Attentate und löste sich erst

1987, nach dem gewaltsamen Tode ihres Anführers im Kampf, auf. 1988 führten eine schwere soziale Krise und Streiks in der Industrie des Landes zu Unruhen und in der Folge zu tiefgreifenden politischen Veränderungen. Die am 23. Februar 1989 beschlossene Verfassung beendete das Ein-Parteien-System und ermöglichte selbst den militanten islamistischen Gruppierungen, politisch aktiv zu werden. Gilles Kepel beschreibt in allen Einzelheiten, wie es der „Islamischen Heilsfront" (FIS) mit Hilfe ihrer Strategie der „Reislamisierung von unten" durch allmähliche gesellschaftliche Durchdringung gelang, bei den Kommunalwahlen im Juni 1990 und im Dezember 1991 zu siegen.[93]

Als die Armee 1992 das „demokratische Experiment" beendete und Staatspräsident Chadli Benjedid absetzte, begann ein langjähriger zermürbender Bürgerkrieg mit über 200.000 Toten. 1996 verkündete der Artikel 42 der neuen, nach einem Referendum geänderten Verfassung, daß „keine Partei auf der Basis religiöser, sprachlicher, rassischer, geschlechtlicher, berufsständischer oder regionaler Basis gegründet werden dürfe." Darauf änderte die islamistische Gruppe „Hamas", um politisch weiter aktiv sein zu können, ihren Namen in „Bewegung der Gesellschaft für den Frieden". Nach der Wahl von Abdelaziz Bouteflika zum Staatspräsidenten am 15. April 1999 gelang es, den bewaffneten Arm der FIS, die „Islamische Heilsarmee" (AIS) zu zerschlagen. Trotz aller Bemühungen des Staates ist es aber – wie uns die Zeitungen beinahe täglich berichten – bis heute nicht gelungen, das algerische Staatsgebiet gänzlich zu befrieden. Der schmutzige Krieg geht in den Gebirgsregionen und einsamen Landschaften ebenso weiter wie in den Städten. Schuld daran sind das hohe Maß der Verarmung der nach wie vor wachsenden Bevölkerung am Rande der Städte und die Krise in der Kabylei.

Dennoch häufen sich aber wieder Besuche der Staatspräsidenten im Lande, besonders Frankreich hofft auf große Geschäfte. Immerhin ist Algerien reich an Gas und Erdöl. Daneben lokken aber auch die Großbaustellen zur Verbesserung der Wasserversorgung und Infrastruktur im Lande. Von 2004 bis 2009 sollen eine Million neuer Wohnungen entstehen. Obwohl die Zahl der Arbeitslosen noch immer bei 25, 9 Prozent liegt, ist man bemüht, den Privatsektor auszubauen.[94]

Anfänglich entwickelte sich der von der Ideologie der Muslimbrüder gespeiste Islamismus in Tunesien als deutliche Reaktion auf marxistische Tendenzen im Lande und auf das Mißlingen der durch Bourgiba in Gang gesetzten sozialistischen und ökonomischen Experimente. In Verbindung mit der jeweiligen Politik des Landes wechselte die Bewegung, deren führende Persönlichkeit der Gymnasiallehrer für Philosophie Rachid al-Ghannushi ist, ihren Namen. Aus der „Islamischen Aktion“ wurde 1981, als Parteien erlaubt wurden, die „Bewegung der islamischen Orientierung“(MIT). Vom Staat nicht zugelassen, angeregt durch die iranische Revolution, plante al-Ghannushi mehrere Attentate gegen touristische, ökonomische und Bildungseinrichtungen des Landes. Er wurde verurteilt, 1984 begnadigt, 1987 erneut mit lebenslanger Haft bestraft, da er einen Anschlag auf Bourguiba geplant haben soll, noch 1987 aber mangels ausreichender Beweise erneut entlassen. Seine wie auch andere radikale islamistische Bewegungen in Tunesien wie „Der Dschihad“, die „Partei der islamischen Befreiung“ oder die „Tunesische islamische Front“ unterlagen regelmäßig staatlichen Kontrollen, Verhaftungen und kollektiven Verurteilungen.

Im Jahre 1989, infolge eines Gesetzes, das die Gründung einer Partei im Zusammenhang mit religiösen oder sprachlichen Zielen verbot, änderte al-Ghannushi den Namen der Partei in „Ennahda“ und beteiligte sich an den Wahlen. Aber in den Jahren 1990 und 1991 wurden über 300 Mitglieder von „Ennahda“ verurteilt; ihre Familien mußten sich Verhören aussetzen. Eine Untergruppe, die „Allgemeine tunesische Studenten-Union“ wurde verboten, viele Mitglieder flüchteten nach Libyen oder Algerien. Aber trotz der starken staatlichen Kontrollen und Repression seit dem Amtsantritt des jetzigen Staatspräsidenten Zine El-Abidine Ben Ali 1987 gelang es den Islamisten dennoch, ein Selbstmord-Attentat auf die Synagoge der Siedlung Ghriba auf Djerba zu verüben.

Im In- und Ausland bildeten und bilden sich weiter neue tunesische islamistische Gruppierungen wie etwa die „Islamische tunesische Front“, die den Dschihad predigt, oder die „Salafitische Gruppe für Predigt und Kampf", deren Ziel die Beeinträchtigung der US-Interessen überall auf der Welt ist.

Einen Eindruck von der tunesischen Regierung, in der Ben Ali eine absolute persönliche Machtstellung ausübt und vor der Wahl alle Konkurrenten ausschaltete, gewann man auch als Beobachter der Wahlen vom 24. Oktober 2004. Er konnte sich für diese, seine vierte Amtszeit nur dadurch aufstellen lassen, daß er die Verfassung im Vorfeld abänderte. Der Parteienpluralismus im Lande ist Fassade und die Opposition wurde durch Repression zum Schweigen gebracht.[95] Sie sitzt in Gefängnissen ein oder wurde gezwungen – wie al-Ghannushi – ins Ausland zu gehen: Ein offenes Feld für einen auch in Zukunft wachsenden Islamismus.

Libyen

Der Staats-Fundamentalismus in Libyen seit der Machtübernahme durch Oberst Mu'ammar Al-Gaddafi hat das Wirksamwerden islamistischer Gruppierungen erschwert, ja lange Zeit verhindert. Manches von dem, was Islamisten forderten, wurde hier anfangs durch den „Staat der Massen" (Jamahiriya) selbst vorgegeben. Gaddafi sah und sieht sich als religiöser und politischer Reformer. Symbolhaft ließ er öffentlich Musikinstrumente zerstören und den Alkoholgenuß sowie das Tragen von Krawatten als Symbol der „Kreuzfahrer" verbieten. Gotteslästerung kann seit 1995 mit dem Tode bestraft werden. Erst als Gaddafi den Koran in seinem „Grünen Führer" zur einzig wahren Quelle des Glaubens erklärte und die Sunna, das heißt die Worte und Taten Mohammeds als Menschenwerk ablehnte, gab er den Orthodoxen Anlaß zur Kritik. Vor allem riefen seine Ablehnung der Scharia als juristische Quelle und seine Ansichten über die Stellung der Frau in Familie und Staat, die er verbesserte und 1984 zum Gesetz erhob, den Zorn der radikalen Integristen hervor. Sie verziehen ihm nicht, daß er sich anmaßte, den Koran interpretieren zu können und althergebrachte Regeln umzustoßen. Ihr Widerstand führte bald zu staatlichen Eingriffen und zu Schließungen von Moscheen. Prediger wurden verhaftet und verdächtigt, den Staat stürzen zu wollen. Seit den 1980er Jahren mehrten sich islamistische Bewegungen im Lande. Die einflußreichsten waren der „Islamische Dschihad“, „Al Takfir Wal Hijra“ und die „Partei der islamischen Befreiung“. Es tauchten auch Splittergruppen der Muslimbrüder auf. Manche Gruppen wie etwa die 1979 gegründete „Libysche islamische Gruppe“ (Al Jama'a Al Islamiya Al Libiya) hatte und hat Vertreter und Helfer im Ausland. Der Staat setzte tausende militanter Islamisten gefangen. Schauprozesse wurden durchgeführt, 1983 wurden acht Mitglieder der „Partei der islamischen Befreiung“ nach Schnellverfahren hingerichtet, 1987 Angehörige der „Hizbollah“ auf einem Platz öffentlich gehängt. Aber von Tripolis aus missionierte im Auftrag Gaddafis auch eine „Gesellschaft zur Anrufung des Islam“ in Zentralafrika.

Der starke Druck auf die islamistischen Gruppen in Libyen führte zu deren Radikalisierung. Es entstanden neben den politischen Gruppen militante Teilgruppen, die aus dem Süden der Cyrenaika, der Gegend der Senoussi-Hochburgen bei Kufra operierten. Die „Islamische Kampfgruppe“ (GIC) verkündete am 23. April 1995, ihr Ziel sei es, das Regime der Ungläubigen zu vernichten und das islamische libysche Volk zu retten. Gleichzeitig forderte sie alle Gläubigen auf, mit ihr zu kämpfen. Die GIC versuchte erfolglos, Gaddafi zu ermorden. Dieser bombardierte daraufhin die Verstecke der GIC in den Bergen des Dschebel Al Akhdar. Die am 6. August 1996 gegründete „Gruppe der Begleiter Gottes“ zielt auf die Wiedererrichtung des Kalifats. Die „Islamische Märtyrer-Bewegung“ verübt Anschläge auf militärische Einrichtungen im Lande.

1997 erklärte Gaddafi sich zum Gegner des Islamismus. Unter Einbeziehung der Nomadenstämme bekämpft er ihn seitdem in Zusammenarbeit mit der algerischen Armee. Seit geraumer Zeit müht sich der libysche Oberst auch um internationale Anerkennung und eine stärkere Einbindung in die internationale Wirtschaft. Die Verminderung der Öleinnahmen haben zu einem steilen Anstieg der Arbeitslosigkeit und zu einem Verlust an Lebensqualität geführt. Diese wirtschaftliche Unbeständigkeit birgt die Gefahr steigender Aktivität des militanten Islamismus. Derzeit sind viele Länder darum bemüht, ihre Kontakte zu Libyen zu verbessern. Am 10. Juli 1999 erreichte Gaddafi die Aufhebung der UN-Sanktionen gegen sein Land.

Ägypten

Die Geschichte des Islamismus in Ägypten bis zum Sechs-Tage-Krieg 1967 und seiner wichtigsten Vertreter wurde bereits in Kapitel 1 dargestellt. Die Niederlage in diesem Krieg bedeutete nicht nur für Gamal abd al-Nasser eine persönliche Demütigung, sie destabilisierte zugleich die ganze Nation, deren lang gehegter Wunsch ein Sieg über den Zionismus war.

In seinem Buch „Jihad" beschreibt Gilles Kepel[96] die Entwicklung der „Islamischen Gesellschaft" (Gamaa Islamiyya) in den Sommercamps der Universitäten kurz vor dem Oktoberkrieg 1973 und den staatlichen Versuch, mit diesen zu kooperieren. Der Nachfolger Nassers, Anwar al-Sadat – wie auch andere Staatsoberhäupter islamischer Länder – glaubte, man könne die soziale Ordnung aufrechterhalten und den Staat vor den radikalsten islamistischen Organisationen schützen, indem man der Gamaa Islamiyya in ideologischen und kulturellen Fragen mehr Raum gewährte. Doch kam es 1977, nach dem Abschluß eines Bündnisses mit den USA und im Zusammenhang mit der stärkeren wirtschaftlichen Öffnung Ägyptens (infitah), der das Volk mißtraute, zum Bruch. Die sehr radikale „Gesellschaft der Muslime", von der Polizei auch „Exkommunizierung und Hetschra" (Takfir Wal Hijra) genannt, griff die Regierung direkt an, indem sie einen Schriftgelehrten der Universität Kairo ermordete. Nach dem Friedensschluß mit Israel in Camp David war der politische Bruch mit den sogenannten „gemäßigten" Islamisten vollzogen, ab 1981 arbeitete Gamaa Islamiya im Untergrund. Hatte diese Gruppe früher in Zusammenarbeit mit dem CIA in Ägypten Afghanistankämpfer rekrutiert, so verlegte sie in den 1990er Jahren ihr Betätigungsfeld unter anderem in die USA. 1993 koordinierte ihr geistiger Führer Omar Abdel Rahman das erste Attentat auf das World Trade Center. „Wenn die USA Ägypten erobern wollen, so wollen auch wir die Vereinigten Staaten erobern", lautete einer seiner oft zitierten Sprüche.[97]

Nach dem afghanischen Abenteuer predigte und praktizierte die Gamaa Islamiyya den bewaffneten Aufstand gegen den ägyptischen Staat. Von 1989 bis 1997 waren Touristen, Intellektuelle, politische Landesvertreter und Kopten Zielscheibe ihrer Attentate. Auch der Mordversuch an Hosni Mubarak 1995 in Addis-Abeba und das Massaker an 67 Touristen in Luxor gehen auf ihr Konto. Wichtige Organisatoren dieser Attentate, wie Mustapha Hamza und Rifa'i Taha, ein enger Vertrauter Bin Ladens und Ayman Al Zawaharis, flohen in den Sudan, später zum Teil nach Afghanistan. Andere waren in dieser Zeit im Ausland aktiv, in Afghanistan an der Seite der al-Qaida und der Taliban, in Pakistan, in den Golfstaaten, in Ostafrika (Kenya, Tansania, Sudan) und Europa. Nach dem 11. September 2001 spaltete sich diese Gruppe. Ein Teil gründete die Reform-Partei, wurde politisch aktiv und lehnte weitere Attentate ab.

Sudan

Die muslimischen Geographen nannten alles Land südlich von Ägypten „Bilad al Sudan", das Land der Schwarzen. In Wahrheit weist der Staat dieses Namens, mit etwa 2, 5 Millionen Quadratkilometern – mithin der siebenfachen Größe Deutschland – der größte des afrikanischen Kontinents, jedoch alle typischen Merkmale der Länder des Sahelgürtels auf. So unterschiedlich und kontrastreich wie seine Landschaftsräume sind auch die übrigen Daten. Das Land der Schwarzen mit seinen 34 Millionen Einwohnern besteht zu etwa 40 Prozent aus Arabern und arabisierten Ethnien, die beinahe 50 Prozent der Schwarzafrikaner bestehen aus über 570, vor allem nilotischen Volksgruppen. Wie andere Sahelstaaten ist auch der Sudan religiös aufgesplittert: 60 bis 70 Prozent sind sunnitische Moslems, fünf bis zehn Prozent Christen verschiedener Konfession, der Rest, etwa 20 Prozent, sind Animisten.

Nach der Unabhängigkeit hat, wie in anderen afrikanischen Ländern, die verstärkt einsetzende ökonomische und soziale Krise die Gegensätze verschärft. Hinzu kommt eine im islamischen Norden – wohl aus der Zeit der Sklavenzüge ererbte – weit verbreitete Mentalität, die der in den USA lehrende sudanesische Professor für islamisches Recht, Abdullahi Ahmed An-Naim, von 1993 bis 1995 Leiter der US-Organisation Human Rights Watch Africa, als rassistisch bezeichnet hat.[98] In den Augen der Moslems, so An-Naim, sind die übrigen „Bevölkerungsgruppen des Südens, Ostens und Westens (z. B. im Darfur) vor allem zinspflichtige, primitive und zu unbezahlten Frondiensten verpflichtete Randgruppen" – eine Denkweise, die man auch in anderen Sahelstaaten, etwa in Mauretanien antrifft.

Wie im gesamten Islam südlich der Sahara ist der Sudan vom Sufitum geprägt. Hier wie dort ist eine seiner Ausprägungen mit Dschihad-Bewegungen und Mahdismus gekennzeichnet, in denen sich religiöser Missionierungseifer mit antikolonialem Kampf verbinden. Als im Sudan 1944 die Muslimbruderschaft gegründet wurde, blieb sie im Gegensatz zu ihrem ägyptischen Vorbild, das sehr schnell in den frommen Mittelschichten Fuß fassen konnte, bis weit in die 1960er Jahre auf einen kleinen Kreis von Akademikern und Intellektuellen beschränkt. Den Sudan beherrschten Sufi-Orden. Die beiden großen Orden repräsentierten gleichzeitig zwei politische Lager: Die Ansar-Muslime standen in der Tradition des Mahdi, des „Erlösers", der 1881 zum Dschihad gegen die britische Kolonialmacht aufgerufen hatte; sie wurden nach der Unabhängigkeit 1956 durch die Umma-Partei vertreten, während die Khatmiya, seit jeher Ägypten verbunden, der Demokratischen Unionspartei nahestanden. Ein dritter Orden, die Hindiyya, gründete die „Demokratische Volkspartei". Alle hatten ein traditionelles Politikverständnis. Die vom Al-Mahdi-Klan beherrschten Ansar waren auf dem Land beheimatet und hatten maßgeblichen Einfluß auf die Landwirtschaft, die vom Al-Mirghani-Klan geführten Khatmiya kontrollierten weitgehend den Suk und den Handel. Damit blieb den Islamisten vorerst wenig Raum zur Entfaltung, zumal sie im gleichen Milieu neben dem arabischen Nationalismus mit der Kommunistischen Partei rivalisierte, die zumindest unter den Eisenbahnern des Landes eine starke Basis besaß, nachdem die Kolonialmacht ein langes Eisenbahnnetz hinterlassen hatte. Zudem war der Sudan ein ethnisch und kulturell gespaltenes Land: Im Gegensatz zu dem arabisierten Norden widersetzte sich der christlich-animistische Süden allen Bestrebungen, einen arabischen und islamischen Staat durchzusetzen.

Als der charismatische Hassan Turabi 1989 durch einen Militärputsch – ähnlich wie in Pakistan – die Islamisten an die Macht brachte, war dies weniger das Ergebnis einer gesellschaftlichen und sozialen Entwicklung – wie der gleichzeitige Wahlsieg der FIS in Algerien – als vielmehr das Ergebnis einer erfolgreichen Unterwanderung von Staat und Militär. Der 1932 aus der Familie eines Geistlichen stammende Turabi wurde im Westen ausgebildet; 1957 erhielt er die Magisterwürde in London, 1964 wurde er in Paris promoviert. 1964 kehrte er als Dekan der Fakultät der Rechtswissenschaften nach Khartum zurück. Als im Oktober 1964 die seit 1958 herrschende Militärdiktatur zugunsten einer zivilen, sozialistisch ausgerichteten Regierung gestürzt wurde, boten sich ihm politische Agitationschancen. Zwar gestützt auf die Muslimbrüder, aber deren Missionsarbeit weitgehend aufgebend, gründete er die „Front der Islamischen Charta“, eine neuartige Organisation des politischen Islamismus, die wie die Kopie ihrer großen Rivalin, der Kommunistischen Partei, aufgebaut war. Die Wahlen von 1965 zeigten die gesellschaftliche Verankerung der „Front“: Bei den Parlamentswahlen im April gewann sie nur sieben Sitze, davon zwei in den den Akademikern reservierten Wahlkreisen, während die Linke hier die elf restlichen gewann; bei den Studentenwahlen gewann sie allerdings 40 Prozent der Stimmen, während die Linke sie mit 45 Prozent nur leicht überflügeln konnte. Im Parlament war die Umma-Partei mit 76 Sitzen die bestimmende Kraft in einem Staat, in dem über 80 Prozent der Bevölkerung immer noch auf dem Lande lebten. Turabi verbündete sich mit dieser Partei, wurde später sogar Schwager des Parteivorsitzenden und Ministerpräsidenten Sadiq al-Mahdi. Diese Verbindung mit dem führenden Orden verschaffte der kleinen Intellektuellenpartei und den Muslimbrüdern die Möglichkeit, ihre Leute im Mittelpunkt des politischen Establishments unterzubringen, mit enormer Spätwirkung in dem Ausschuß zur Ausarbeitung einer neuen Verfassung, der dann später vorschlug, den Islam zur Staatsreligion zu erklären und die Gesetzgebung auf die Scharia zu gründen, womit die 30 Prozent nicht-muslimischen Einwohner des Südens ausgegrenzt und in den Bürgerkrieg getrieben wurden. Vor diesem Hintergrund putschte sich im Mai 1969 General Numeiri mit Hilfe der KP und mit Unterstützung des von Nasser regierten Ägyptens und des Khatmiya-Ordens an die Macht. Turabis Partei wurde aufgelöst, er selbst mußte für sieben Jahre ins Gefängnis, wo er eine kleine Schrift „Die Stellung der Frau im Islam“ verfaßte, die ihm unter den zahlreichen Studentinnen auf Dauer gewinnen helfen sollte, zumal Numeiris Steigbügelhalter, die KP, in Ungnade fiel, ihre Organisation zerschlagen wurde und damit der hauptsächliche Konkurrent der Islamisten im akademischen Bereich entfiel. Turabi hielt zwar am Schleierzwang fest, plädierte aber zum Ärger der Traditionalisten für eine Beteiligung der Frauen am öffentlichen Leben.

Auf dem Hintergrund einer Wirtschaftskrise und stockenden Militäroffensive im Süden nahm Numeiri 1977 eine Kurskorrektur vor: Die verordnete „nationale Aussöhnung“ ließ die inhaftierten Oppositionellen frei und gestattete die Rückkehr von Exilanten. Der Neuaufbau des Staatsapparates bot Turabi und seinen weitgehend im Westen ausgebildeten akademischen Gefolgsleuten die Chance einer Unterwanderung der oberen Verwaltungsebenen, ohne sich wie die Muslimbrüder in Ägypten oder die Islamisten in Algerien, Palästina oder im Iran um eine breite gesellschaftliche Basis bemühen zu müssen. Indem sie gleichzeitig mit saudischer Unterstützung ein islamisches Bankwesen – 1977 erste Niederlassung der Islamic Faisal Bank im Sudan – installierten, förderten sie das Aufkommen eines frommen Bürgertums und boten gleichzeitig ihren studentischen Anhängern Beschäftigungsmöglichkeiten. Solange Numeiris Diktatur nicht in Frage gestellt wurde, nahm das Regime diese Unterwanderung, teils sogar fördernd, hin und führte im September 1983 die Scharia ein, um angesichts seiner Mißwirtschaft und Korruption sowie der sozialen Konflikte die Bevölkerung besser überwachen zu können.

Während des vierjährigen demokratischen Intermezzos zwischen Numeiris Sturz und dem Putsch von 1989 vermochten die Islamisten ihre Stellung zu konsolidieren. Die von Turabi 1985 gegründete Islamisch-Nationale Front (INF) gewann im April 1986 bei den Parlamentswahlen 51 der 263 Sitze, darunter 21 der

28 für Akademiker reservierten Mandate. Gegenüber 1965 hatte sie in der neu gebildeten Mittelschicht ein deutliches Übergewicht, im Vergleich zur algerischen Schwesterpartei fehlte aber die breite gesellschaftliche Unterstützung. Dafür – und im Gegensatz zu Algerien – gelang den Islamisten jetzt die Unterwanderung des Militärs, indem sie eine ideologische Rechtfertigung des Krieges gegen Christen und Animisten im Süden als Dschihad boten. Als das Scheitern dieses Krieges die Regierung zu Verhandlungen mit den Rebellen zwang und als Vorbedingung dafür die islamischen Gesetze zum 30. Juni 1989 außer Kraft gesetzt werden sollten, putschte General Omar al-Bashir mit Hilfe islamistischer Offiziere. Turabi blieb für die Öffentlichkeit im Hintergrund, zog aber doch die Fäden der Macht. Ähnlich wie in Pakistan hatten Teile der Armee die islamistische Ideologie übernommen und nach einem erfolgreichen Putsch der Bewegung zum Sieg verholfen, ohne daß sie wie etwa im Iran oder Algerien der armen städtischen Jugend bedurfte.

Die islamistische Militärdiktatur brachte eine rücksichtslose Unterdrückung der säkularen Teile des Bürgertums sowie zahlreiche Hinrichtungen im Offizierskorps. Die Brutaliät, mit der diese „Säuberung" durchgeführt wurde, stand im Gegensatz zur sudanesischen Tradition politischer Sitten, die von Heiratspolitik und Bündnissen zwischen den Stammeseliten geprägt waren und meist ein physisches Überleben politischer Konkurrenten ermöglichten. Das ebenso brutale Vorgehen im neu aufgeflammten Krieg gegen den Süden hatte auch nach Ausschaltung der Gegner im nordsudanesischen Landesteil eine abschreckende Wirkung nach Innen.

Turabi vermochte so, die traditionellen Eliten des Landes durch seine islamistische Intelligentia zu ersetzen und unter anderem durch die Einführung von Volkskommitees in den einzelnen Stadtteilen den sudanesischen Staat zumindest zu einem Teil zu islamisieren. In den Jahren 1992 bis 1996 wurde der Sudan zum geistigen Mittelpunkt des internationalen bewaffneten Islamismus und Terrorismus. Khartum unterstützte den Irak im ersten Golfkrieg und beherbergte radikale islamistische Bewegungen. Neben Bin Laden, der hier mehrere hundert Millionen Dollar investierte, und Zawahiri, die hier mit ihren Familien

Unterkunft finden,[99] beherbergt Turabi auch weltweit gesuchte Terroristen wie Carlos. In Khartum organisierte Turabi mehrere Jahre hintereinander arabisch-islamische Volkskonferenzen und versammelte dort, als deren Führer, die islamistischen und antiimperialistischen Vertreter von Organisationen der gesamten islamistischen Welt. In Verbindung mit dem von den Islamisten im Süd-Sudan begonnenen Krieg gegen die Christen und Animisten geriet das Land mehr und mehr in wirtschaftliche Schwierigkeiten, die sich in Massenkundgebungen Luft machten. General al-Bashir verhängte den Ausnahmezustand und stellte Turabi, nach einer kurzen Haft, unter Hausarrest. Er bemühte sich, den Krieg im Süden des Landes zu beenden und international wieder Anerkennung zu finden. Am 20. Juli 2002 wurde im kenianischen Machakos mit Unterstützung der USA, die wie auch Chinesen, Malayen, Kanadier, Franzosen u. a. an der Ausbeutung der Ölquellen interessiert sind, der Friedensvertrag zwischen der Führung der „Befreiungsarmee der Völker des Sudan" (APLS) unter Oberst John Garang und der sudanesischen Regierung ausgehandelt; denn nur die Beendigung der langen Isolation des Landes und des Bürgerkrieges ermöglichte – nach der Entdeckung großer Erdölvorkommen im Süden und Westen des Landes – die Ankurbelung der Wirtschaft durch deren Erschließung und den Wiederaufbau des kriegszerstörten Landes. Ein im Januar 2005 in Nairobi präzisierter Vertrag, der die Region Darfur erneut ausschloß, sieht bis zu einem Referendum in sechs Jahren eine Autonomie des Südsudan vor.

Auf dem Hintergrund dieser neuen Erdölfunde, die sich von den bekannten Feldern im Zentralsudan in Richtung Westen ausdehnen und sich über den Süden Darfurs bis zur Grenze der Zentralafrikanischen Republik erstrecken, bekommt die Darfur-Krise eine zusätzliche Dramatik. Hier wurden seit dem Beginn der Kriegshandlungen im Februar 2003 auf Grund ethnischer, religiöser und wirtschaftlicher Gegensätze bis zu 50.000 Menschen ermordet und über eine Million schwarzafrikanischer Bauern vertrieben. Mehrere tausend Dörfer wurden von den Janjawid(Reiter)-Milizen, die von der sudanesischen Regierung ausgerüstet wurden, zerstört und geplündert; ihre Bewohner wurden, soweit sie nicht getötet wurden, am Rande der Städte unter Bewachung des Staates angesiedelt. Über 130.000 Flüchtlinge leben in Auffanglagern des Tschad. So löst der Krieg der „verbrannten Erde“ in Darfur den Krieg im Süden des Landes ab, bei dem bereits über vier Millionen Menschen vertrieben wurden. In diesem jüngsten Krieg fällt auf, daß die Janjawid-Milizen nur schwarzafrikanische Ethnien wie die Fur, Massalit oder Zaghawa angreifen, während sie die arabischen Stämme, mit denen sie verbunden sind, verschonen. Die von den bedrohten Völkern zu ihrem Schutz ins Leben gerufene „Bewegung zur Befreiung des Sudan“ (SLM) und die „Bewegung für Gerechtigkeit und Gleichheit“ (JEM) werden von der sudanesische Regierung unter al-Bashir als Rebellen oder Banditen bezeichnet.[100] Darfur, die am dichtesten bevölkerte Region des Sudan, mit seinem „Getreidespeicher“ hat stets Spannungen zwischen den schwarzafrikanischen Bauern und den arabischen Nomaden aushalten müssen. Aber erst die Vereinnahmung der arabischen Stämme durch den islamistischen Staat hat das Gleichgewicht in der Region zerstört.

Afrika südlich der Sahara

Der sich nach Nordafrika ausbreitende Islam hatte schon im 7. Jahrhundert in Nordostafrika Fuß gefaßt, während er nach Ost- und Westafrika erst im 10. Jahrhundert vordrang. Er folgte dabei den traditionellen Karawanenwegen durch die Sahara und den Schiffahrtsrouten entlang der ostafrikanischen Küste. Der Islam war lange eine Religion der Eliten: eine Religion der Händler, der „heiligen“ Männer (Marabuts), gewissermaßen religiöse Experten für die seelsorgerliche und theologische Betreuung, sowie der Herrscher, die sich vom Islam eine Stärkung der eigenen Position versprachen. Abu Mansa (1307–1332), Herrscher von Mali, konnte so das erste islamische Reich in Westafrika zu besonderer Blüte führen. Auch die sogenannten „Sudan-Staaten“ wie Songhai, Kanem-Bornu sowie die Hausa-Stadtstaaten zeigen ähnliche Strukturen: Die administrativen Eliten und die Händler bekennen sich zum Islam, während die indigene Bevölkerung davon weitgehend unberührt bleibt. In Ostafrika war der

Islam bis ins 19. Jahrhundert weitgehend auf die Küste beschränkt, dort aber die Grundlage der Swahili-Kultur, die im Sultanat von Sansibar ein politisches Zentrum besaß.

Der Wandel von der Religion der Eliten zur Religion der Mehrheit vollzog sich erst ab dem 16. Jahrhundert im Zeitalter des Kolonialismus. Er war verbunden mit einem enormen Aufstieg großer mystischer Sufi-Orden (tariqas) im 18. und 19. Jahrhundert, von denen einige mit den Dschihad-Bewegungen der gleichen Jahrhunderte verbunden waren, die den Sudanstaaten ein gewaltsames Ende bereiteten und eine – zumindest vorübergehende – Befolgung der Scharia durchzusetzen suchten. Im 19. und 20. Jahrhundert präsentierte sich der afrikanische Islam in einer großen Vielfalt, die von Dschihad-Bewegungen und Mahdismus bis zu Formen reichte, die religiöse Bräuche der indigenen Bevölkerung aufgenommen hatten. Insbesondere der Swaheli-Islam in Ost- und der Hausa-Islam in Westafrika sind typische Beispiele einer Synthese aus islamischen und afrikanischen Elementen. Auch wo der Islam militant (Dschihad-Bewegungen, Mahdismus) auftritt, erweist er sich durch seine Anbindung an die Sufi-Orden als eine Form des Volksislam.

In der Frühphase der Unabhängigkeit spielte der Islam in den westafrikanischen Staaten eine nur untergeordnete Rolle. Erst ab den 1970er Jahren ist ein allerdings stetig wachsendes religiöses, kulturelles und politisches Selbstbewußtsein des Islam zu verzeichnen, wie es sich in der Scharia-Diskussion in Nigeria zeigt, wo politische Führer wie Ahmadu Bello den Islam als Integrationsfaktor beim Aufbau des jungen Nationalstaates zu nutzen suchten, sich dabei auf seine traditionelle Ausformung und die Orden stützten. In den letzten Jahrzehnten sind hier wie auch in den anderen Regionen Afrikas deutliche Tendenzen zu verspüren, die einen purifizierten Islam unterstützen und einen Kampf gegen die synkretistischen tariqas (Sufi-Orden) führen. Saudisches Geld, insbesondere für Bildungseinrichtungen, spielt eine bedeutsame Rolle, die islamische Vielfalt zu eliminieren. Eine Arabisierung des Islam in Afrika ist schon lange im Sudan zu verzeichnen, wo die hanafitische Rechtsschule vorherrscht, während die vornehmlich in Westafrika herrschende malekitische und die in Ostafrika shafiitische Rechtsschule offen für autochthone Bräuche und weniger puristisch sind und daher einer Arabisierung des afrikanischen Islam entgegenstanden. Allerdings sind in jüngster Zeit radikale Gruppen aktiv, die eine stärkere Betonung des arabischen Elements fordern. Die von Abubakar Gumi (geb. 1922), dem Übersetzer des Koran ins Hausa, gegründete „Izala" ist hier repräsentativ.

Gemessen an den afrikanischen Ländern Ägypten oder Sudan wird man die Existenz eines vergleichbaren Islamismus als politische Bewegung verneinen, in der weitgehenden Nichtbeteiligung von Schwarzafrikanern in der Entwicklung zum modernen islamistischen Terrorismus und der Vernetzung mit al-Qaida eine Bestätigung sehen, auch wenn der unverkennbare wahhabitische Einfluß der Saudis zur Zeit die Voraussetzungen für einen islamischen Fundamentalismus zu schaffen sucht. Der Begriff „Neofundamentalismus" nach Olivier Roy erscheint derzeit für die Entwicklung des radikalen afrikanischen Islam angemessener als Islamismus.

Nigeria

Seit Jahrzehnten wird der – nach der Verfassung laizistische – Bundesstaat Nigeria, in dem nahezu 130 Millionen Menschen leben, von ethnischen und religiösen Auseinandersetzungen erschüttert. Trotz des Widerstandes durch die Zentralgewalt mit ihrem christlichen Präsidenten Olusegun Obasenjo, der die Gouverneure der 36 Staaten auf die Verfassung verwies, haben die zwölf nördlichen, mehrheitlich muslimischen Staaten des Landes die Anwendung der Scharia in ihren Provinzen beschlossen. Zu dieser Entscheidung wurden die Politiker durch radikale islamistische Gruppen gedrängt. Sie nutzten und nutzen die rechtlichen Veränderungen für ihre ökonomischen und ethnischen Auseinandersetzungen mit der Zentralregierung. In diesem Vielvölkerstaat mit seinen – neben Englisch und Französisch – über 250 Sprachen und Dialekten, unterschiedlichen Traditionen und Religionen, sind blutige Auseinandersetzungen schon immer möglich gewesen. Die Einführung der Scharia jedoch hat ihre Zahl innerhalb und zwischen Gemeinden und Provinzen sehr vermehrt. Islamische Gerichte wachen seit 1999 über die Einhaltung der Gesetze der Scharia. Der Islam war im Norden des Landes schon seit der Unabhängigkeit aktiv. Bruderschaften wie Tijaniya und Qadiriya, selbst ernannte muslimische Propheten und Missionare durchziehen das Land. Islamistische Gruppen mit bestimmten politischen Zielen – von der Zentralverwaltung verfolgt – nutzen die Scharia zur Mobilisierung der verarmten Massen am Rande der Großstädte des nigerianischen Nordens. Oft erhalten sie ihre Ideologie und ihre finanziellen Mittel aus Stiftungen anderer islamischer Länder wie dem Iran, Saudi-Arabien, Libyen oder dem Sudan. Zu den bekanntesten islamistischen Gruppen gehört die Bewegung „Yan Schi'a" unter der Leitung des Regimekritikers Scheich Ibrahim El Zakzaky, der mehrere Jahre in politischer Gefangenschaft verbracht hat. Ziel der Gruppe ist die Errichtung einer islamischen Republik und die Anwendung der Scharia im ganzen Land. Im Norden Nigerias, dem Aktionsfeld der Gruppe, hat diese ein Netz karikativer Einrichtungen aufgebaut. Gleichzeitig ist sie aber verantwortlich für die Anstachelung religiöser Auseinandersetzungen zwischen Christen und Moslems mit mehreren hundert Toten, für Plünderungen christlicher Geschäfte oder von solchen, die Alkohol verkauften. Die Gruppe „Yan Schi'a" unterhält beste Beziehungen zum Iran. Sie organisierte am 12. Oktober 2001 in Kano eine Großkundgebung für Osama Bin Laden, in deren Verlauf etwa 200 Personen getötet wurden. Die Zentralbank von Nigeria hatte die Gelder Bin Ladens – nach den Attentaten des 11. September 2001 in New York – eingefroren.

Andere islamistische Gruppen wie etwa die „Gesellschaft zur Ausrottung unheilvoller Neuerungen und Wiedererrichtung der Orthodoxie" bekämpfen das Nebeneinander der islamischen und westlichen Lebensweise. Westliche Korruption und Dekadenz sind in ihren Augen die Ursachen für den Rückfall der Moslems in die vorislamische Barbarei, ein christlicher Präsident gilt ihnen als nicht akzeptierbar.

Als Unruhestifter werden islamische Organisationen von der Regierung beobachtet und verfolgt. Seit 1987 befassen sich spezielle Gerichte mit den islamischen Gruppen, die soziale Unruhen schüren. Es kam 1996 zu zahlreichen Verhaftungen und Verurteilungen, unter anderem auch von 150 militanten Islamisten der Organisation Yan Schi'a. Aber die Welle der Gewalt ließ sich bis heute nicht aufhalten. So wurden in Kano im Mai 2004 zwölf christliche Kirchen in Brand gesteckt. Bei den begleitenden Auseinandersetzungen starben etwa 600 Christen. Einer Meldung der staatlichen Behörde des Jos-Plateaus zufolge starben in den 32 Monaten vom 7. September 2001 bis zum 18. Mai 2004 in einem nicht erklärten Krieg bei interethnischen und religiösen Auseinandersetzungen zwischen Christen und Moslems der Provinz Jos 53.787 Menschen: 18.931 Männer, 17.397 Frauen und 17.459 Kinder.[101] Immer wieder kommt es auf dem Plateau zwischen moslemischen Viehzüchtern und christlichen Ackerbauern zum Streit. Dieser wird dann oft erst in den Nachbarprovinzen, in denen die Scharia gilt, ausgetragen, z. B. in Kano oder Bornu. In Bornu versucht eine islamische Gruppe mit dem Namen „Taliban" bereits seit geraumer Zeit, eine islamische Republik zu errichten.

Seit 1999 bemüht sich der christliche Staatspräsident, der 2003 wiedergewählt wurde, gegen Vetternwirtschaft, Korruption und Gewalt vorzugehen. Aber erst die richtige Verwendung des aus dem Ölexport gewonnenen Geldes zum Aufbau sozialer Strukturen und eines modernen Staates könnte helfen, die spannungsgeladenen nigerianischen Problemfelder einer Lösung näherzubringen.

Ein bezeichnendes Licht auf die Verhältnisse im muslimischen Norden Nigerias wirft folgende Zeitungsmeldung:

„Mittel gegen die Ausbreitung der Muslime

Die religiösen Führer der Muslime in vier Bundesstaaten Nigerias sperren sich gegen eine Impfkampagne der Weltgesundheitsorganisation (WHO). Die Imame befürchten, der Impfstoff gegen Kinderlähmung enthalte Hormone, welche die Fruchtbarkeit von Buben und Mädchen reduzierten. Sie betrachten die Impfaktion als ein Mittel, das vom Westen gegen die Ausbreitung der Muslime eingesetzt werde.

Viele Imame in dem Gebiet Nigerias, wo das islamische Recht der Scharia gilt, beurteilen die Impfung gegen Kin-

derlähmung überdies als einen Eingriff in die Natur und damit als Widerspruch gegen ihr traditionelles Glaubensverständnis. Inzwischen haben die Behörden der Bundesstaaten Untersuchungskommissionen in verschiedene Länder entsandt. Aufgrund der erwarteten Berichte, unter anderem aus Indien, wollen die Imame dann entscheiden, ob sie der Massenimpfung zustimmen oder nicht. (bgt)"

Aus der Schweizer Zeitung „Tages-Anzeiger" vom 27. Februar 2004, S. 4.

Kapitel 3

Die Politisierung einer Religion

3.1 Einführung: Das ideologische Gesicht des Islamismus

Für Huntington bildet die islamische Welt einen eigenen Kulturkreis, der mit anderen im Wettstreit, sogar in der Form des Zusammenpralls konkurriert. Tatsächlich bilden die islamischen Staaten den einzigen supranationalen Staatenverband, dessen Klammer nicht in gemeinsamen Wirtschafts- oder Verteidigungsinteressen, sondern einzig in der gemeinsamen Religion besteht. Doch ist dieser Verbund aufgrund seiner kulturellen Unterschiede und traditionellen Rivalitäten, oft sogar Feindschaften kaum zur gemeinsamen politischen Handlung fähig. Selbst im arabischen Islam, der oft mit dem Islam schlechthin gleichgesetzt wird, zeigen sich beispielsweise bei einem Vergleich der arabischen Halbinsel mit dem Maghreb bedeutsame Unterschiede. Die Vielfalt der islamischen Welt, die in einem tropisch-subtropischen Gürtel die halbe Erdkugel umfaßt, stand dabei in der Geschichte meist in einem fruchtbaren Spannungsverhältnis zu den einigenden Komponenten: dem Glauben an den einen Gott und seinen Propheten und dem mehr oder weniger stark ausgeprägten Gefühl, der gleichen Gemeinschaft, der umma, der Gemeinschaft der Gläubigen, anzugehören. Daß dieses Spannungsverhältnis zu blutigen Exzessen führen kann, zeigt die jüngere Geschichte Afghanistans: Definierten sich die Menschen dort erst über den Stamm, Clan und dann über die Religion, mußte der Versuch der paschtunischen Taliban, die umma in ihrer speziellen Form für alle verbindlich zu machen, zum Widerstand von Usbeken, Tadschiken, Hazaris usw. führen.

Die Vielfalt des Islam zeigt sich aber nicht nur in einer räumlichen Gliederung dieser Welt. Wie alle großen Weltreligionen dif-

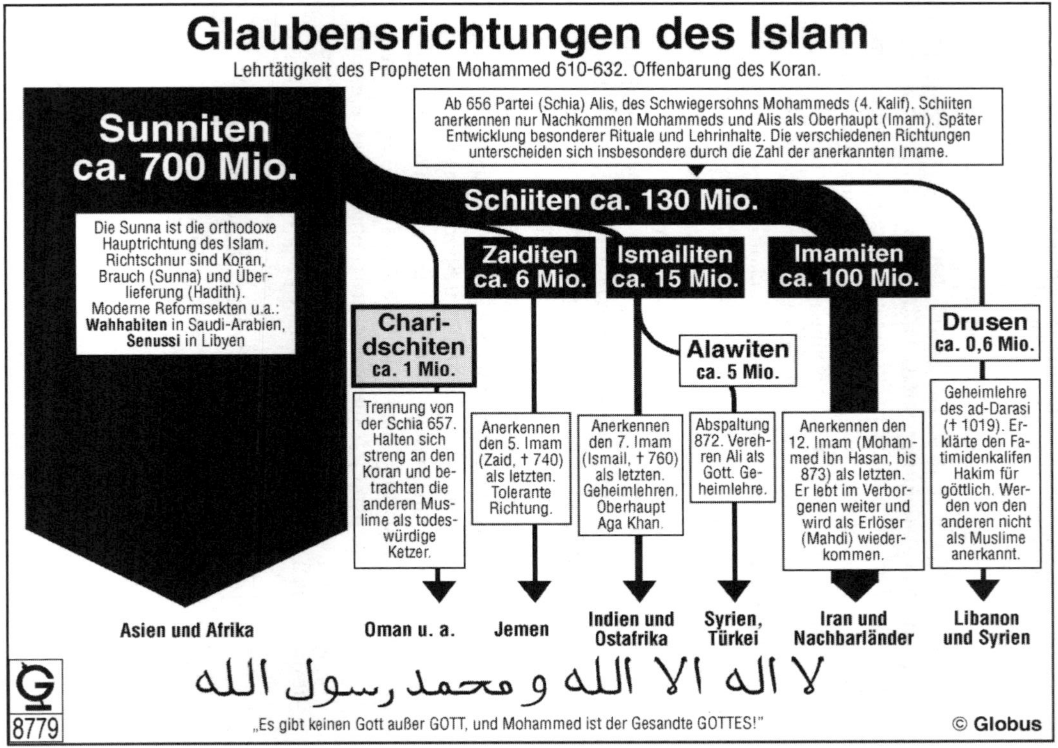
Glaubensrichtungen des Islam
Lehrtätigkeit des Propheten Mohammed 610-632. Offenbarung des Koran.
Sunniten ca. 700 Mio.
Die Sunna ist die orthodoxe Hauptrichtung des Islam. Richtschnur sind Koran, Brauch (Sunna) und Überlieferung (Hadith). Moderne Reformsekten u.a.: Wahhabiten in Saudi-Arabien, Senussi in Libyen
Asien und Afrika
Ab 656 Partei (Schia) Alis, des Schwiegersohns Mohammeds (4. Kalif). Schiiten anerkennen nur Nachkommen Mohammeds und Alis als Oberhaupt (Imam). Später Entwicklung besonderer Rituale und Lehrinhalte. Die verschiedenen Richtungen unterscheiden sich insbesondere durch die Zahl der anerkannten Imame.
Schiiten ca. 130 Mio.
Charidschiten ca. 1 Mio.
Trennung von der Schia 657. Halten sich streng an den Koran und betrachten die anderen Muslime als todeswürdige Ketzer.
Oman u. a.
Zaiditen ca. 6 Mio.
Anerkennen den 5. Imam (Zaid, † 740) als letzten. Tolerante Richtung.
Jemen
Ismailiten ca. 15 Mio.
Anerkennen den 7. Imam (Ismail, † 760) als letzten. Geheimlehren. Oberhaupt Aga Khan.
Indien und Ostafrika
Alawiten ca. 5 Mio.
Abspaltung 872. Verehren Ali als Gott. Geheimlehre.
Syrien, Türkei
Imamiten ca. 100 Mio.
Anerkennen den 12. Imam (Mohammed ibn Hasan, bis 873) als letzten. Er lebt im Verborgenen weiter und wird als Erlöser (Mahdi) wiederkommen.
Iran und Nachbarländer
Drusen ca. 0,6 Mio.
Geheimlehre des ad-Darasi († 1019). Erklärte den Fatimidenkalifen Hakim für göttlich. Werden von den anderen nicht als Muslime anerkannt.
Libanon und Syrien
لا اله الا الله و محمد رسول الله
„Es gibt keinen Gott außer GOTT, und Mohammed ist der Gesandte GOTTES!“
8779
© Globus

ferenziert sich auch der Islam in eine Reihe unterschiedlicher Richtungen, innerhalb dieser in vielfache Formen von Glaubensvorstellungen und – vor allem – der religiösen Praxis, die den jeweiligen menschlichen Bedürfnissen gerecht zu werden sucht. Der Sufismus mit seinen verschiedenen Orden und Bruderschaften sei hier stellvertretend genannt. Da im Gegensatz zum schiitischen Islam mit seiner ausgeprägten Hierarchie der Geistlichkeit der sunnitische Islam keinerlei „Kirche“ im christlichen Sinne, also keine wie auch immer geartete Institution mit festen Ämtern entwickelte, konnte der einzelne Gläubige auch mehreren von ihm gewählten „Autoritäten“ verbunden sein, dem Mullah der örtlichen Moschee wie seiner Sufi-Bruderschaft. Alle diese Gruppen und Organisationen unterlagen dem historischen Wandel, hinter üblichen Generationenkonflikten verbarg sich oft genug ein historischer Prozeß einer neu beginnenden Entwicklung, die andere Akzente setzte. Die aktivistischen Mitglieder der Hamas, die aus den palästinensischen Muslimbrüderschaft hervorging, vor allem aber die Gründergeneration des Islamischen Dschihad, die den Widerstand gegen Israel zum Terrorismus steigerten, sind Angehörige der gleichen Generation, die sich in ihrer politischen Sozialisation, ihrer Agitation und vor allem Aktion von dem des frommen Bürgertums unterscheiden. Die Biographien der Selbstmordattentäter vom 11. September 2001 sind hier typisch. Der Vergleich mit ihren Vätern zeigt Gemeinsamkeiten und Unterschiede zwischen Islamisten und Terroristen auf.

Eine Einteilung des Islam nach Glaubenspraxis und Verhaltensweisen

Aufgeklärter Islam ⟷ Volksislam ⟷ Islamismus
(Euro-Islam) (Sufitum)
Wahhabismus

Die Vielfalt des Islam bedeutet eine Vielheit der Gesichter, wenn wir auf den einzelnen Menschen, selbst auf Gruppen schauen. Denn im Einzelfall ist es schwierig, exakte Trennlinien zwischen traditionalen, konservativen, orthodoxen oder islamistischen Vertretern oder Richtungen zu ziehen. Solche sind mehr akademischer Natur, bei einzelnen Personen wie auch Gruppen vermischen sie sich meist. Man kann in einer Frage traditional, in einer anderen modern, in einer dritten fundamentalistisch denken, ohne sich im Widerspruch mit sich selbst zu fühlen. Man wird älter, lernt eventuell hinzu, ändert seine Ansicht, all dies auf dem Hintergrund aktueller und historischer Erfahrungen, neuer Interessenlagen. Die Spaltung der islamistischen Bewegung im Algerien der 1990er Jahre hat hier eine ihrer Ursachen. Die ägyptische Muslimbruderschaft hat sich nach dem Massaker von Luxor zu einer recht eindeutigen Absage an solch terroristische Gewalt durchgerungen. Wenn dann eine kleine Minderheit diesen Schritt nicht mitvollziehen will, ist deren Abgleiten in eine nur noch religiös verbrämte Kriminalität die Folge.

Es fehlt in diesem Band der Platz, die jeweilige „Geschichte" der einzelnen Vertreter oder Organisationen des Islamismus nachzuzeichnen; die relevante Literatur behandelt die meisten ausführlich, bei einer Reihe von ihnen liegen auch detaillierte Monographien vor. Vergleicht man indes die Vielfalt des Islam insgesamt mit der seines „fundamentalistischen" Spektrums, so ist auffällig, daß die sonst übliche Vielfalt hier doch recht eingeschränkt ist, für den Betrachter fast eintönig wirkt. So ist es möglich, doch eine Reihe von gemeinsamen Merkmalen zu beschreiben, die den Islamismus kennzeichnen, auch wenn diese nicht bei jedem einzelnen Vertreter vollständig oder gleich stark ausgeprägt sind:

• Der Islamismus ist eine politische Ideologie, als politischer Islam die Politisierung einer Religion. Er hat eine dezidiert gesellschaftspolitische Zielsetzung. Diese wird zwar aus einem koranischen Auftrag gefolgert, entwickelt aber die Utopie einer nicht nur Gott gehorchenden, sondern islamischen Welt. Diese Utopie wird wiederum durch ein traditionales Geschichtsbild gespeist. Die den Offenbarungsreligionen gemeinsame Eschatologie wird gewissermaßen ins Diesseits, in die irdische Zukunft verlagert. Das damit verbundene Verständnis von umma steht im Gegensatz zur islamischen Vielfalt, bedeutet mithin nicht den „Kampf der Kulturen", sondern den „Kampf innerhalb einer Kultur".

• Indem nicht mehr das Jenseits, sondern das Diesseits im Vordergrund steht, gewinnt die gesellschaftspolitische Aktion an Bedeutung, wird zum Mittelpunkt des Lebens. Der traditionale Dschihad, der in der islamischen Theologie nie zu den fünf Pfeilern gezählt wurde, wird als „vernachlässigte Pflicht" entdeckt, zum sechsten Pfeiler des Islam stilisiert. In der politischen Wirklichkeit des Islamismus der 1990er Jahre verdrängt er zunehmend in Form des Selbstmordattentats die traditionellen fünf Pfeiler, die lediglich auf ihn vorbereiten. Diese Emanzipation des Dschihad von seinem ursprünglichen religiösen Hintergrund findet eine Korrespondenz hinsichtlich des Märtyrertums und der Beurteilung des vom Islam verbotenen Selbstmordes sowie der ebenfalls verbotenen Tötung von Unschuldigen.

• Die Religion des Islam in ihren traditionellen Formen wird dabei erheblich verkürzt, für politische Zwecke instrumentalisiert. In ihrer Massenwirkung wird dies durch eine neue Form der Vermittlung, eine „neue" Sprache begünstigt. Die islamistischen Ideologen sind in der Regel keine ausgebildeten Theologen, sie schreiben nicht in der Tradition einer abwägenden, stilistisch schwer lesbaren Abhandlung, sondern in einer einfachen Sprache, die den gerade alphabetisierten Massen verständlich ist, wobei seit Ende der 1980er Jahre das geschriebene Wort zunehmend durch Tonträger undVideobänder ersetzt wird.

• Der Instrumentalisierung einer Religion für gesellschaftspolitische Zielsetzungen und dem damit verbundenen Kampf gegen die eigenen Traditionen und gewachsenen Strukturen, Verhaltensweisen und Glaubensformen entspricht eine massive Frontstellung gegen den Westen, die Moderne in Form der Säkularisierung, auch gegen Demokratie und Menschenrechte. Sie äußert sich in einem Anti-Amerikanismus, in den auch der Israel-Konflikt eingebunden ist. Die mit dieser Haltung verbundene Kulturkritik am dekadenten Westen findet durchaus ihre Sympathisanten bei christlichen Fundamentalisten, ebenso wie auch der Anti-Amerikanismus, der historisch den Anti-Kolonialismus abgelöst hat, Zustimmung weit über islamistische Kreise hinaus findet. Kategoriale Trennlinien sind auch hier schwer zu ziehen, vor allem weil dieser Aspekt mit einer für den arabischen Islam typischen mangelnden Einsicht in eigene Fehler und Schwächen verbunden ist, die die Schuld für die eigene Misere nie bei sich, sondern vollständig bei anderen – Kreuzzüge, westlicher Kolonialismus, amerikanische Hegemonie – sucht. Verstärkt wird diese Disposition durch das Gefühl ständiger Demütigung durch den Westen bzw. Israel, gleichgültig ob durch eine militärische Niederlage wie im 7-Tage-Krieg von 1967 oder die amerikanischen Folterfotos von 2004. Das erste Ereignis hatte erhebliche mentalitätsgeschichtliche Auswirkungen für die Akzeptanz des palästinensischen Terrorismus, die Wirkung der vom arabischen Fernsehen verbreiteten Fotos und der Berichte der Opfer wird – dies kam man ohne prophetische Gabe annehmen – auch in 20 Jahren noch zu spüren sein.

Die Auswahl der in diesem Kapitel ausgebreiteten Dokumente und Auszüge aus der Sekundärliteratur orientiert sich an diesen Problemfeldern. Auch wenn die Autoren in Übereinstimmung mit der überwiegenden Forschung den Islamismus vorwiegend als eine politische Bewegung und nicht als Form der Religionsausübung, mithin das „Kopftuch“ als eine überwiegend (und nicht nur „auch“) politische Ausdrucksform werten, so ist doch die religiöse Verbrämung nicht davon zu trennen. Eine Betrachtung des Islamismus ohne Berücksichtigung der Religion des Islam ist kaum möglich; die Frage nach dem Verhältnis von Religion zu Gewalt gilt für alle monotheistischen Religionen, für Islam, Christen- und Judentum, die jeweils eigene Fundamentalismen aufweisen. Die in diesem Zusammenhang zitierten Koran-Verse müssen nicht fundamentalistisch interpretiert werden, wurden und werden es in der Vergangenheit und Gegenwart auch nicht durchgängig, aber man wird untersuchen müssen, warum sie so leicht für Gewalt, Krieg, selbst Terror instrumentalisiert werden können. Die Trennlinie, die Esposito zwischen Islamisten und den islamistischen Terroristen zieht, wird jeder Verständige nachvollziehen können. Aber sie ist nicht von einer qualitativen Unüberbrückbarkeit, die wechselseitige Beziehungen, Verflechtungen und abgestufte Formen der Akzeptanz verhindert, die vor allem nicht verhindert, daß der Terrorismus aus den „frommen“ Schichten seine personellen Ressourcen stets erneuern kann. Auch für den Nationalsozialismus hat die deutsche historische Forschung gezeigt, daß eine isolierte Betrachtung nicht ausreicht, sondern sein gesamtes Umfeld zu betrachten ist, das für ihn in Teilen oder insgesamt den Nährboden lieferte, so daß auch mancher Konservative dann zu seinem Opfern werden konnte. Ein Dialog mit Muslimen darf solche Fragen nicht ausklammern. Die regelmäßigen Distanzierungen von terroristischer Gewalt, wie sie Sprecher fundamentalistischer Organisationen in Deutschland bekunden, wirken wie hohle Lippenbekenntnisse und stehen unter dem Verdacht der – vom Koran erlaubten – Kriegslist und Täuschung des Gegners. Zu einer öffentlichen Demonstration gegen den Terror haben Organisationen wie Milli Görüs noch nie aufgerufen.

Die Themenauswahl dieses Kapitels orientiert sich auch an dem „westlichen“ bzw. „deutschen“ Interesse der Autoren, biepsielsweise was die Stellung der Frau angeht. Andere Themenbereiche, die für Muslime von großer Bedeutung sind – beispielswiese die Pilgerfahrt, Almosen, auch Formen der Glaubenspraxis wie Rituale und Gebete – bleiben weitgehend unberücksichtigt, nicht zuletzt weil die Autoren hier weniger gravierende Unterschiede zwischen islamistischen und traditionalen Muslimen sehen. Die Auswahl der Dokumente kann keine Vollständigkeit anstreben, aber sie soll neben der Berücksichtigung bedeutender Ideologen auch in der Form repräsentativ sein, daß sie Personen der zweiten Reihe zu Wort kommen läßt, um die Wirkung der ersten Gruppe zu verdeutlichen; die Auswahl soll auch unterschiedliche geographische wie zeitliche Räume, von der Vorgeschichte über die verschiedenen Phasen des Islamismus abdecken; inhaltliche Wiederholungen in den Dokumenten lassen sich daher nicht vermeiden, je nach Nutzer des Buches sind sie dann allerdings eine Fundgrube.

3.2 Die gesellschaftspolitische Instrumentalisierung des Glaubens

Gehorsam gegenüber Gott, die Anerkennung des Koran als heiliges Buch, die Überzeugung, daß die dort niedergelegte Offenbarung den Islam als die „letzte", die höchste Religion ausweist, ist eine allgemein-muslimische Überzeugung. Es ist weniger die Zuspitzung dieser Überzeugungen, die die Islamisten kennzeichnet, als vielmehr die Rigorosität in der praktischen Auslegung, vor allem aber der Absolutheitsanspruch ihrer Antworten auf Fragen wie „Wer ist ein Gläubiger (Muslim)?" oder „Was ist der Islam?". Aus dieser Verabsolutierung folgt die Annahme einer Unvereinbarkeit, die alle anderen Auslegungen als nicht-islamisch – und damit als ungläubig – verurteilt; eine Verhaltensweise, die nicht nur der muslimischen Tradition entgegensteht, sondern die überwiegende Mehrheit der Muslime treffen müßte. In der Tagespropaganda wird dieser Angriff aber stets auf die politisch Herrschenden gerichtet, das „Volk" erscheint lediglich als verführt. Islamismus erweist sich auch hierin als eine politische Bewegung, denn eine religiöse Reformbewegung würde genau umgekehrt verfahren. Dennoch bedeutet diese politisch motivierte Form der Koran-Interpretation eine deutliche Gefahr für die Vielfalt des Islam. Fundamentalistische Interpretationen des Islam wie der Wahhabismus richteten sich schon in der Vergangenheit gegen alle Formen des Volksislam. Wenn man den Islamismus als eine gesellschaftspolitische, für manche auch sozialpolitische Bewegungen hält, wird man deutliche Unterschiede zur reaktionären, in wirtschafts- und außenpolitischen Fragen dem Westen zuneigenden saudischen Position feststellen. Diese Unterschiede wird man aber in Glaubensvorstellungen, dem Menschenbild, dem Verhältnis zu westlichen Werten kaum mehr finden. Der Wahhabismus ist heute noch die ideologische Grundlage und Legitimitätsbasis des saudischen Staates, unterscheidet sich in vielen Aspekten aber kaum vom üblichen Islamismus; Bin Laden und das Terrornetzwerk al-Qaida sind auf diesem Nährboden gewachsen. Al-Qaida operiert heute international, rekrutiert seine „Kämpfer" weltweit, Uiguren aus China wie Deutsche und Briten aus Westeuropa. Saudis haben mit ihrem Geld in den letzten drei Jahrzehnten weltweit Moscheen unterhalten, Prediger bezahlt, haben damit ihre Form des Islam „exportiert"– nicht zuletzt mit einem Schwerpunkt in Deutschland für türkische Arbeitsmigranten, bis der türkische Staat gewissermaßen „Gegen-Moscheen" gründete. Als typisch für die deutsche Haltung kann die Auseinandersetzung um die Al-Fahd-Schule in Bonn-Bad Godesberg 2003 gelten, in der der Dschihad gepredigt wurde: Der Regierungspräsident Köln plante die Schließung, die aus außenpolitischen Rücksichten nicht erfolgen durfte.

In den jüngeren Darstellungen zur Geschichte des Islam wird dem Islamismus zunehmend mehr Raum gewidmet, in dem knappen Band von Karen Armstrong sogar ausführlich. In einer Geschichte der islamischen Theologie wie der von Tilman Nagel wird man Namen wie Maududi und Qutb nicht finden (wohl aber Taimiyya, auf dem sie fußen). Im Hinblick auf ihre theologische Bedeutung ist dies gerechtfertigt. Maududis Bedeutung liegt in seiner politischen, ideologiegeschichtlichen Rolle, in der er seine Religion für gesellschaftspolitische Zielsetzungen instrumentalisiert hat. Der bei ihm noch vorhandene religiöse bzw. theologische Gehalt verflüchtigt sich noch weiter bei Qutb, der viele seiner Gedanken übernimmt. Alle ihre Nachfolger, ob mit theologischer Ausbildung wie Qaradawi oder ohne wie die meisten Anführer islamistischer Organisationen, wirken in ihrer theologiegeschichtlichen Bedeutung eher zweit- (dazu zählt auch der schiitische Ajatollah Khomeini), wenn nicht sogar drittrangig. Diese Einschätzung schmälert nicht die Originalität vieler politischer, auch geschichtsdeutender Gedanken intellektueller Köpfe wie die des Tunesiers Ghannushi.

Dokumente und Materialien

Zur Schriftgläubigkeit

Allen fundamentalistischen Interpretationen der Religionen ist ein gleiches Verständnis der heiligen Schriften gemeinsam. Das von Theologen als Verbalinspiration bezeichnete wörtliche Schriftverständnis als geoffenbartes Wort Gottes ist mit Ausnahme christlicher Fundamentalisten innerhalb des Christentums verschiedenen Interpretationsmöglichkeiten gewichen. Diese Möglichkeiten werden im Islam so gut wie nicht genutzt, so daß ein fundamentalistisches Textverständnis im Islam gewissermaßen konstitutiv ist (vgl. Rushdie-Affäre). Freilich sehen islamische Theologen das anders. Zum Vorwurf des Fundamentalismus hinsichtlich des Koran-Verständnisses sei ein längeres Zitat des Islamisten Mehdi Razvi angeführt:

„*Nach einigen Jahrhunderten des geistigen und kulturellen Rückstandes stehen die islamischen Völker heute wieder hoffnungsvoll an der Schwelle eines neuen Zeitalters. Die Träger dieser weltweiten spirituellen Erneuerung werden vielfach in den westlichen Medien als islamische Fundamentalisten bezeichnet und als religiöse Extremisten abgestempelt. Ihnen wird allerlei Negatives und Böswilliges unterstellt, zum Beispiel, daß sie das Rad der Geschichte zurückdrehen wollen. Es wäre besser, wenn wir solche irrigen Behauptungen durch mehr zutreffende Vorstellungen ersetzen könnten.*

Niemand wird bestreiten wollen, daß jede echte innere religiöse Erneuerung ihre eigenen historischen Wurzeln wiederentdekken muß. Daher ist es für uns Muslime sehr wichtig, daß wir zu unseren spirituellen Quellen, d. h. zum heiligen Qur'an, dem prophetischen Beispiel des Hazrat Muhammad (...), dem historischen Konsens der anerkannten Gelehrten und den ethischen Grundwerten unserer nunmehr fast anderthalbtausend Jahre alten Kultur zurückkehren.

Der heilige Qur'an ist für uns Muslime die letzte Offenbarung und das an uns alle gerichtete Wort Gottes. Seine Lehren und Gebote sind für uns überall und heute noch verbindlich. Als aufrich-

tige Muslime fühlen wir uns auch verpflichtet, sie vorbehaltlos zu bejahen und nach unseren Möglichkeiten zu verwirklichen.

Der heilige Qur'an lehrt uns im 21. Vers der 33. Sure: ,Wahrlich, ihr habt an dem Gesandten Gottes ein schönes Vorbild für jeden, der auf Gott und den Jüngsten Tag seine Hoffnung setzt und Gottes häufig gedenkt'." (Zitiert nach: Klaus Kienzler, Der religiöse Fundamentalismus. Christentum, Judentum, Islam, München 1996, S. 81.)

Fundamentalismus als Gefahr für die islamische Vielfalt

Tilman Nagel bietet in seiner „Geschichte der islamischen Theologie" einen Einblick in den arabischen Volksislam und die Auswirkungen darauf durch den Wahhabismus:

„Muhammad b.'Abd al-Wahhâbs Verständnis vom wahren Wesen des Islams bildete sich am Studium hanbalitischen Schrifttums, in Sonderheit der Werke Ibn Taimijas. Daß die Arabische Halbinsel damals alles andere als ein Hort islamischer Strenge war, belegt nicht nur die wahhâbitische Rechtfertigung des Krieges gegen die heiligen Städte des Islams, deren lockerer, unfrommer Lebenswandel übrigens noch für das ausgehende 19. Jahrhundert bezeugt ist. Überhaupt muß man sich den Islam wie er von der Mehrzahl der Bewohner Arabiens geübt wurde, als eine Glaubenspraxis vorstellen, die mehr von volksreligiösen Bräuchen als vom Koran bestimmt war. Wie in der Zeit vor dem Propheten stand die kultische Verehrung von Bäumen und heiligen Orten in Blüte; es gab viele Grabstätten, denen man segensreiche Kräfte zuschrieb und die man daher aufsuchte, um für die Erfüllung seiner alltäglichen Bedürfnisse zu beten. Die ältesten Quellen zum Auftreten Muhammad b. 'Abd al-Wahhâbs zeichnen uns ein lebendiges Bild von all diesem ,unislamischen' Treiben; wo immer es möglich war, ließ Muhammad b. Abd al-Wahhâb solche Stätten des ,Unglaubens' zerstören und versuchte, die Islamisierung der Beduinen voranzubringen. Er nahm also eine Aufgabe in Angriff, an der der Prophet einst gescheitert war.

In seinen Äußerungen zur Theologie des Islams, die natürlich nicht für die Beduinen, sondern die Gelehrten gedacht waren, hebt Ibn Abd al'-Wahhâb hervor, daß der Koran und die sunna die alleinigen Grundlagen des Glaubens seien. Alle Strömungen, die dieses Prinzip mißachteten, entfernten sich von der Rechtgläubigkeit, die als eine Position der Mitte zwischen allen umstrittenen Auffassungen zu bestimmen sei. In der Frage der göttlichen Eigenschaften stehe der Rechtgläubige ,zwischen den Gahmiten, die die göttlichen Prädikate ihres Inhalts entleeren, und den Anthropomorphisten, die sie zu den menschlichen in Parallele setzen; er steht in den Fragen des göttlichen Handelns in der Mitte zwischen der Richtung, die die Willensfreiheit des Menschen annimmt, und denen, die sie leugnen. Hinsichtlich der göttlichen Bedrohung (mit der Höllenstrafe) steht er in der Mitte zwischen der Murgi'a und denjenigen unter den Verfechtern der Willensfreiheit, die jene Androhung für wahr halten. In der Frage des Glaubens und der Religion steht er zwischen den Harigiten und den Mu'taziliten auf der einen und den Murgiiten und Gahmiten auf der anderen Seite. Hinsichtlich der Frage nach den Gefährten des Gesandten Gottes steht er zwischen den Härigiten und den Schiiten.'

Ob diese Mitte mehr ist als das bloße Verneinen von eindeutigen Aussagen, erscheint zweifelhaft. Denn um die theologische Beschreibung des Inhalts dieser Mittelposition scheint sich Muhammad b. Abd al-Wahhâb nicht bemüht zu haben. Wahrscheinlich hätte er eine diesbezügliche Bitte als ein unzumutbares Ansinnen zurückgewiesen. Denn alles das, was nicht in der Mitte liegt, mithin jede explizit theologische und damit das Zitieren von Koran und sunna übersteigende Aussage mußte in seinem Denken bereits als Abweichung, als frevelhafte ,Neuerung' (bidca) erscheinen. In einer Art Glaubensbekenntnis, das er 1768 verfaßte, setzte er sich gegen den anscheinend erhobenen Vorwurf, die gesamte islamische Geistesgeschichte zu verdammen, zur Wehr; das alles sei Verleumdung: ,Gott weiß (daß) ich nicht behauptet habe und (...) mir gar nicht in den Sinn gekommen (ist), die Schriften der vier Rechtsschulen für hinfällig zu erklären, zu verkünden, daß die Leute seit sechs Jahrhunderten auf keinem brauchbaren Standpunkt mehr stehen; das Recht zur selbständigen Suche (i-tihâd) für mich zu beanspruchen, mich nicht an die Gelehrten der früheren Generationen anzuschließen; zu lehren, daß die Meinungsverschiedenheit der Gelehrten eine Strafe sei; diejenigen für ungläubig zu erklären, die die Fürsprache der Frommen (bei Gott) suchen (...); die Wallfahrt zum Grab des Propheten zu verbieten, den Besuch des Grabes der Eltern und anderer abzulehnen, denjenigen für ungläubig zu erklären, der bei etwas anderem als bei Gott schwört; Ibn al-Fârid und Ibn al-'Arabi für ungläubig zu erklären (...)' " (Tilman Nagel, Geschichte der islamischen Theologie. Von Mohammed bis zur Gegenwart, München 1994, S. 250f.)

Der aus einer tunesischen Theologen-Famile stammende und in Paris als Hochschullehrer, Lyriker und Essayist lebende Abdelwahab Meddeb, Herausgeber der interkulturellen Zeitschrift „dédale" (französisch: Labyrinth), beklagt den durch den saudischen Fundamentalismus verursachten Verlust an kultureller Vielfalt im Islam; die „Primitivität" des Wahhabismus ist für ihn eines der Syptome wie die Ursache der „Krankheit des Islam":

„*Ohne das durch die Ausbeutung der Ölfelder erworbene Vermögen wären der Saudische Staat und die ihn begründende Ideologie eine Randerscheinung geblieben. Sein Gebiet hätte sich auf ein unwirtliches Land beschränkt, in dem eine kleine Sekte ihr Leben fristete, irgendwann einmal von selbst erloschen oder in trauriger Schlichtheit überlebend, im Einklang mit den bitteren Mühen der Wüste. Dank der mit den Petrodollars auf einen Schlag errungenen Macht konnten die Saudis ihre primitive Ideologie verbreiten, und uns um eine Zivilisation ärmer machen, welche die Völker des Islam über mehr als tausend Jahre ihrer gedrängten Geschichte aufgebaut hatten. Durch die technischen Möglichkeiten von Ton und Bild (aus der Amerikanisierung der Welt) richteten sie am Islam selbst großen Schaden an, indem sie seine vielfältigen kreativen Dimensionen außer Kraft setzten oder veränderten.*

So wurde der Raum lokaler Kulturen verwüstet, die noch dem Heiligenkult Schutz boten, wie er sich in theatralen Festen ausdrückt, lebendiges Zeugnis einer antiken, ganz und gar dionysischen Energie, die innerhalb der Konturen des islamischen Glaubens zu neuer Entfaltung gefunden hat. Die Zeremonie der Trance konnte bis weit ins 20. Jahrhundert überleben: Als Kind bereits von ihr völlig bezaubert, habe ich sie in den 1980er Jahren anläßlich eines moussem wiedergefunden, das die 'Isawa von Meknes zur Zeit des Geburtstags des Propheten veranstalteten. Aber die Zensur ruht nicht. Unter dem schleichenden Einfluß der Wahhabiten beschloß die örtliche Behörde, diese Inbrunst zu dämpfen, die Unebenheiten zu glätten, die Ausschweifungen zu kontrollieren." (Abdelwahab Meddeb, Die Krankheit des Islam, Heidelberg 2002, S. 80f.)

Wer ist Muslim? Was ist der Islam?

Diese Fragen sind für einen Theologen Anlaß einer langen Abhandlung. Die Wortführer der Islamisten als einer politischen Bewegung brauchen griffige Formulierungen. Was Islam ist, formuliert der Gründer der Muslimbruderschaft al-Banna:

„*Der Islam ist Ideologie und Glauben, Vaterland und Nationalität, Religion und Staat, Geist und Aktion, Buch und Schwert.*" (Zitiert nach: R. Alili, Qu'est-ce que l'islam?, La Découverte, Paris 1996, S. 323. Aus dem Französischen übersetzt von G. Gemein.) Ebenso knapp definiert Shiqaqi, Gründer der militanten Organisation „Islamischer Dschihad" den Muslimen:

„*Der Muslim hat keine andere Identität als die seines Glaubens.*" (Zitiert nach: Shiqaqi, Ma'alim fi al-Tariq, S. 90.)

Im Gegensatz zu den eher weit ausholenden anderen Artikeln formuliert Artikel acht der Hamas-Charta von 1987 das Motto dieser „Islamischen Widerstandsbewegung" knapp:

„*Allah ist ihr Ziel, der Prophet ist ihr Vorbild, der Koran ist ihre Verfassung, der Jihad ist ihr Weg, und der Tod für die Sache Allahs ist ihr heftigst begehrtes Verlangen.*" (Zitiert nach: Shaul Mishal and Avraham Sela, The Palestian Hamas. Vision, Violence, and Coexistence, New York 1993, S. 180. Offizielle englische Version übersetzt von G. Gemein.)

Die Hamas ist eine militante Organisation, Shiqaqi ist weniger Theoretiker als politischer Aktivist; er referiert hier Qutb, der wiederum von dem Inder Maududi beeinflußt ist. Auf ihn geht die ebenso scharfe wie kompromißlose Unterscheidung zwischen Unglauben (Kufr) und Glauben (Islam) zurück:

„Was ist Kufr und Islam? Um dies zu verstehen, mußt du zuallererst wissen, was Kufr und was Islam ist. Kufr meint die Weigerung des Menschen, Gottes Gebote auszuführen, und Islam meint den Gehorsam gegenüber Gott allein und die Weigerung, all solche Systeme, Gesetze und Regeln anzuerkennen, die im Widerspruch zu den von Gott erlassenen Geboten stehen." (Abu a'la Maududi, Fundamentals of Islam, Lahore o. J. (1974), S. 9. Aus dem Englischen übersetzt von G. Gemein.)

Maududis Koranverständnis unterscheidet sich erheblich von der klassischen islamischen Theologie. Seyyed Vali Reza Nasr, einer der besten Maududi-Kenner, schreibt in seiner kritischen, aber auch verständnisvollen Darstellung:

„Maududi führte aus, daß der Koran Stück für Stück offenbart wurde, indem in jeder Sure die Zeitumstände und die besonderen Bedürfnisse der entstehenden islamischen Gemeinschaft sich widerspiegelten. Dies erklärte nicht nur manche seiner stilistischen Variationen und rätselhaften Inhalte, sondern bezeugte auch die Tatsache, daß der Koran zur Menschheit niedergesandt wurde als Antwort auf die praktischen Bedürfnisse der frühen muslimischen Gemeinschaft und daher ein sozioreligiöser Führer war und blieb. ‚Das tatsächliche Verhältnis zwischen al-Fatiha (der ersten Sure des Koran) und dem (Rest des) Koran ist nicht das einer Einführung in ein Buch, sondern das eines Gebetes und seiner Antwort.' Der Koran, führte Maududi weiter aus, sollte nicht bloß rezitiert, betrachtet oder auf verborgene Wahrheiten untersucht werden, man sollte ihn vielmehr in des Wortes wahrster Bedeutung lesen und zur Wirkung bringen. Als eine Antwort auf die Gebete der Menschheit würde der Koran soziale Mißstände lösen. Die innerste Wirklichkeit und die ultimative Funktion des Korans wären sein beharrliches Bestehen auf dem absoluten Gehorsam gegenüber Gott und er diente als ein Führer, wie dies erreicht werden könnte.

Maududi faßt die spirituelle Bedeutung des Korans zusammen, indem er den Wirkungskreis des heiligen Buches zugunsten einer engen Interpretation beschneidet, die die Idee des Korans als den Urquell ewiger Wahrheiten und Fundgrube des spirituellen Wissens verwirft. Maududis systematisches Herangehen war statt dessen von der Dringlichkeit der gesellschaftspolitisch kritischen Lage beeinflußt; er suchte die historische und geistige Bedeutung des Korans auf die Basis der zeitlichen Zufälligkeiten zu stellen. In Maududis Konzeption, schrieb Abu'l-Hasan 'Ali Nadwi, ‚ersetzt Theokratie die Spiritualität als Gegenstand der koranischen Offenbarung'. Der Koran wurde so zu einem Buch über die Welt und daher zu einem weltlichen Buch: ‚Insofern wie er die letzten Ursachen des menschlichen Erfolgs oder Scheiterns zu erklären sucht, ist das Thema des Buches der Mensch.'

Ein ähnlicher Ansatz charakterisierte Maududis Zugang zu der islamischen Lehre der Prophetie (nubuwwah) und der prophetischen Traditionen (sunnah, hadith). Maududis Untersuchung der Prophezeiung begann mit einer Bestätigung ihrer Authenzität. Die Bestätigung der Heiligkeit dieses fundamentalen Glaubensartikels bildete dann die Bühne für eine interpretierende Lektüre seiner Funktion. So authorisiert, wurde die Lehre der Prophetie erneut entworfen, nicht länger als eine autonome Quelle der Spiritualität und Manifestation der göttlichen Realität, sondern als eine konstituierende Komponente der systematischen Struktur, die als absoluter Gehorsam gegenüber Gott vorausgesetzt war und zur gesellschaftspolitischen Aktion führte. In Maududis Sicht hatte die Prophezeiung die Funktion, den Menschen zu Wahrheiten zu führen und zu erziehen, die ihn zum islamischen Glauben leiten und eine Bindung an seine Religion aus ihm locken würden. Für Muslime dienen Prophezeiung und prophetische Traditionen als Ideale für den Menschen, ihnen zu folgen und so den Platz des Islam in ihrem Leben zu bestimmen, für Maududi dagegen war die Prophezeiung ebenso ein historisches Beispiel, ein Führungsmodell und ein Führer zur idealen politischen Ordnung. Der Prophet des Islam war nicht nur der ideale Muslim oder ein erleuchtetes Subjekt einer religiösen Hingabe, sondern zuerst und vorrangig muslimischer politischer Führer und dann eine Quelle des Wetteifers in politischen Angelegenheiten. Es war diese Instrumentalisierung der fundamentalen Quellen des Islam und eine einseitige Neuinterpretation ihrer Rolle innerhalb des Rahmens des islamischen Glaubens, die es Maudu-

di erlaubte, persönliche Frömmigkeit in eine Forderung nach politischer Macht auszudehnen. Der Politisierung des Glaubens konnte dann jedoch nur noch seine Rationalisierung folgen.“ (Seyyed Vali Reza Nasr, Mawdudi and the Making of Islamic Revivalism, Oxford 1996, S. 62f. Aus dem Englischen übersetzt von G. Gemein.)

Die den Muslimbrüdern nahestehende „International Islamic Federation of Students Organsisation“ vertreibt in deutscher Sprache eine Broschüre Qutbs „Dieser Glaube der Islam“. Die stilistisch einfache Sprache sowie die als Feststellungen formulierten Behauptungen unterscheiden sich von den in einem elaborierten Code geschriebenen und reflektierenden Traktaten der islamischen Theologie. Typisch für Qutb wie andere Islamisten ist auch, daß alle Überlegungen, ob über das Verhältnis von Gott und Mensch oder zur Religion allgemein, in eine Handlungsanweisung mit politischem Hintergrund münden.

„Wir gelangen in diesem Zusammenhang zur nachstehenden Schlußfolgerung: Keines von Gottes Geschöpfen hat das Recht zu fragen, warum es Sein Wille ist, die Menschen so zu schaffen, wie sie sind; warum Er will, daß die menschliche Natur ununterbrochen wirksam bleibe; und warum es schließlich Sein Wille ist, daß die göttlichen Gebote für das irdische Leben für die menschliche Existenz und menschliche Anstrengungen verwirklicht werden und nicht durch wundersame, geheimnisvolle und verborgene Mittel und Wege.

Es ist jedoch die Pflicht jedes einzelnen Seiner Geschöpfe, diese Tatbestände zu erkennen, zu beachten und sich darum zu bemühen, daß sie im menschlichen Leben in die Tat umgesetzt werden. Jeder Mensch sollte die Fakten der Menschheitsgeschichte in diesem Lichte interpretieren. Dabei gelangt er einerseits zum Verständnis des historischen Entwicklungsganges und lernt andererseits, wie er diesem Entwicklungsgang entgegentreten und ihn beeinflussen kann. Gleichzeitig sollte er sich stets der Weisheit und Macht Gottes bewußt sein und im Vertrauen darauf den richtigen Standpunkt beziehen und verfechten.“

„Die Muslim-Gemeinschaft selbst ist die echte Garantie für die Befolgung dieser Vorschriften, denn sie wird von ihrer religiö-

sen Überzeugung getragen und nimmt daher geduldig auf sich, was Gott ihr anbefohlen hat. Die Muslime wissen, daß jede Vernachlässigung oder Verfehlung der Vorbote eines Übels ist, das die gesamte Gemeinde heimsuchen kann, nicht nur jene unter ihnen, die sich schuldig gemacht haben.“

„Ein weiterer wichtiger Grund für die Verwirklichung dieser Religion ist, daß sie allein sich in völliger Übereinstimmung mit den großen, alles beherrschenden Gesetzen des Daseins befindet. Der Mensch sollte keinem Weg folgen, der nicht im Einklang mit der Ordnung steht, da er ja innerhalb ihrer Grenzen leben muß und in jeder Hinsicht zur Mitwirkung darin gezwungen ist.“ (Qutb, Dieser Glaube der Islam, Kuwait 1992, S. 17f, 37, 42.)

Islam und Jahiliyyah

Qutb stellt der Welt des Islam die der Jahalijjah, des Unglaubens gegenüber. Ursprünglich war damit die Zeit vor Mohammed gemeint, dann die noch nicht islamisierte Welt. Bei Qutb wird dieser Begriff auch auf alle ausgeweitet, die einer fundamentalistischen Interpretation des Koran nicht folgen. Eine solche Gleichsetzung mit „Götzendienern“ stempelt sie zu Abtrünnigen ab und macht sie vogelfrei.

„Der Islam kennt nur zwei Arten von Gesellschaften, die islamische und die jahili (nicht-islamische, götzendienerische). Die islamische Gesellschaft folgt dem Islam im Glauben und den Formen der Anbetung, in Gesetz und Organisation, in Sitten und Gebräuchen. Die jahili-Gesellschaft folgt nicht dem Islam und sorgt sich weder um islamischen Glauben und Vorstellungen noch um islamische Werte und Normen, islamische Gesetze und Vorschriften oder islamische Sitten und Gebräuche.

Eine wahrhaft islamische Gesellschaft ist keine, deren Mitglieder sich als ‚Muslime‘ bezeichnen, in der das islamische Gesetz aber keinen hohen Status genießt, selbst wenn die Gebote befolgt und Gebet, Fasten und Pilgerfahrt verrichtet werden. Auch ist eine Gesellschaft nicht islamisch, in der die Menschen ihre jeweils eigenen Versionen von Islam befolgen, im Gegensatz zu den Vorschriften und Weisungen von Allah und Seinem Gesandten, Frie-

de sei mit ihm, und das dann beispielsweise als ‚progressiven Islam' bezeichnen. Jahili-Gesellschaften können in verschiedenen Formen auftreten, die allesamt der Göttlichen Leitung zuwider leben." (Sayyid Qutb, Milestones, Damaskus o. J., S. 93. Aus dem Englischen übersetzt von G. Gemein.

Qutb hat für diese Weltsicht ein mittelalterliches Vorbild. Wie Ibn Taimiyya unterscheidet er die Muslime in zwei entgegengesetzte Lager, gut und böse, die Partei Gottes und die Partei Satans. Im Gegensatz zur islamischen Frühgeschichte wird die Unterscheidung zwischen Muslimen und Nicht-Muslimen auch auf die in der eigenen Gesellschaft übertragen, die nicht der islamistischen Deutung des Koran folgen. Ein Kompromiß zwischen beiden ist nicht möglich.

„*(...) Die zum Islam aufrufen sollten keine oberflächlichen Zweifel im Herzen haben hinsichtlich der Natur der Jahiliyyah und der Natur des Islam und den Charakteristika des Dar-ul-Harb und des Dar-ul-Islam, weil solche Zweifel zur Verwirrung führen. In der Tat, da gibt es keinen Islam in einem Land, in dem der Islam nicht vorherrscht und wo die Scharia nicht eingeführt ist; und derjenige Platz gehört nicht zum Dar-ul-Islam, in dem die Lebensart des Islam und seine Gesetze nicht praktiziert werden. Es gibt nichts jenseits des Glaubens außer Unglauben, nichts jenseits des Islams außer Jihiliyyah, nichts jenseits der Wahrheit außer Unwahrheit.*" (Sayyid Qutb, Milestones, Damaskus o. J., S. 127. Aus dem Englischen übersetzt von G. Gemein. Anmerkungen: Dar-ul-Harb: „Haus des Krieges", Gebiet der Ungläubigen. Dar-ul-Islam: „Haus des Friedens", islamische Länder, Gebiet der umma, Gemeinschaft der Gläubigen.)

Mit dieser scharfen Unterscheidung wird auch auch die traditionelle Differenzierung des Islam zwischen Muslimen, Buchgläubigen (z. B. Juden und Christen) und Heiden aufgegeben. Da für Muslime Noah, Moses, Abraham und Jesus zu den Vorläufern des „letzten" Propheten Mohammed gehören, besaßen Juden und Christen einen Teil göttlicher Offenbarung. Für Qutb gehören sie wie alle anderen Kulturen zum Bereich der Jahiliyyah. Auffällig ist, wie vage Qutb an dieser Stelle argumentiert:

„Alle götzendienerischen Gesellschaften gehören also zu den Jahili-Gesellschaften. Solche Gesellschaften findet man in Indien, Japan, den Philippinen und Afrika. Ihr Jahili-Charakter besteht zuerst darin, daß sie zusätzlich oder ohne Ihn an andere Götter neben Gott glauben; sie haben zweitens ein ausgearbeitetes System von andächtigen Handlungen, um diese Götter günstig zu stimmen. Gleichermaßen sind die Gesetze und Regeln, denen sie folgen, von anderen Kräften abgeleitet als von Gott und Seinem Gesetz, gleichgültig, ob diese Quellen Priester, Astrologen oder Magier, Stammesälteste oder säkulare Institutionen sind, die Gesetze ohne Rücksicht auf das Gesetz Gottes formulieren, ferner auch die, die absolute Autorität im Namen der Nation, einer Partei oder irgendeiner anderen Grundlage erlangen, weil die absolute Autorität allein Gott gehört; sie kann nur auf dem Weg verwirklicht werden, den uns der Prophet Gottes gezeigt hat.

Alle heutigen jüdischen und christlichen Gesellschaften sind Jahili-Gesellschaften. Sie haben ihren ursprünglichen Glauben verzerrt und bestimmte Attribute Gottes anderen Dingen zugeschrieben. Diese Verbindung mit Gott hat viele Formen angenommen wie die von der Gottessohnschaft oder dem Gott der Dreieinigkeit; zuweilen drückt es sich in einer Form aus, die von der wahren Realität Gottes entfernt ist.“ (Sayyid Qutb, Milestones, Damaskus o. J., S. 81. Aus dem Englischen übersetzt von G. Gemein.)

Qutbs Ideen wirken bis in die Gegenwart weiter. Typisch sind die Äußerungen des arabischen Islamisten Fatih Yakan in einer 1992 in Riad erschienenen Schrift über die Probleme, die sich einem Prediger stellen:

„Ich weiß, daß der Weg des du'at (Predigers) heutzutage mit Versuchungen und Fallstricken gesät ist. Die Jahiliyyah des 20. Jahrhunderts hat die gesamte Kenntnis von Tugend, Güte und Edelmut zerstört. Der gegenwärtige Materialismus hat den Verstand derart verstopft, daß der Mensch die Dinge nur noch im Zusammenhang mit dem Materialismus denken, leben und beurteilen kann. Dieser hat ihn physisch und geistig blind gemacht und ihm Gefühl und Sensibilität erstickt.“ (F. Yakan, Problems faced by the Da'wah and Da'iyah, Ryad 1992; zitiert nach: Zidane

Meriboute, La fracture islamique: demain, le soufisme, Paris 2004, S. 111. Aus dem Französischen übersetzt von H. Redmer).

Die politische Instrumentalisierung einer Religion

Qutb ist stark von Maududi beeinflußt, hat dessen Ideen im arabischen Islam zum Durchbruch verholfen. Maududis politische Absichten und die ideologiegeschichtliche Bedeutung seiner Koranexegese faßt Seyyed Vali Reza Nasr zusammen:

„Der Antrieb für Maududis Exegese war ganz klar gesellschaftspolitisch. Die islamische Wiedergeburt sollte nicht individuelle Seelen retten, sondern Ängste mildern, die aus den sozialen, ökonomischen, kommunalpolitischen und politischen Krisen der Muslime in Indien entstanden waren. ‚Wahrer' Islam drückte sich in einer unterschiedlichen Beziehung zwischen Menschheit und Gott aus, die nicht privater Natur und durch einen nach innen gerichteten Blick geprägt war, sondern nach außen gerichtet und engagiert. Das Verhältnis zwischen Menschheit und Gott wurde zunehmend ein Werkzeug, um Erfolg in der Welt zu erreichen, eine Schablone, die die Verwirrung erkären konnte, die im Leben der Muslime herrschte. Die vielgestaltige Idee des Glaubens mußte durch eine Ideologie ersetzt werden, die fest verknüpfte und greifbare Beziehungen der Amtsgewalt hervorrief und eine konkretere Definition von Gemeinschaft, politischer Aktion und selbst Erlösung liefern sollte. Eine rationalisierte und stromlinienförmige Religion würde den zanksüchtigen und dennoch außerdordentlich modernen gesellschaftspolitischen Richtungen besser entsprechen, in welchen sie wirken sollte. Die ideologische Interpretation würde außerdem den Islam aus dem Einfluß des Westens in intellektueller Hinsicht und vom Hinduismus hinsichtlich der kommunalpolitischen Struktur der indischen Politik entfernen. Der attraktivere weltliche Geist dieser neuen Formulierung könnte nicht länger in dem Begriff ‚Muslim' gefangen sein, er wäre zutreffender ausgedrückt mit dem Adjektiv ‚islamisch'.“ (Seyyed Vali Reza Nasr, Mawdudi and the Making of Islamic Revivalism, Oxford University Press, New York 1996, S. 63. Aus dem Englischen übersetzt von G. Gemein.)

Die alles bestimmende Rolle der Religion faßte al-Banna, der Gründer der Muslimbruderschaft, nach dem Zweiten Weltkrieg in folgenden Worten zusammen:

„Wir glauben, dass die Lehrmeinungen und Regeln des Islam allumfassend sind und die Angelegenheiten der Menschen in dieser und der nächsten Welt bestimmen. Diejenigen, die der Meinung sind, dass diese Lehrmeinungen und Regeln nur anwendbar sind für religiöse Fragen und für religiöse Anbetung, irren sich, weil der Islam zugleich Religion und Staat, Geist und Arbeit, heiliges Buch und Schwert ist (...).“ (Zitiert nach: Eberhard Serauky, Geschichte des Islam, Tübingen 2003, S. 433.)

Die politische Zielvorstellung einer im Grunde weltumfassenden Gottesherrschaft steht im Gegensatz zum arabischen Nationalismus, der die Jahrzehnte der Nachkriegszeit prägte. Qutbs Haltung zum arabischen Nationalismus faßt der israelisch-amerikanische Wissenschaftler Kramer zusammen:

„Für Sayyed Qutb (...) zeigte der arabische Nationalismus eine ‚geistige Dekadenz‘. Wenn der Prophet Mohammed es gewünscht hätte, er ‚wäre ohne Zweifel in der Lage gewesen, eine Bewegung des pan-arabischen Nationalismus ins Leben zu rufen mit dem Auftrag, die zerstrittenen Stämme Arabiens zu einigen‘. Statt dessen rief er die gesamte Menschheit, Araber und Nicht-Araber, auf, sich Gott zu unterwerfen. Die Araber erfreuten sich daher keiner privilegierten Stellung im Islam von der Art, wie sie der arabische Nationalismus erklärt: ‚Gottes tatsächliches erwähltes Volk ist die muslimische Gemeinschaft, ohne Rücksicht auf ethnische, rassische oder territoriale Zugehörigkeit ihrer Mitglieder.‘ Aus der Betrachtung des frühen Islam schließt Qutb, daß die ‚alleinige kollektive Identität der Islam aufgrund seines Glaubens anbietet, während Araber, Byzantiner, Perser und andere Nationen und Hautfarben gleich unter Gottes Banner sind.‘ Während seiner politischen Verhöre kündigte Qutb an, daß der arabische Nationalismus ‚seine Rolle in der Geschichte ausgespielt habe‘.“ (Martin Kramer, Arab Awakening and Islamic Revival. The Politics of Ideas in the Middle East, New Brunswick (USA)/London, 1996, S. 39. Aus dem Englischen übersetzt von G. Gemein.)

Beispielhaft für die politische Instrumentalisierung von Religion ist folgender Aufruf Khomeinis im Pariser Exil:

„Soll das iranische Volk die Herrschaft eines Verräters am Islam und an muslimischen Interessen feiern, der Israel Öl liefert? Die Verbrechen der iranischen Könige haben die Seiten der Geschichtsbücher verdüstert (...). Selbst die, die in dem Ruf standen, ‚gut' zu sein, waren grausam und gemein. Der Islam steht in einem fundamentalen Gegensatz zur Monarchie (...). Ständig wenden sich Menschen aus dem ganzen Iran an uns und bitten um die Erlaubnis, die vom Islam geforderten mildtätigen Abgaben für den Bau von Badehäusern zu verwenden, denn sie haben keine Bäder. Was ist aus all den goldenen Versprechen geworden, aus jenen anmaßenden Behauptungen, der Iran halte Schritt mit den entwickelteren Ländern der Welt und das Volk lebe in Wohlstand und Zufriedenheit. Wenn sich diese jüngsten Exzesse fortsetzen, wird noch schlimmeres Unglück über uns kommen (...).“ (Zitiert nach: Tariq Ali, Fundamentalismus im Kampf um die Weltordnung, Kreuzlingen/München, 2002, S. 186.)

Islamistisches Geschichtsverständnis

Diese politische Instrumentalisierung der Religion hat mit der Errichtung eines Gottesstaates, einer weltweiten Herrschaft des Islam auch eine im Diesseits befindliche Zielsetzung. Diese politische Utopie wird aus einem bestimmten Geschichtsbild gespeist, die die islamische Frühgeschichte verherrlicht. Dieser verkürzte Blick in die Vergangenheit und die Utopie für die Zukunft gehören untrennbar zusammen.

Diese Geschichtssicht und die damit verbundenen Überlegenheitsgefühle werden als göttliche Offenbarung angesehen. Sure 3, 110 wird als Beleg herangezogen (z. B. in der Präambel der Hamas-Charta), ohne daß die im Zusammenhang zu lesende Feststellung von Sure 3, 108 („Und Gott will nicht, daß irgend jemandem in der Welt Unrecht geschieht“) zitiert wird:

„Ihr Gläubigen seid die beste Gemeinschaft, die unter den Menschen entstanden ist. Ihr gebietet, was recht ist, verbietet, was verwerflich ist, und glaubt an Gott. Wenn die Leute der

Schrift ebenfalls glauben würden wie ihr, wäre es besser für sie. Es gibt zwar Gläubige unter ihnen. Aber die meisten von ihnen sind Frevler." (Sure 3, 110.)

Typisch für die weit über den Islamismus hinaus verbreite Verklärung einer glorreichen Vergangenheit ist folgendes Zitat von Qutb:

„*Es gab ja auch tatsächlich einen Abschnitt höchster Vollkommenheit in der Geschichte des Islam – oder besser noch in der Geschichte der Menschheit – der noch heute einen so unerreichten Höhepunkt darstellt, daß jeder ihn nur mit höchster Bewunderung betrachten kann, daß sich auch in unserer Zeit noch alle Blicke auf ihn richten.*

Diese Epoche höchster Vollkommenheit war allerdings nur von allzu kurzer Dauer. Doch sie stellt ja nicht die gesamte islamische Geschichte dar, sondern vielmehr einen Leitstern, den Gott angezündet hat, damit die Menschen sich nach ihm richten können und sich bemühen, ihm entsprechend zu leben: damit ihre Hoffnung wieder auflebe, daß auch sie einen solchen Gipfel höchster Vollendung erreichen können, wenn sie nur nicht müde werden, immer höher hinaufzuklimmen. Gott hat dieser Epoche ihren Platz am Pfad aufwärts angewiesen, den Platz des überall sichtbaren Leitsterns.

Es steht ohne Zweifel fest, daß diese Epoche nicht das Ergebnis eines niemals wiederkehrenden Wunders war; sie war vielmehr die Frucht menschlicher Anstrengungen, die die erste Muslim-Gemeinschaft unternahm. Eine solche Epoche kann jederzeit wieder herbeigeführt werden, vorausgesetzt es werden ebensolche Anstrengungen unternommen."

„*Dies waren keine theoretischen Grundsätze, sondern hier handelte es sich um praktische Gegebenheiten. Der Islam erstrekkte sich über ein weites Gebiet des Erdballs, das die meisten Rassen und Hautfarben umfaßte und sie alle wurden miteinander verschmolzen unter dem Banner des Islam. Ererbte Hautfarbe, Rasse, Klassen- oder Familienzugehörigkeit hielt sie alle nicht davon ab, als Brüder miteinander zu leben und dem einzelnen stand es ganz frei, das zu erlangen, wozu ihn seine Talente befähigten und den Rang als Mensch einzunehmen, der ihm zu-*

stand." (Sayyid Qutb, Dieser Glaube der Islam, Kuweit 1992, S. 63f, 121.)

Mit der Überhöhung der eigenen Vergangenheit korrespondiert eine ähnlich einseitige Interpretation der gesamten Geschichte. Entwicklungen, die nicht in diese schematische Weltsicht passen, werden geleugnet oder passend gemacht. Auf die Frage, ob der Kreuzzugsgedanke in Europa noch existiere, das doch sein Christentum abgelegt habe, antwortet Qutb in einer Schrift von 1955:

„*Kreuzfahrertum war nicht auf den Klang der Waffen begrenzt, sondern war, früher und immer danach, eine intellektuelle Feindschaft. Europäische imperiale Interessen können niemals vergessen, daß der Geist des Islam fest dem Geist des Imperialismus entgegengesetzt ist. Da gibt es welche, die halten dies für den finanziellen Einfluß der Juden der Vereinigten Staaten und andernorts, der die Politik des Westens steuert. Dann gibt es andere, die sagen, der englische Ehrgeiz und die angelsächsische Arglist seien dafür verantwortlich (...). Und dann gibt es die, die glauben, es sei die Antipathie zwischen Ost und West (...). All diese Meinungen übersehen ein vitales Element in dieser Frage (...), den Kreuzfahrergeist, der im Blut aller Menschen des Westens fließt. In diesem Sinne gibt es keinen Unterschied zwischen Rußland und den Vereinigten Staaten. Beide haben an dem gemeinsamen Kreuzzug gegen den Geist des Islam teil.*" (Zitiert nach: Richard P. Mitchell, The Society of the Muslim Brothers, London 1969, S. 230. Aus dem Englischen übersetzt von G. Gemein.)

In der Tageszeitung al-Ikhavan al-Muslimin vom 19. September 1946 vergleicht Qutb die Französische und die Russische Revolution mit dem Islam:

„*Wenn die Französische Revolution die Menschenrechte beschloß und Freiheit, Gleichheit und Brüderlichkeit erklärte, und wenn die Russische Revolution ein Ende der Klassen und gesellschaftlichen Justiz für das Volk brachte, dann beschloß dies die große Islamische Revolution schon 1.300 Jahre vorher. Sie begrenzt dies nicht mit philosophischen Theorien, sondern breitet diese Prinzipien lieber im täglichen Leben aus und fügt dem die*

Vorstellung von der Göttlichkeit der Menschheit und der Fähigkeit, seine Tugenden und spirituellen Neigungen zu vervollkommnen, hinzu." (Zitiert nach: Richard P. Mitchell, The Society of the Muslim Brothers, London 1969, S. 233. Aus dem Englischen übersetzt von G. Gemein.)

Dieses von Qutb entworfene Geschichtsbild wird auch von Vertretern der folgenden Generation wie Ghannushi übernommen, der es in eine Kritik an der modernen Weltordnung einmünden läßt, die Motive der europäischen Linken aufgreift:

„Die ‚neue Weltordnung' unterdrückt viel stärker und ist strenger als die alte Weltordnung, die den Islam zu verbannen und zu ruinieren versuchte. Zuallererst, die Vereinten Nationen wurden zu einer realen internationalen Regierung mit einem Präsidenten – niemand anders als der Präsident der Vereinigten Staaten – und einer Legislative, die die amerikanischen Entscheidungen gutheißt – der Sicherheitsrat – und einer Exekutive in der Gestalt des US-Militärs. Sie besitzt einen Finanzapparat – die Weltbank und andere riesige Finanzinstitutionen – und eine massive Medienmaschine. Regierung der Vereinten Nationen ist tatsächlich Regierung der Vereinigten Staaten; dies ist das Hauptcharakteristikum der ‚neuen Weltordnung'. Diese ‚neue Weltordnung' ist hinsichtlich ihres intellektuellen Inhalts, ihrer Ideologie und ihrer Religion nicht neu. Sie ist einfach amerikanische Hegemonie über die Welt, gehüllt in die Ideologie der Menschenrechte." (Zitiert nach: Martin Kramer, Arab Awakening an Islamioc Revival. The Politics of Ideas in the Middle East, New Brunswick (USA) 1996, S. 261. Aus dem Englischen übersetzt von G. Gemein.)

Nicht Klassen- oder Rassenkämpfe sind für Fundamentalisten der Motor der Geschichte, sondern die Religion. Der der militanten islamistischen Organisation „Islamischer Dschihad" nahestehende islamistische Schriftsteller Tawfiq al-Tayyib wirft der westlichen, aber auch der eigenen als nicht-islamisch eingestuften Führung ein völliges Unverständnis in der Nahost-Frage vor, weil deren religiöser Wesenskern nicht erkannt werde:

„Die nicht-islamische Führung (...), die die Regierung nach der Niederlage des Osmanischen Reiches zu Beginn des 20. Jahrhunderts übernahm, stellte den folgerichtigen Rückzug angesichts der zionistisch-westlichen Herausforderung dar, die die Geschichte auszulöschen, die islamische Identität zu untergraben und das Land zu kontrollieren suchte. Das Versagen dieser Führung 1948 und später 1967 und ihre Unfähigkeit, den bewaffneten Kampf gegen Israel fortzusetzen, waren ein direktes Ergebnis ihres Unvermögens, den religiösen Wesenskern dieses Kampfes zu erkennen." (Zitiert nach: Meir Hatina, Islam and Salvation in Palestine. The Islamic Jihad Movement, Tel Aviv 2001, S. 49. Aus dem Englischen übersetzt von G. Gemein.)

Die Utopie: Der Islam wird siegen

Dieses islamistische Geschichtsverständnis speist eine politische Zielsetzung. Die glorreiche Vergangenheit der „rechtgeleiteten" Kalifen ist die Bestätigung einer Utopie, die nur durch die Abweichung vom rechten Glauben noch nicht vollendet sei. An der endgültigen Herrschaft des Islam sei aber nicht zu zweifeln, weil sie von Allah versprochen sei. Für Qutb ist dieser Sachverhalt ganz sicher:

„Die Führung der Menschheit durch den Westen nähert sich ihrem Ende (...). Die Führungsrolle des westlichen Systems ist vorüber (...). Nur der Islam – und allein er – bietet die notwendige normative Basis für die Übernahme der Führung (...). Die Zeit für den Islam in den schlimmsten Stunden der Krise ist gekommen." (Zitiert nach Bassam Tibi, Der religiöse Fundamentalismus im Übergang zum 21. Jahrhundert, Mannheim 1995, S. 51.)

Die muslimischen Migranten und deren Nachkommen in westeuropäischen Ländern wie Großbritannien, Frankreich und Deutschland und die damit verbundene Ausbreitung des Islam begründen bei Islamisten die Hoffnung auf einen endgültigen Sieg des Islam. Der geistige Mentor der libanesischen Hizbollah, Sayyid Muhammad Husayn Fadlallah, zieht eine historische Parallele:

„Macht ist nicht das ewige Schicksal der Mächtigen, Schwäche ist nicht das ewige Schicksal der Schwachen. Wir mögen nicht die gegenwärtige Macht der US besitzen, aber wir hatten die Macht vorher, und wir haben heute die Grundlagen, diese Macht in der Zukunft zu entwickeln. Der Islam kann letztendlich sich Amerika und Europa einverleiben; bereits jetzt bedeutet die Ausbreitung des Islam in diesen Gebieten ein großes Problem für diese arroganten Mächte, die den Status quo und ihren eigenen Charakter zu bewahren suchen. Wir sollten uns erinnern, daß Hülegü (der mongolische Eroberer von Bagdad 1258) das Land des Islam überwältigte, aber der Islam den Geist seiner Nachfolger überwältigte, die Muslime wurden. Ihre Macht wurde eine islamische Macht. Ich glaube, es ist möglich, daß der Islam manche der Bastionen stürmen wird, die jetzt noch eine Gefahr für den Islam sind, sie zum Nutzen des Islam umdreht." (Zitiert nach: Martin Kramer, Arab Awakening and Islamic Revival. The Politics of Ideas in the Middle East, New Brunswick (USA) 1996, S. 262. Aus dem Amerikanischen übersetzt von G. Gemein.)

Muslimische Fundamentalisten sehen die europäische Entwicklung seit der Französischen Revolution ausgesprochen negativ; in ihr liege die Krise der Moderne begründet. Ein 1979 erschienenes Buch eines fundamentalistischen Autors erläutert die „Tragödie des Säkularismus" am Beispiel der Probleme New Yorks und bietet den Islam als Ausweg für den Westen an:

„Wenn man einen Ausweg sucht, stellt man fest, daß es nur ein Muster von Ordnung (Nizam) gibt, dem die Denker des Westens (sich zuwenden können). Diese Ordnung ist der Islam, der (...) in sich schlüssig, vernünftig und in der Lage ist, alle Probleme des spirituellen und materiellen Seins (anzusprechen), und der daher (...) die gegenwärtige Zivilisation von ihrem Leiden befreien kann." (Zitiert nach: Bassam Tibi, Die neue Weltunordnung. Westliche Dominanz und islamischer Fundamentalismus, Berlin 1999, S. 212.)

Wie bei jeder Utopie wird für das Ende der Geschichte die Vision des Friedens und der Gewaltlosigkeit beschworen. An die

Stelle der klassenlosen Gesellschaft tritt für Islamisten die Herrschaft des Islam. Sayyid Qutb führt dazu aus:

„Dann aber, wenn sich unüberwindliche Freiheit einstellt, die Menschen nicht gewaltsam von Gottes Wort getrennt werden, nicht abgewandt werden von ihrer Religion, die Gott ihnen als eine umfassende Lebensordnung ausersah, wenn sich auf Erden keine Gewalt erhebt, welche die Menschen anderen Herren als Allah dienen lässt; wenn die allerbeste Gerechtigkeit Wirklichkeit wird, eine Menschengruppe nicht einer anderen Gewalt antut, einer den anderen nicht versklavt, wenn tatsächliche Sicherheit entsteht für die Schwachen, welche sich selber nicht zu schützen vermögen; wenn der Gewalttäter von seiner Tyrannei ablässt und sich zu gütlicher Einigung und Waffenruhe hinwendet (...) dann legt der Islam, auch wenn er über die für Notfälle gewappnete Macht verfügt, das Schwert hernieder und ruft unverzüglich zum Frieden auf." (Zitiert nach: Monika Tworuschka, Grundwissen Islam. Religion, Politik, Gesellschaft, Münster 2002, S. 149.)

Die Auswirkungen für Andersgläubige: Gültigkeit der Scharia für alle

Die Gültigkeit der Scharia, des islamischen Rechts, für die islamische Welt ist für Islamisten eine Selbstverständlichkeit. Diese Vorstellung haben sie mit vielen orthodoxen und traditionellen Muslimen gemeinsam. Neu – sowohl historisch wie auch rechtssystematisch – ist allerdings die Forderung, daß die Scharia grundsätzlich für die gesamte Menschheit, muslimisch oder nicht-muslimisch, zu gelten habe. Der islamische Fundamentalist Sabir Tuayma führt dazu aus:

„Islamische Rechtsvorschriften sind nicht auf Muslime und ihre Gesellschaften begrenzt. Sie sind dazu geschaffen, um alle menschlichen Beziehungen zu organisieren und sind daher der gesamten Menschheit zugewiesen, sei sie islamisch oder noch nicht islamisiert, sei es in Friedenszeiten oder im Kriegszustand; denn islamische Regeln schaffen ein allgemein gültiges internationales Recht." (Sabir Tu'ayma, Die islamische Scharia im Zeit-

alter der Wissenschaft, Beirut 1979, S. 208. Zitiert nach: Bassam Tibi, Fundamentalismus im Islam – eine Gefahr für den Weltfrieden? Darmstadt 2000, S. 48.)

Ähnliche Gedanken finden wir in einem verbreiteten fundamentalistischen Pamphlet „Methoden der intellektuellen Invasion der islamischen Welt“ (2. Aufl. Kairo 1978, S. 248) von Ali M. Dscharischa und Muhammad Zaibaq:

„Wenn die politische Herrschaft erstens auf der Schari'a Gottes beruht und zweitens von den Muslimen anerkannt wird, dann spielt die Form keine große Rolle. Solange diese Bedingungen erfüllt sind, mögen wir sie Kalifat, Imamat oder Emirat nennen oder wie immer es einem beliebt. Wem jedoch diese Bedingungen fehlen, kann keine politische Autorität Legitimität für sich beanspruchen.“ (Zitiert nach: Bassam Tibi, Die neue Weltunordnung. Westliche Dominanz und islamischer Fundamentalismus, Berlin 1999, S. 203.)

Diese Vorstellungen von der Allgemeingültigkeit der Scharia fußen auf den Lehren Qutbs:

„Die Liebe zum göttlichen Gesetz der Scharia muß die Folgerung aus der klaren Unterwerfung unter Gott und der Freiheit von Knechtschaft von jedermann sein und nicht aufgrund ihrer Überlegenheit gegenüber anderen Systemen in dem einen oder anderen Teil. Die Scharia ist zweifellos schon lange das Beste, weil sie von Gott kommt; die Gesetze seiner Geschöpfe können nur schwer mit den Gesetzen verglichen werden, die der Schöpfer geschaffen hat.“ (Sayyid Qutb, Milestones, Damaskus o. J., S. 36. Aus dem Englischen übersetzt von Gisbert Gemein.)

Qutb geht noch einen Schritt weiter, indem er den Bereich des Dar-ul-Islam („Haus des Friedens“ bzw. „Haus des Islam“) mit der Scharia gleichsetzt und ihm den Bereich des Dar-ul-Harb („Haus des Krieges“) gegenübersetzt, in dem die Scharia noch nicht gilt. Daraus erwächst nach Qutb für den Moslem die Pflicht zum Dschihad (vgl. Kapitel 3). Typisch für diese Argumentation ist, daß die kriegerischen Auseinandersetzungen der frühen islamischen Gemeinde mit ihrer heidnischen Umwelt als

Handlungsmaxime für die Gegenwart instrumenatalisiert werden:

„*Das Verfahren dieser Religion ist sehr praktisch. Diese Bewegung behandelt die Menschen, wie sie jeweils aktuell sind und nutzt die Mittel, die sich im Einklang mit den praktischen Bedingungen befinden. Seitdem diese Bewegung in Konflikt mit der Jahiliyyah kam, die die Gedanken und den Glauben beherrschte und die eine praktikable Lebensform sowie eine politische und materielle Autorität dahinter besaß, mußte die islamische Bewegung parallele Mittel produzieren, um dieser Jahiliyyah zu widerstehen. Diese Bewegung benutzt die Methoden des Gebetes und der Überzeugung, um Gedanken und Glauben neu zu bilden; und sie benutzt physische Gewalt und Jihad, um Organisationen und Autoritäten des Systems der Ungläubigen zu vernichten, die die Menschen daran hindern, ihre Gedanken und ihren Glauben zu erneuern, aber sie zwingt, ihrem Irrweg zu folgen und einem menschlichen Herrn zu dienen statt dem Allmächtigen Gott.*“ (Sayyid Qutb, Milestones, Damaskus o. J., S. 55. Aus dem Englischen übersetzt von G. Gemein.)

3.3 Das Verhältnis zum Westen und zur Moderne

Maududis Ansatz ist auf dem Hintergrund einer historischen Entwicklung zu sehen, die aus dem Indien der islamischen Mogulherrschaft eine von christlichen Engländern beherrschte Kolonie gemacht hatte. Für Muslime, in deren Welt- und Geschichtssicht Allahs Wort einmal universal herrschen sollte, war dies eine schwer begreifbare Tatsache. Es war aber nicht nur der Verlust einer Vorherrschaft, sondern gleichzeitig ein von außen kommender Zwang, sich der europäisch geprägten Moderne, gekennzeichnet durch Aufklärung, Säkularisierung und industrielle Revolution, stellen zu müssen. Die subjektiv gefühlte Gefahr, die eigenen Traditionen und die Identität dabei zu verlieren, galt dabei nicht nur für die Muslime in Indien, die jetzt auch alle Probleme einer Minderheit zu ertragen hatten, sie galt ebenso für die von Frankreich wie England kolonialisierten muslimischen Völker in Afrika oder im Nahen Osten, selbst im Osmanischen Reich, in dem Sultane der Tanzimat-Ära durch „westliche" Reformen ihr Reich für die Zukunft rüsten wollten und sich des Widerstands der ulema (Geistlichkeit) und einer konservativen Bevölkerung erwehren mußten. Die Versuche, die eigene Identität zu bewahren, wie etwa in der Schule von Deoband, der Widerstand gegen den Kolonialismus, der auch den der Russen in Innerasien einschließt, dann gegen die westliche Hegemonie über weite Teile der islamischen Welt sind wichtige historische Wurzeln in der feindlichen Haltung des modernen Islamismus gegen die westliche Kultur, gegen Säkularismus und gegen Amerika, nachdem die USA die westeuropäische Vorherrschaft abgelöst hatten.

Diese Frontstellung wird gleichzeitig durch ein nur scheinbar widersprüchliches Gefühl der Erniedrigung wie der Überlegenheit gespeist, hinter der das oben behandelte Geschichtsbild steht. Man sieht sich selbst als Angehöriger der wahren, der letzten und damit endgültigen von Gott geoffenbarten Religion, der einmal die ganze Welt gehören wird. Aufgrund dieser postulierten kulturellen Überlegenheit wird die eigene militärische, wirtschaftliche oder technische Unterlegenheit als Erniedrigung empfunden. Diese Interpretationen der Geschichte ist in der muslimischen Gesellschaft weit verbreitet. Der weitgehenden Unfähigkeit zur kritischen Selbstreflektion entspricht die verbreitete Haltung, Fehler nicht bei sich selbst, sondern bei anderen zu suchen; bei der glorifizierten Darstellung der islamischen Frühgeschichte der „rechtgeleiteten" vier ersten Kalifen wird ausgeblendet, daß diese meist gewaltsam zu Tode kamen. Vor diesem Hintergrund gedeihen moderne Mythen und Verschwörungstheorien: Die Anschläge auf das World-Trade-Center am 11. September werden wahlweise dem israelischen Mossad oder der amerikanischen CIA zugeschrieben, sie dienten demnach nur als Begründung der USA für ihren Krieg gegen den Terror, der in Wahrheit ein Krieg gegen den Islam beziehungsweise die Araber sei. Von dieser weitverbreiteten Sicht unterscheidet sich die islamistische allenfalls durch ihre Pointiertheit und Schärfe, aber auch durch ihre Undifferenziertheit, indem Christentum und aufgeklärtes, säkulares Denken, mittelalterliche Kreuzzugsbewegung, europäischer Kolonialismus und heutige amerikanische Hegemonie gleichgesetzt werden. Der von modernen islamistischen Ideologen übernommene Ansatz Maududis, Ursachen der „Erniedrigung" auch in Abweichungen vom „wahren" Glauben zu suchen, ist kaum als Beleg einer kritischen Auseinandersetzung mit der eigenen Vergangenheit oder gegenwärtigen Situation zu verstehen, sondern lediglich eine Argumentationshilfe im politischen Kampf gegen die bestehende Herrschaft.

Dokumente und Materialien

Kampf gegen die Moderne

Der Gründer der ägyptischen Muslim-Bruderschaft, Hassan al-Banna, sieht in der britischen Herrschaft die „Tyrannenherrschaft des Materialismus über die Kinder des Islam“:

„Die Europäer haben fleißig gearbeitet, um diese Flut materialistischen Lebens mit seinen verderbenden Eigenschaften und seiner mörderischen Saat möglich zu machen und um alle islamischen Länder, nach denen sie ihre Hände ausgestreckt hatten, unter ihr zu begraben. Ein übles Schicksal ereilte jene, die unter ihre Herrschaft fielen, denn sie waren eifrig bemüht, sich durch Naturwissenschaft, Kenntnisse, Fleiß und gute Organisation die Elemente der Macht und des Wohlstands anzueignen und gerade jene Nationen davon auszuschließen. Die Pläne für diese soziale Aggression schmiedeten sie auf meisterliche Art, indem sie sich ihren politischen Scharfsinn und ihre militärische Vorherrschaft zunutze machten, bis sie erreicht hatten, was sie begehrten. Die muslimischen Führer führten sie in die Irre, indem sie ihnen Darlehen gewährten und Finanzgeschäfte mit ihnen abschlossen; indem sie alles für die Wirtschaft mühelos leicht machten, damit sie die Länder mit ihrem Kapital überschwemmen konnten, mit ihren Banken und Firmen; damit sie nach Belieben die Betriebe des Wirtschaftsapparats übernehmen und unter Ausschluß der Bevölkerung ein Monopol auf die enormen Profite und den immensen Reichtum erwerben konnten. Danach waren sie in der Lage, die Grundprinzipien des Regierungssystems, der Justiz und des Bildungswesens zu verändern und die politischen, juristischen und kulturellen Systeme selbst in den mächtigsten islamischen Ländern mit ihrer Wesensart zu durchdringen. Sie importierten ihre halbnackten Frauen in diese Gebiete zusammen mit ihren Branntweinen und Theatern, ihren Tanzclubs und Amüsierbetrieben, ihren Geschichten, Zeitungen, Romanen, ihren Launen und albernen Spielen und ihren Lastern. Hier duldeten sie Verbrechen, die sie in ihren eigenen Ländern nicht hinnahmen, und schmückten diese oberflächliche, grelle, vom Gestank der Sünde

durchdrungene und den Geruch des Lasters verströmende Welt für die Augen der irregeführten, unverdorbenen Muslime mit Reichtum und Ansehen und der Muslime mit Rang und Autorität kostbar aus. Weil ihnen das noch nicht reichte, gründeten sie Schulen sowie wissenschaftliche und kulturelle Einrichtungen mitten im Herzen der islamischen Sphäre, und diese säten Zweifel und Irrglauben in den Seelen von deren Söhnen und lehrten sie, sich zu erniedrigen, ihre Religion und ihr Vaterland zu verunglimpfen, sich von ihren Traditionen und ihrem Glauben loszusagen und – in der Annahme, daß nur, was aus einer europäischen Quelle stammte, in diesem Leben als nachahmenswertes Vorbild dienen könne – alles Westliche für heilig zu halten. Diese Schulen nahmen nur die Söhne der Oberschicht auf und wurden zu Reservaten, die allein ihnen vorbehalten waren. Die Söhne aus dieser Schicht umfaßten die Mächtigen und die herrschende Gruppe sowie jene, die wenig später die Schlüssel zu allen wichtigen Angelegenheiten, welche diese Nationen und ihre Völker beschäftigten, in den Händen halten sollten." (Hasan al-Banna: Between Yesterday and Today. Zitiert nach: Malise Ruthven, Der Islam, Stuttgart 2000, S. 185f.)

Der Widerstand gegen den Säkularismus der Moderne richtete sich nicht nur gegen den Westen, der kommunistische Ostblock wurde ihm gleichgesetzt. Die Haltung der Muslimbruderschaft zum Kommunismus beschreibt „al-Muntalaq" Nr. 9 vom April 1989, eine palästinensische Schrift von lokaler Bedeutung:

„Der Kommunismus hat Rückschläge für unsere Gesellschaft im Bereich von Lehre und Politik verursacht. Der Kommunismus dient seinen eigenen Interessen und den Interessen Israels. Dies geschieht in Ergänzung zur aktuellen Gotteslästerung, die in den kommunistischen Büchern, Pamphleten und Festlichkeiten enthalten sind. Ferner entbehren Kommunisten alle islamischen moralischen Kräfte und Verpflichtungen (...) in ihrem Privatleben und in ihrem Verhältnis zu unserer geliebten Gesellschaft." (Zitiert nach: Ziad Abu-Amr, Islamic Fundamentalism in the West Bank and Gaza. Muslim Brotherhood and Islamic Jihad, Bloomingtin (Indiana) 1994, S. 28. Aus dem Amerikanischen übersetzt von G. Gemein.

Für Qutb ist die westliche Säkularisierung durch Dekadenz und Sittenlosigkeit gekennzeichnet und schon allein dadurch zum Untergang verurteilt. Seine Kritik deckt sich in diesem Punkt durchaus mit der christlicher Fundamentalisten, hat er seine Erfahrungen doch bei einem Amerikaaufenthalt gemacht. Bernard Lewis referiert Qutbs Kritik am „American way of life“:

„Alles in Amerika, schrieb er, selbst die Religion werde mit materiellen Maßstäben gemessen. Er berichtete, dass es dort zwar viele Kirchen gebe, warnte seine Leser aber davor, ihre Zahl als Ausdruck religiöser Gefühle oder gar echter Frömmigkeit zu missdeuten. Die Kirchen in Amerika, so Qutb weiter, handelten wie kommerzielle Unternehmen. Sie buhlten um Mitglieder und öffentliche Aufmerksamkeit und versuchten mit denselben Methoden wie Geschäfte und Kinos Kunden anzulocken und Öffentlichkeitsarbeit zu machen. Wie für die Manager eines Unternehmens oder eines Kinos zähle für die Priester der Kirchen allein der Erfolg, und dieser Erfolg werde an Größe und an Zahlen gemessen. Um ihre Klientel anzulocken, betrieben die Kirchen schamlose Werbung und böten das, was die Amerikaner am meisten wünschten – eine ‚gute Zeit‘ und ‚Spaß‘, ‚a good time‘ und ‚fun‘. Er verwendete sogar die englischen Ausdrücke in seinem arabischen Text. Das gehe so weit, dass in kirchlichen Gemeindezentren mit dem Segen der Geistlichen Tänze veranstaltet würden, bei denen sich Menschen beider Geschlechter treffen, kennen lernen und berühren würden. Um die Wildheit des Tanzes zu steigern, würden die Priester sogar die Lichter dämpfen. ‚Der Tanz wird von den Tönen des Grammophons entzündet‘, schrieb er mit spürbarer Abscheu. ‚Der Tanzsaal wird zu einem Wirbel von Fersen und Schenkeln, Arme schlingen sich um Hüften, Lippen und Brüste treffen aufeinander, und die Luft ist schwanger vor Lust.‘ Um seine Beschreibung und Verdammung der allgegenwärtigen amerikanischen Ausschweifung zu belegen, zitierte er in seinem Text auch Passagen aus den Kinsey-Reports zum Sexualverhalten der Amerikaner. Diese Sichtweise des Westens und seines Lebensstils mag miterklären, warum islamistische Terroristen Tanzsäle, Nachtklubs und andere Orte, an denen sich

junge Männer und Frauen treffen, als legitime Angriffsziele betrachten. Qutbs Verurteilung des amerikanischen Lebensstils fiel so radikal aus, dass er 1952 seinen Posten im Bildungsministerium aufgeben musste. Vermutlich hat er sich erst danach der Muslimbruderschaft angeschlossen." (Bernard Lewis, Die Wut der arabischen Welt, Frankfurt a. M. 2003, S. 95f.)

Qutb selbst über die Erfahrungen seines Amerika-Besuches:
„*Schau auf diesen Kapitalismus mit seinen Monopolen, seinem Wucher (...) bei dieser individuellen Freiheit ohne menschliche Sympathie und Rücksicht auf Beziehungen, ausgenommen unter dem Zwang des Gesetzes, bei dieser materialistischen Haltung , die den Geist abstumpft, bei diesem Verhalten, gleich den Tieren, welches man ‚freie Vermischung der Geschlechter' nennt, bei dieser Vulgarität, die man ‚Emanzipation der Frauen' nennt, bei dieser schlimmen und fanatischen Rassendiskriminierung.*" (Sayyid Qutb, Milestones, Stuttgart 1978, S. 12. Zitiert nach: John L. Esposito, Unholy War, 2002, S. 57. Aus dem Englischen übersetzt von G. Gemein.)

Das folgende Zitat von Qutb aus einer deutschsprachigen Veröffentlichung seiner Lehre könnte allerdings auch für eine christliche Sonntagspredigt geeignet sein:
„*In Amerika werden beispielsweise neue Götter angebetet, von denen angenommen wird, daß sie Ziel des menschlichen Daseins darstellen: der Gott des Besitzes, der Gott des Vergnügens, der Gott des Ruhms, der Gott der Produktivität! Deshalb also können die Menschen in Amerika sich nicht selbst finden, denn sie können den Sinn ihres Daseins nicht erkennen. Dasselbe gilt für andere Staaten, in denen die Unwissenheit herrscht, wo ähnliche Götter angebetet werden und die Menschen den wahren Gott nicht finden können.*" (Sayyid Qutb, Dieser Glaube der Islam, Kuwait 1992, S. 45.)

Anläßlich eines UNO-Besuches hielt der Islamist Hassan At-Turabi, Staatsoberhaupt des Sudan, 1993 eine Predigt, die auf Video-Kassetten in den Geschäften amerikanischer Islamisten immer noch zum Verkauf angeboten wird:

„In der entscheidenden Passage beglückwünscht Turabi die amerikanischen Glaubensbrüder. Sie seien gut dran, wüchsen sie doch wie Moses im Haus des Pharao auf. Das ermögliche es ihnen, genau wie Moses, ‚das Haus des Pharao zum Einsturz zu bringen, von innen her!' Ein Außenstehender begreift vielleicht nicht sofort, was damit gemeint ist. Für Islamisten gibt es jedoch keinen Zweifel, nicht eine Sekunde lang, denn die Begriffe entstammen einer wohl bekannten Rhetorik der Islamistenliteratur. Mit dem Haus Pharao ist im weitesten Sinne Amerika gemeint. Im engeren Sinne bezeichnet der Begriff die Zentren und Symbole amerikanischer Macht, und ganz speziell das World Trade Center, das als Sinnbild und Schaltstelle der materialistischen Götzendiener gilt." (Michael Pohly/Khalid Durán, Osama bin Laden und der internationale Terrorismus, München 2001, S. 56f.)

Die als einseitig empfundene Politik der USA findet weit über die islamistischen Kreise Kritik in der muslimischen Welt. Anti-Amerikanismus erweist sich so als ein probates Mittel zur Vermittlung islamistischen Gedankenguts. Die von den arabischen Fernsehsendern immer wieder verbreiteten Berichte von den Folterszenen im Bagdader Gefängnis Ghreib haben eine enorme Auswirkung auf das Weltbild der Bevölkerung und diskreditieren die amerikanischen Bemühungen um die Installierung einer Demokratie nach westlichem Vorbild. Als typisch können die beiden Wandgemälde iranischer Künstler vom Juni 2004 angesehen werden (siehe Abbildung S. 177).

Der Kampf gegen Israel als Teilaspekt dieser Auseinandersetzung

Für die islamistischen Organisationen in Palästina wie Hamas oder Islamischer Dschihad ist der Kampf gegen Israel Hauptmotivation ihres Handelns, für den Islamismus insgesamt allerdings nur ein Teil ihres Kampfes gegen den Westen bzw. die USA. Amerikanischen und israelischen Wissenschaftlern wie Laqueur oder Kramer ist zuzugestehen, daß eine israelische Nachgiebig-

Wandgemälde in Teheran nach Fotos mit Folterszenen aus dem Gefängnis Ghreib in Bagdad, Juni 2004. (Quelle: Der Spiegel)

keit in der Nahost-Frage den Terror gegen den Westen kaum beenden wird. Ob dies auch für die islamistischen Palästinenser gilt, kann für die letzten Jahrzehnte nicht mit der gleichen Apodiktik gesagt werden. Zweifel an Bekundungen der Bereitschaft zu Waffenstillstand und Frieden, die auf Druck der rivalisierenden PLO und arabischer Regierungen erfolgten, sind berechtigt, bei der Hizbollah mehr, bei der Hamas etwas weniger. Die Ermordung der Hamas-Führer Yassin und Rantizi durch Israel 2004 dürfte eine mögliche Friedensbereitschaft der Hamas allerdings vorerst erstickt haben. Im Kampf gegen Israel werden dabei auch Motive des europäischen bzw. deutschen Antisemitismus bemüht.

Qutb äußert sich über die Juden in einem posthum in Saudi-Arabien veröffentlichten Buch, das „unserem Kampf gegen die Juden" gewidmet ist („Marakatuna ma'a al Yahūd", Dschidda 1970). Über den spezifischen arabischen Konflikt mir den Juden hinaus befaßt er sich darin auch mit der Rolle der Juden im Krieg gegen den Islam und ihrem schädlichen Einfluß auf die islamischen Werte. Bernard Lewis zitiert und kommentiert Qutb:
„ ‚Hinter der atheistischen, materialistischen Konzeption steht ein Jude (Marx); hinter der viehischen sexuellen Konzeption, ein Jude (Freud); hinter der Vernichtung der Familie und der Zerschlagung der Hälfte der gesellschaftlichen Bindungen, ein Jude (Durkheim).' Tatsächlich wurden die drei nicht von Saiyid Qutb mit Namen genannt, sondern von seinem Herausgeber, der in einer Fußnote noch einen vierten dazupackt, Jean-Paul Sartre, den er für diesen Zweck kurzerhand zum Juden macht und als geistigen Vater der Literatur der Auflösung und des Zerfalls zitiert. Vieles spricht dafür, dass Saiyid Qutb seine Inspiration für diese und andere antijüdischen (im Unterschied zu antiisraelischen und antizionistischen) Passagen aus europäischen oder amerikanischen Quellen bezog." (Zitiert nach: Bernard Lewis, Die Wut der arabischen Welt, Frankfurt a. M. 2003, S. 177.)

Richtete sich der Kampf der nationalistischen PLO gegen Israel, weil man einen eigenen Nationalstaat anstrebte, verschoben sich bei den Islamisten zunehmend die Akzente zu einem Kampf gegen Amerika, für das Israel nur stellvertretend steht. Umgekehrt entschloß sich die Bush-Administration, Scharons Siedlungspolitik zu stützen, weil dieser den gegen Amerika gerichteten Krieg gegen den Terrorismus unterstützte. Typisch für diese Akzentverschiebung eines regionalen Konflikts zu einem universellen ist, wie Scheikh Muhammad Hussein Fadlallah, geistiger Führer der Hizbollah, die israelische Invasion im Libanon 1982 darstellt:

„Dieser Invasion trat der islamische Faktor entgegen, der seine Wurzel in der islamischen Revolution im Iran hat. Und überall in diesen Ereignissen war Amerika der gemeinsame Nenner. Amerika wurde im allgemeinen als die große Nemesis hinter den Problemen der Region begriffen, aufgrund seiner Unterstützung von Israel und zahlreicher lokaler reaktionärer Regime und weil es sich selbst von allen Bestrebungen in dieser Region distanzierte, die Freiheit und Befreiung zum Ziel hatten.“ (Zitiert nach: Bruce Hoffmann, Terrorismus – der unerklärte Krieg, Frankfurt a. M. 1999, S. 126.)

Die Sicht des Westens: Muslime und Islamisten im Vergleich

Jaques Waardenburg hat das Verhältnis der Muslime zu allen anderen Kulturen untersucht. Für die Wahrnehmung des Westens unterscheidet er eine muslimische und eine islamistische Sicht. In der muslimischen Welt hat in der zweiten Hälfte des 20. Jahrhunderts der Begriff „Westen“ eine größere Bedeutung gewonnen als ältere Begriffe wie „Christentum“, „Franken“ oder „Europa“. Verstanden wird unter „Westen“ weniger ein geographischer Raum als vielmehr der atlantische Miltärblock des Kalten Krieges, vor allem aber Modernität im Sinne eines technischen und wirtschaftlichen Fortschritts, eine bestimmte Lebensform, aber auch Egoismus und Gottlosigkeit als ein gefährliches Vorbild für die übrige Welt. Diese differenzierende, Positives wie Negatives umfassende Sicht reduzieren Islamisten im Gefolge von Maududi und Qutb auf ein Bild des Westens als Feind:

„Islamistische Kritiker sehen sowohl den westlichen politischen und wirtschaftlichen Liberalismus als auch den von Marx

inspirierten Sozialismus und Kommunismus als Varianten eines westlichen ‚säkularen' Models von Gesellschaft an. Sie begreifen dieses säkulare Model als ein bewußtes Projekt von Seiten des Westens, die Welt mittels einer totalen ‚säkularen' Kolonisation aller Aspekte der Gesellschaft zu ‚verwestlichen'. Die Entstehung Israels wird als Werkzeug in diesem umfassenden Projekt gesehen, indem sie ein fremdes und feindliches Gebilde in das Herz des arabisch-muslimischen Ostens setzt, um ihn zu teilen und zu unterdrücken.

Solche islamistische Literatur ist konfliktorientiert und unterstreicht die Fortdauer eines immerwährenden ideologischen Konfliktes, der zwischen dem Islam und dem Westen im Laufe der Geschichte bestanden hat und besteht. Auf Seiten des Westens läßt sich von Anfang an ein Projekt erkennen, die Welt zu ‚verwestlichen', entweder durch eine mehr religiöse Christianisierung oder eine mehr kulturelle ‚Assimilation'. Im letzteren Fall schreiben sie dem Westen ein Bild des Ostens und des Islam zu, das besonders dazu konstruiert wurde, westlichen politischen Interessen zu dienen, während der Westen sich als menschliche Werte und kulturellen Fortschritt fördernd darstellt.

Diese Literatur sieht im Islam von seinen Anfängen an ein Projekt, die Welt zu ‚islamisieren'. Sie geht davon aus, daß dies nun zum ersehnten Erfolg gebracht werden sollte, im Gegensatz zur ‚Verwestlichung'. Muslime, die vom Westen fasziniert sind, sollten ‚entwesternisiert' werden, und Muslime im Allgemeinen sollten gegen die Versuchungen der Christianisierung verteidigt werden. Andererseits, wo immer möglich, sollten Christen dechristianisiert und zum Islam bekehrt werden. Die westliche Zivilisation sollte entmystifiziert und ihre negativen Auswirkungen sollten deutlich gemacht werden, während die Wahrheit des Islam unaufhörlich gezeigt werden sollte. In diesem großen ideologischen Konflikt versucht der Westen schon seit dem Mittelalter, den Islam zu verstehen, während der Islam erst viel später ein Interesse daran entwickelt, den Westen zu kennen.

Für Islamisten geht der Gegensatz zwischen dem Islam und dem Westen im wesentlichen auf den Konflikt zwischen dem Islam und der Säkularisierung zurück. Islamisten interpretieren die säkulare Ordnung und besonders die Ideologie des Säkularis-

mus, die vom Westen ausgeht, als den wahren Feind des Islam." (Jacques Waardenburg, Muslims and Others. Relations in Context, New York 2003, S. 252. Aus dem Englischen übersetzt von G. Gemein.)

Ein ambivalentes Verhältnis zur Moderne

Der Islamismus lehnt die Moderne nicht generell ab; technische Errungenschaften werden durchaus gutgeheißen, moderne Medien zur Verbreitung seiner Ideen ausgiebig genutzt. Die Ablehnung gilt vorrangig säkularen Ideen und Lebensformen der westlichen Welt. Lerch spricht daher zu Recht von der „halben Moderne", die übernommen wurde. Dies gilt schon für die frühen Theoretiker. Maududi lehnt die Moderne nicht grundsätzlich ab; doch sollte diese unter Führung und im Namen des Islam stattfinden. Manche Gelehrte wie Nasr oder Esposito begründen aus dieser Einstellung ihre Begrifflichkeit, wenn sie statt „Islamismus" Vokabeln wie „revivalism" oder „renaissance" vorziehen. Nasr zitiert in diesem Zusammenhang Maududi:

„*Wir erhoffen eine islamische Wiedergeburt auf der Grundlage des Koran. Für uns sind der koranische Geist und die islamischen Lehrsätze unveränderbar; aber bei der Anwendung dieses Geistes im Reich des praktischen Lebens muß er sich immer mit dem Wandel der Bedingungen und dem Zuwachs an Wissen ändern (...). Unser Weg ist ganz verschieden von dem der muslimischen Gelehrten der jüngeren Vergangenheit und dem modernen europäisierten Bestand. Auf der einen Seite haben wir uns genau den koranischen Geist zu eigen zu machen und unsere Auffassungen mit den islamischen Grundsätzen zeitwährend gleichzusetzen; auf der anderen Seite haben wir vollkommen die Entwicklung auf dem Feld der Kenntnisse und die Änderungen in den Lebensbedingungen, die die letzten achthundert Jahre gebracht haben, nachzuvollziehen; und drittens haben wir diese Ideen und Gesetze des Lebens in die wahre islamische Richtung so einzuordnen, daß der Islam einmal wieder eine dynamische Kraft wird, der Führer der Welt statt ihr Gefolgsmann.*" (Zitiert nach: Seyyed Vali Reza Nasr, Mawdudi and the Making of

Islamic Revivalism, Oxford 1996, S. 51. Aus dem Englischen übersetzt von G. Gemein.)

Qutb lehnt nicht die Moderne an sich ab. Bestimmte Aspekte wie die Industrialisierung werden befürwortet; er unterscheidet sich in diesem Punkt von Teilen des christlichen Fundamentalismus. Qutb wehrt sich ausdrücklich gegen den Vorwurf der Antimodernität des Islam:

„Islam ist eine ununterbrochene Bewegung für den Fortschritt des Lebens. Er akzeptiert die vorhandenen Bedingungen einer bestimmten Zeit oder Generation nicht, noch rechtfertigt er sie oder verherrlicht sie, weil sie existieren. Die wichtigste Mission des Islam ist es, solche Bedingungen zu ändern oder zu verbessern und ständig Vorschläge für eine schöpferische und schaffende Bewegung für neue Formen des Lebens zu machen." (Zitiert nach: Peter Heine, Terror in Allahs Namen, Freiburg i. Br. 2001, S. 109.)

Die gleiche Grundeinstellung hat auch der islamische Fundamentalist Hasan al-Scharqawi; er bringt die Sache auf den Punkt:

„Als Kemal Atatürk (die Muslime) dazu aufrief, dem Westen nachzueifern, dachte er an nichts anderes, als es dem Westen gleichzutun (...). Dies ist nicht unsere Absicht. Unser Ziel ist es zu lernen, wie man moderne Waffen anwendet und mehr als das, wie man sie produziert und weiterentwickelt, damit wir unsere Feinde schlagen können." (Hasan al-Scharqawi, Muslime als Wissenschaftler und Weise, Kairo 1987, S. 12; zitiert nach: Bassam Tibi, Fundamentalismus im Islam – eine Gefahr für den Weltfrieden? Darmstadt 2000, S. 49.)

Der Nahost-Experte der Frankfurter Allgemeinen Zeitung und Autor kenntnisreicher Bücher über diesen Raum, Wolfgang Günter Lerch, sieht in der fehlenden Aufklärung eine Ursache für die Rückständigkeit der islamischen Welt, die daher nur die „halbe" Moderne übernimmt:

„Wenn aber etwas unterentwickelt sein mag im islamischen Orient, dann ist es eben dieses kritische ‚sapere aude'. Statt dessen beschwört man die glorreiche Vergangenheit, die den Nach-

teil hat, vergangen zu sein. Vor allem die Religion und die Sexualität sind zu Themen geworden, die absolut tabu sind. Hier gibt es momentan kein ‚sapere aude'; und wenn, dann nur unter Gefahr für Leib und Leben oder im Exil. Auf dem Felde der Sexualität ist das erstaunlich, denn gerade hier hatte der klassische Islam immer vernünftigere, natürlichere, menschlichere Ansichten als das Christentum. Es ist kein Wunder, daß unter dem Druck der Islamisten vor allem die Theorien von Darwin (1809–1882) und Freud (1856–1939) in der islamischen Welt weitgehend einem Verdikt verfallen sind. So vermag der Autor in den nahöstlichen Ländern allenfalls eine ‚halbe Moderne' zu erkennen, die sich in der Übernahme der westlichen Technik und westlicher Zivilisationsgüter erschöpft und die teilweise aus Elementen des westlichen Denkens besteht, die dem Nahen Osten in der Zeit des Kolonialismus von außen übergestülpt, aber auch von verwestlichten Eliten, die oft in Europa oder Amerika studiert hatten, begierig und voller Hoffnung übernommen hatten." (Wolfgang Günter Lerch, Brennpunkt Naher Osten. Der lange Weg zum Frieden, München 1996, S. 28f.)

Der französische Fachmann Olivier Roy sieht nicht nur ein Interdependenzverhältnis zwischen Islamismus und westlicher Moderne, sondern er betrachtet ersteren als „Erzeugnis des Westens". Aufgrund dieser Analyse prägte er seinen Begriff „Neofundamentalismus". Seine Gedanken führte er in einem Interview mit Djénane Kareh Tager im Frühsommer 2004 aus:

„Tager: Laßt uns bei den Muslimen beginnen, für welche Sie den Terminus ‚Neofundamentalisten' geprägt haben. Sie tragen Bärte oder einen Schleier und man fragt sich, wo darin die Modernität steckt?

Roy: Um sie zu bezeichnen, habe ich für sie mit voller Absicht den Ausdruck ‚Neofundamentalisten' eingeführt. Denn in der Tat sind diejenigen, die uns die Medien, im Gegensatz zu den freiheitsliebenden verwestlichten und sympathischen (Muslimen) als fortschrittsfeindliche Fundamentalisten präsentieren, im Grunde ein Erzeugnis des Westens: Sie bieten uns keinen aus dem Mittleren Orient importierten traditionellen Islam an, sondern eine moderne Rekonstruktion des Islam. Neo-Fundamentalismus und Moderne einander gegenüberzustellen ist absurd, und dies gilt ebenso für den Islam wie für das Christentum, dessen besonders hervorstechende Bewegungen die fundamentalistischen Evangelisten Amerikas sind. Die Strömung des muslimischen Neofundamentalismus attackiert vor allem die traditionellen Islamrichtungen. Weder die afghanischen Taliban noch die Salafiten der französischen Vorstädte zielen mehr auf den Westen als auf die traditionellen muslimischen Kulturen! Indem sie den Islam der Großväter angreifen, tragen sie aber, durch Einführung des Phänomens der allgemeinen Dekulturation (Entfremdung) zur Globalisierung bei. Anders gesagt, es kann für sie keine Kultur außerhalb der Religion geben, selbst und vor allem, wenn es sich um die traditionelle Kultur der Ursprungsländer derselben handelt. In diesem Sinne ist der Neofundamentalismus, da er ein agens (eine Kraft) der Dekulturation darstellt, völlig an die Globalisierung angepaßt (...).

Tager: Wer ‚Individuum' sagt, sagt auch ‚Entwicklung dieses Individuums'. Trägt der muslimische Neofundamentalismus dieser Tatsache Rechnung?

Roy: Er beharrt auf der Heilsvorstellung als höchste Form der Entwicklung. Von der tausendjährigen, eschatologischen Seite her betrachtet, die sehr tief im Christentum wurzelt, muß ich daran denken, daß der Neofundamentalismus eine Art Christentum im Islam darstellt. Die Heilsangst ist im klassisch islamischen Denken nicht zentral, sitzt jedoch mitten im Herzen der salafitischen Neofundamentalisten. Dieses, was ich über die Christianisierung gesagt habe, wurde nicht von der richtigen Seite betrachtet: Es ist eine Christianisierung à la Mel Gibson (...).

Tager: Sie sind der Vater der Theorie einer ‚Verwestlichung des Islam'. Trifft er sich hier mit seiner Christianisierung ? (= Beinhaltet dies seine Christianisierung? Anm. d. Übers.)

Roy: Es ist noch umfassender. Ich stelle tatsächlich verwestlichte Formen der Religiosität fest, gegründet auf das Individuum und seine Entwicklung, den Direktzugang zum Wissen, die Heilserwartung, aber auch die (freie) Wahl der Art dieses Heils, hier auf Erden oder nach dem Tode. Fragen Sie die jungen verschleierten Mädchen: Sie werden Ihnen sagen, daß sie den Schleier selbst gewählt haben. Gewählt unabhängig von der Familie, dem Milieu und den Traditionen. Mit welchem Recht entgegnet man ihnen, daß ihre Auffassung von Entfaltung (Entwicklung) nicht gut sei? Daß sie sich entfremden? Und übrigens, da trifft man auf ein sehr modernes Problem: Was ist (bedeutet) die Entfremdung?“ (Le Monde des Religions, „L‘islam en voi d’occidentalisation“, No 5, Mai – Juin 2004, p. 47–49. Aus dem Französischen übersetzt von H. Redmer.)

Nicht ganz so weit wie Roy, der den Islamismus für „ein Kind des Westens“ hält, gehen andere Forscher. Durchgängig wird allerdings ein enges Abhängigkeits- bzw. Interdependenzverhältnis gesehen. In seiner grundlegenden Untersuchung des Islam hat Jacques Waardenburg auch das Verhältnis von Islam und Islamismus zum Westen analysiert. Die Zusammenfassung seiner Ergebnisse bezieht sich überwiegend auf islamistisches Schrifttum:

„*Da Beziehungen zwischen der muslimischen und der europäischen Welt bestehen, scheint es mir, daß zumindest eine beträchtliche Anzahl der islamischen Ideologien als ein ideologischer Widerstand und Protest gegen ausländische Dominanz, Einmischung und einem als gefährlich empfundenen Einfluß entwickelt wurden. Sicherlich gab es Ideologie zugunsten einer Öffnung nach Europa oder dem Westen im Allgemeinen. Aber im Rückblick gab es viel zahlreichere Ideologien, die den Islam gegen wirkliche oder empfundene Angriffe aus dem Westen verteidigten. Die bestehenden antiamerikanischen, antikommunistischen und antizionistischen Publikationen sind einfach niederdrückend in ihrer politischen Simplizität und dem Mangel an Selbstkritik; dasselbe gilt für die Schriften gegen Missionare, Orientalisten und andere Übeltäter gegen den Islam. Ähnliche ideologische Anschuldigungen werden gegen innere Feinde gemacht: Baha‘is, Ahmadis, Säkularisten. Islamische Ideologien scheinen eine Art natürlicher oder angeborener Reflex gegen Drohungen zu sein, die nicht so sehr zu kreativen Äußerungen oder Aktionen führen als zu Widerlegung mittels Ideen.*“ (Jacques Waardenburg, Islam. Historical, Social and Political Perspektives, New York 2002, S. 325. Aus dem Amerikanischen übersetzt von G. Gemein.)

Auch für den christlichen Islamexperten Theodor Khoury ist der moderne Islamismus eine Reaktion auf den Westen bzw. die Kolonialzeit. Ähnlich wie sein (katholischer) amerikanischer Kollege Esposito setzt er den Islamismus mit einer islamischen Renaissance gleich. Diese tendenziell verharmlosende Sicht, die charakteristische Eigenheiten des Islamismus eher verschleiert, ist die Voraussetzung für die „Dialogfähigkeit" beider Wissenschaftler, die auch von islamischer Seite akzeptiert werden.

„*Befreiung von der Entfremdung*

Die heutige Renaissance des Islams erscheint manchmal in ihrer Wucht als eine kämpferische Reaktion gegen die Unterdrükkung der islamischen Tradition in den islamischen Ländern selbst während der Kolonialzeit. So reagieren die militanten Führer der Islamisten gegen diese langjährige Entfremdung. Sie reagieren auch wie Menschen und Gemeinschaften, die lange Zeit in ihrer Identität angegriffen und verschiedenartigen Demütigungen ausgesetzt waren. So suchen nun die Muslime, sich von den Überbleibseln der Kolonialzeit zu befreien: von den fremden Wertevorstellungen, den fremden Erziehungsmethoden, den fremden politischen Strukturen, wie Demokratie und westlich gedachten Menschenrechten.

Damit geht die Suche nach den Grundlagen der eignen Identität einher. Hier spielt die religiöse Tradition des Islams eine bedeutende Rolle. Denn der Islam betont, dass er als Religion und als Gesellschaftsordnung eine universale Aufgabe zu erfüllen hat. Wenn sich also die Muslime gegen die kulturelle Entfremdung auflehnen und gegen die religiöse Verarmung stemmen, so bedenken sie, dass der Islam sich als die Religion versteht, die für alle Menschen bestimmt ist und ihnen allen als die verpflichtende Grundlage ihrer Kultur und ihrer Frömmigkeit dienen soll.

Die Islamisten suchen, die Hemmungen, die die mindere Stellung der islamischen Völker gegenüber den überlegenen Kolonialherren und den übrigen Industriestaaten in Ost und West verankert hatten, nach und nach mit mehr oder weniger Eile und Wucht zu überwinden. Gegenüber den anderen Völkern und Staaten, Religionen und Kulturen heben sie ihr eigenes Erbe hervor, sie streben an, ihre eigene Geschichte wieder zur Geltung zu bringen, ihre eigene Identität auf der Grundlage der islamischen

Tradition zu betonen. Dazu kommt die Sicherheit, die der islamische Glaube ihnen verleiht, die Zusicherung, dass sie, unter der Leitung Gottes und im Licht des Korans, ‚die beste Gemeinschaft (seien), die je unter den Menschen hervorgebracht worden ist' (Koran 3, 110). Es gibt viele Muslime und muslimische Gruppen, die aus Überreaktion gegen die Demütigungen der jüngsten Vergangenheit und gegen die dadurch bei ihnen entstandenen Minderwertigkeitsgefühle nun übermäßige Überlegenheitsgefühle mit ihren komplexen Folgen entwickeln. Gestärkt durch die Gewissheit und Zuversicht des Glaubens, erheben die Islamisten heute den Anspruch, auf der Weltebene und als Alternative zum Christentum und zu allen anderen Weltanschauungen und politischen Systemen die bessere Alternative zu sein und das neue Gewissen der Menschheit zu werden." (Adel Theodor Khoury, Der Islam und die westliche Welt, Darmstadt 2001, S. 128f.)

Dieses ambivalente Verhältnis von Islamisten ist auch für die Predigten von Abdullah al-Qaradawi charakteristisch. Er ist Absolvent von al-Azhar und Moslembruder, Direktor des Zentrums für „Sunna und Sira" an der Universität Qatar und häufig im Sender al-Dschazira zu sehen, hat mithin eine erhebliche Wirkung auf die öffentliche Meinung der arabischen Welt. Er kritisiert eine Bigotterie, die seit neuestem in der islamischen Welt in Erscheinung trete, fordert ein Festhalten an den religiösen und moralischen Traditionen, wobei die „besten" Aspekte der westlichen Kultur durchaus angeeignet werden dürfen. Ein zentraler Punkt seines Denkens ist „Mäßigung", weil der Prophet einen „Mittelweg" des religiösen Lebens gebracht habe, er lehnt von daher den gegenwärtigen Extremismus in einigen Teilen der islamischen Welt ab und betont den Islam als eine „Religion des Friedens". Vom Westen verlangt er eine Anerkennung der muslimischen Lebensform. Seine Zivilisationskritik am Westen ist mit der Selbstdarstellung des Islam verbunden, der über Jahrhunderte die Werte der sozialen Gerechtigkeit, der Nächstenliebe, der Gleichheit und Toleranz in den Mittelpunkt des islamischen Bewußtseins gerückt und in sozialen und politischen Institutionen umgesetzt habe. An den gegenwärtigen extremen, auch terroristischen Ausdrucksformen des Islam, die die „heiligsten Grundsätze" dieser Religion „mit Füßen tritt", wird dem Westen zwar nicht die ganze, aber doch eine erhebliche Mitschuld gegeben.

3.4 Islamistisches Staatsverständnis – unvereinbar mit westlicher Demokratie?

Für die islamische Frühzeit ist die Religion das staatsbildende Prinzip; sie gestaltet die umma, also die Gemeinschaft der Gläubigen, und den Staat. Man kann im Grundsatz von einer Theokratie sprechen, bei der Gott das unsichtbare Staatsoberhaupt darstellte. Aufgabe der Kalifen als Nachfolger des Propheten war es vorrangig, „eine geordnete Existenz für die islamische Gemeinschaft zu gewährleisten, in der die Gläubigen rechtschaffen nach Gottes Geboten leben können" (Tworuschka 2002, S. 101). Damit wird ein aus westlicher Sicht eher moralisch-religiöser Auftrag zur staatlichen Hauptaufgabe. Dies hat bedeutsame Konsequenzen: Die ideelle Einheit von Religion und Staat – die Reihenfolge der beiden Begriffe ist bewußt gewählt – verhindert die Entstehung einer „Kirche" als eigenständige Institution wie im europäischen Westen, sie ist letztlich auch Ursache dafür, daß in der islamischen Geschichte im Mittelalter und in der Neuzeit keine dem Westen vergleichbare Diskussion über Staatsverständnis und Staatsrechtslehre stattfindet, obwohl Ansätze gegeben und Anlässe genügend vorhanden waren. Der Kalif, der in der klassischen Epoche geistliche und weltliche Macht in einer Person vereinigte, genießt spätestens nach der türkischen (seldschukischen) Landnahme nur noch eine geistliche Autorität. Die islamische Staatenwelt des Mittelalters entwickelt eine Vielzahl von Herrschaftsformen, bei der staatliche Autorität nicht immer als gottgegeben anerkannt wurde; religiöse Reformbewegungen standen dagegen auf.

Muslime sind verpflichtet, staatliche Autoritäten anzuerkennen: „Gehorcht Gott, seinem Gesandten und denjenigen, die den Befehl unter euch haben!" (Sure 4, 59). Für die Entstehungszeit des Textes ist die Glaubenseinheit von Befehlsgebern und Befehlsempfängern selbstverständlich. Interpretationsbedarf, aber auch Gewissenskonflikt für den einzelnen entstand ab dem Zeitpunkt, als Muslime unter glaubensfremde Herrschaft gerieten. Die Flüchtlingsströme ins Osmanische Reich aus dem Kaukasus und dem Balkan im Gefolge der russischen Landnahme haben hier eine mentalitätsgeschichtliche Ursache, weil die Gläubigen die Flucht in das Reich des Kalifen, hier des osmanischen Sultans, dem Verbleiben in der Heimat unter ungläubiger Herrschaft vorzogen. Dieses „Fluchtverhalten“ bestätigt aber auch das für die gesamte islamische Geschichte konstituierende Verhalten, Obrigkeit nicht in Frage zu stellen; lediglich der schiitische Islam kennt ein Widerstandsrecht gegen ungerechte Herrscher. Im sunnitischen Islam darf der Herrscher zwar die religiösen Gesetze nur auslegen und nicht abändern, aber er ist während seiner Regierungszeit keinem Kontrollgremium, sondern nur sich selbst verantwortlich, weil er nach seinem Tod dem höchsten Souverän, Gott, Rechenschaft ablegen muß. Die im Koran empfohlene Shura, eine Ratsversammlung, die vom Euro-Islam bzw. modernen islamischen Interpreten als Keimzelle einer parlamentarische Vertretung verstanden wird, hat ursprünglich keine kontrollierende oder gesetzgebende Funktion; sie war meist eine Art Lagebesprechung mit vom Herrscher ausgewählten Personen und Themen. Eine Ausnahme bildet das spanische Ommayadenreich, in dem sie zur festen Institution wird; das westeuropäische Vorbild mag hier Pate gestanden haben.

Mit der traditionellen gouvernementalen Einstellung der Muslime bricht der moderne Islamismus radikal. Dies ist gleichzeitig ein Abrücken von dem traditionellen Verständnis von Sure 4, 59, die jetzt anders gelesen wird: Gehorsam gilt nur denjenigen, die Befehl „unter euch“, das heißt unter den Rechtgläubigen, haben. Damit wird die traditionelle Gehorsamspflicht gegenüber angeblich abtrünnigen muslimischen Herrschern und Regimen, aber auch gegenüber nicht-muslimischer Herrschaft aufgegeben. Das hat für westeuropäische Länder wie England, Frankreich und Deutschland mit ihrem hohen Anteil muslimischer Migranten bedeutsame Folgen, weil deren fundamentalistischer Anteil die demokratische Staatsform und deren Gesetze allenfalls aus taktischen Gründen, nicht vom Grundsatz her anerkennt.

Dokumente und Materialien

Islamistisches Staatsverständnis

Ibn Taimijja, der von 1263 bis 1328 in Ägypten und Syrien lebte, gehört zu den wenigen mittelalterlichen Autoren, die sich mit politischer Theorie beschäftigten:

„Aus dem Buch (dem Koran), der Sunna (Gewohnheit des Propheten) und der allgemeinen Einmütigkeit des muslimischen Volkes geht begründet hervor, daß bekämpft werden soll, wer das Gesetz des Islams aufgibt, auch wenn er einst die beiden Glaubensformeln (das heißt die Schahada, das Bekenntnis des Islams ausgesprochen haben mag) (...). Im Hinblick auf rebellische Gruppen, die einen freiwilligen, aber festgelegten Teil der Andacht vernachlässigen, mag es Meinungsunterschiede geben (...), doch gibt es keine Ungewißheit im Hinblick auf die Pflichten und Verbote, die klar und allgemeinverständlich sind. Wer sie vernachlässigt, muß bekämpft werden, bis er sich einverstanden erklärt, diese Pflichten und Verbote (wieder) zu befolgen (...).“ (Zitiert nach: Wolfgang Günter Lerch, Muhammeds Erben. Die unbekannte Vielfalt des Islam, Düsseldorf 1999, S. 43.)

Die Idee eines übernationalen Staates, den die umma, die Gemeinschaft der Gläubigen bildet, ist von der islamistischen Muslim-Bruderschaft formuliert worden. In einer Erklärung von 1935 heißt es:

„Die Muslims sind ein Volk, das verbunden ist durch den islamischen Glauben. Der Islam weist seine Söhne an zum Wohltun gegenüber allen Menschen und macht es seinen Mitgliedern zur Pflicht, Anstrengungen zu machen, um die brüderliche Beziehung zwischen allen Muslims zu stärken und den Hass sowie die Meinungsverschiedenheiten zwischen ihren Gruppen und Teilen zu beseitigen.“ (Zitiert nach: Eberhard Serauky, Geschichte des Islam, Tübingen 2003, S. 432.)

Dieser Gedanke findet sich auch bei Qutb, für den allerdings andere Aspekte eine größere Bedeutung haben:

„Dschahilijja (‚Heidentum‘) bedeutet Herrschaft des Menschen über den Menschen oder vielmehr Unterordnung unter den Menschen statt unter Gott (Allah). Es meint Ablehnung der Vollkommenheit Gottes und Liebedienerei gegenüber Sterblichen. In diesem Sinne bezeichnet Dschahilijja nicht nur einen bestimmten historischen Zeitabschnitt, sondern einen Zustand. Einen solchen Zustand menschlicher Verhältnisse gab es früher, gibt es heute und wird es vielleicht auch in Zukunft in Gestalt von Dschahilijja, diesem Zerrbild und Todfeind des Islams, geben. Immer und überall stehen Menschen vor der klar umrissenen Wahl: entweder das Gesetz Gottes als Ganzes zu befolgen oder die von diesem oder jenem Menschen aufgestellten Gesetze anzuwenden. In letzterem Fall befinden sie sich im Zustand der Dschahilijja. Der Mensch steht am Scheideweg und muß sich entscheiden: Islam oder Dschahilijja (...).“ (Zitiert nach: Wolfgang Günter Lerch, Muhammeds Erben. Die unbekannte Vielfalt des Islam, Düsseldorf 1999, S. 43.)

Der Text des indo-muslimische Theoretikers Maududi zeigt die geistige Verwandtschaft mit Ibn Taimiyya und Qutb:

„Ein anderes Kennzeichen des islamischen Staates besteht darin, daß er ein ideologischer Staat ist. Aus einer sorgfältigen Untersuchung des Korans und der Sunna geht klar hervor, daß der Staat im Islam auf einer Ideologie beruht und daß es sein Ziel ist, diese Ideologie zur Macht zu bringen (...). Es geht aus dieser Natur des islamischen Staates unmißverständlich hervor, daß solch ein Staat von denen regiert werden muß, die an seine Ideologie glauben sowie an das göttliche Gesetz, das sie anzuwenden haben. Die Verwalter dieses islamischen Staates müssen jene sein, deren ganzes Leben der Bewahrung und Verwirklichung dieses Gesetzes gewidmet ist.“ (Zitiert nach: Wolfgang Günter Lerch, Muhammeds Erben. Die unbekannte Vielfalt des Islam, Düsseldorf 1999, S. 43.)

Maududi gilt als der ideologischer Vater des modernen pakistanischen Staates. Die Wirkung seiner Ideen zeigt der folgende Text von Javid Iqbal, Richter am obersten islamischen Gericht in Pakistan. Er unterscheidet den säkularen Staat vom islamischen:

„Allahs Staat, oder das Königreich Gottes auf Erden, und die Muslime bilden die Partei Allahs (hizbullah) (...) Die formale Bezeichnung für einen Staat, der in Übereinstimmung mit dem islamischen Gesetz organisiert und verwaltet wird, lautet dar al-salam (Land des Friedens). Wenn ein dar al-salam oder islamischer Staat von einer nicht-muslimischen Macht unterjocht wird, verwandelt er sich in ein dar al-harb (Land des Krieges), und den Muslimen bleiben nur zwei Möglichkeiten: entweder einen jihad zu führen, um ihren unabhängigen Status wiederzugewinnen, oder in ein moslemisches Land zu emigrieren (hijra).

In einem islamischen Staat wird dem Volk keine volle Souveränität verliehen, noch hat die Führung des Staates oder das Parlament absolute Autorität inne. Volle Souveränität und absolute Autorität ruhen allein in Gott, und das einzige, in einem islamischen Staat gültige Prinzip besteht in der Vorherrschaft des islamischen Gesetzes.

Ein moderner säkularer Staat muß drei Kennzeichen aufweisen: er muß volle Souveränität besitzen, er muß ein Nationalstaat sein, und er muß genau definierte Territorien umschließen. Wenn diese drei Bedingungen erfüllt sind, kann ein Staat legitimerweise von sich sagen, er sei souverän. Ein islamischer Staat jedoch, der von diesem Standpunkt aus betrachtet zwar souverän ist, besitzt tatsächlich aber keine volle Souveränität, weil gemäß dem islamischen Glauben die letzte Souveränität allein bei Gott liegt. Genau genommen handelt es sich auch nicht um einen nationalen Staat, weil die moslemische Gemeinschaft (umma) eine Gemeinschaft des Glaubens ist, der Menschen unterschiedlichster Abstammung, Rassen oder Nationalitäten angehören können, die verschiedene Sprachen sprechen oder verschiedener Hautfarbe sind, aber in einer allen gemeinsamen, spirituellen Welt leben, die im islamischen Glauben verankert ist. Demzufolge ist ein islamischer Staat ein multinationaler Staat. Ein islamischer Staat ist kein Territorialstaat im strengen Sinne des Wortes, weil er danach strebt, ein universaler Staat zu werden. Trotzdem ist er kein utopischer oder imaginärer Staat. Er muß anfangs als territorialer Staat gegründet werden, obgleich man von ihm erwartet, daß er seine Grenzen ausgedehnt." (Javid Iqbal, Democracy and the Modern Islamic State, in: John L. Esposito (Hg.), Voices of Resurgent Islam, 1983, S. 252, 254. Zitiert nach: Martin E. Marty u. R. Scott Appleby, Herausforderung Fundamentalismus, Frankfurt a. M. 1996, S. 152.)

Islamismus und westliche Demokratie

Mit der Ablehnung des Westens korrepondiert auch die der Demokratie. Sie ist auf der Souveränitat des Volkes aufgebaut, postuliert die Eigenständigkeit des Menschen. Dies sind für den Islamisten säkulare Vorstellungen, dem die allumfassende Souveränität Allahs gegenübersteht, dem der Mensch unterworfen ist. Maududi lehnt daher die Demokratie ab:

„Ich sage es Euch Muslimen in aller Offenheit, daß die säkulare Demokratie in jeder Hinsicht im Widerspruch zu Eurer Religion und zu Eurem Glauben steht. Der Islam, an den Ihr glaubt und wonach Ihr Euch Muslime nennt, unterscheidet sich von diesem häßlichen System total (...). Selbst in Bagatellangelegenheiten kann es keine Übereinstimmung zwischen Islam und Demokratie geben, weil sie einander diametral widersprechen. Dort, wo das politische System der Demokratie und des säkularen Nationalstaates dominiert, gibt es keinen Islam. Dort, wo der Islam vorherrscht, darf es jenes System nicht geben." (Zitiert nach Bassam Tibi, Der religiöse Fundamentalismus im Übergang zum 21. Jahrhundert, Mannheim 1995, S. 23.)

Viele Islamisten, aber auch westliche Kenner gehen von einer Unvereinbarkeit von Islam und Demokratie aus. Dazu König Fahd von Saudi-Arabien in einem Interview am 28. März 1992:

„Das vorherrschende demokratische System auf der Welt ist für uns in dieser Region nicht passend. Wir haben unseren eigenen muslimischen Glauben, der ein vollständiges System und eine vollständige Religion ist. Wahlen fallen nicht in den Bereich der muslimischen Religion." (Zitiert nach: Lisa Anderson, Fulfilling Prophecies: State Policy and Islamist Radicalism, in: John L. Esposito, Political Islam. Revolution, Radicalism or Reform?, Boulder California 1997, S. 25. Aus dem Amerikanischen übersetzt von G. Gemein.

Diese Position hatte schon Kronprinz Abdullah bezogen, als in den 1960er Jahren Talal ibn Abdul Aziz unter dem Einfluß der Ideen Nassers in der Bewegung „Freier Prinzen" radikale Neuerungen forderte; Talal, einer der 36 Söhne König Sauds und Sohn einer armenischen Sklavin, gehörte nicht zum inneren Machtzirkel, er wurde ins Exil gezwungen.

„Talal behauptet, dass es in Saudi-Arabien keine Verfassung gebe, die demokratische Freiheiten schützt. Aber Talal weiß ganz genau, dass Saudi-Arabien eine von Allah inspirierte Verfassung hat, die nicht von Menschenhand stammt. Ich glaube nicht, dass es auch nur einen Araber gibt, der meint, der Koran enthalte ein einziges Schlupfloch, das Unrecht zulassen würde. Alle Gesetze und Vorschriften sind vom Koran inspiriert, und Saudi-Arabien ist stolz, eine solche Verfassung zu besitzen (...). Was Talals Stellungnahme zum Sozialismus betrifft, so etwas wie rechten oder linken Sozialismus gibt es gar nicht; der wahre Sozialismus ist der arabische Sozialismus, wie er im Koran dargelegt ist. Talal hat auch viel über Demokratie geredet. Er weiß aber: Wenn es ein wahrhaft demokratisches System auf der Welt gibt, dann ist es das heute in Saudi-Arabien existierende." (Zitiert nach: Tariq Ali, Fundamentalismus im Kampf um die Weltordnung, Kreuzlingen 2002, S. 392.)

Ali Benhadj gründete zusammen mit Abbassi Madani am 18. Februar 1989 die algerische FIS und wurde deren Vizepräsident. Für ihn ist die Demokratie die Lehre des ungläubigen Westens:

„Unter allen Gründen, derenthalben wir die demokratische Lehre ablehnen, sticht die Tatsache hervor, daß die Demokratie auf der Meinung der Mehrheit beruht, ganz zu schweigen von der Eigenheit dieser Mehrheit: Es wird davon ausgegangen, daß die Meinung der Mehrheit das Kriterium dessen bildet, was gerecht und vernünftig ist. Man sieht, wie Führer demokratischer Parteien zum Ziel des Stimmenfangs in den Wahlkämpfen, von diesem Prinzip ausgehend, mit allen Mitteln versuchen, sich mit der größtmöglichen Anzahl von Menschen in Übereinstimmung zu bringen, auch wenn es zum Schaden des Glaubens, der Würde, der Religion und der Männlichkeit wäre. (...) Was uns, die ‚Leute der Sunna' betrifft, so glauben wir, daß das Recht (haqq) nur aus

*den entscheidenden Zeugnissen der Scharia erkannt wird, und nicht von der Menge der Handelnden und der demagogischen Stimmen erkannt werden kann. Klein war die Zahl derer, die dem Propheten folgen, wohingegen die, die ihren Götzen folgten, eine Menge waren. Gott sei gelobt und gepriesen! Er sagte von Noah, nachdem dieser 950 Jahre bei seinem Volk geblieben war: ‚Die seinen Glauben teilten waren wenige' (...) Wir verwerfen die Demokratie, die die Lehre des ungläubigen Westens ist (...). Diese Frage ist der Erläuterung bedürftig in einer Epoche, in der sich die Menschen von der Scharia abgewandt haben, denn die Demokratie, die in den muslimischen Ländern am Werk ist, stellt eine Art verachtenswürdiger Bettelei dar. Für den Scheich Mohammed Al-Ghazali sind ‚die vernünftigen Leute sich einig darüber, daß der Mensch, der bettelt, obwohl er bei sich zu Hause alles hat, sich sehr seltsam verhält. Wenn ihm dies zur Gewohnheit wird, ist er ein kranker Mensch, der Züchtigung verdient.' Nationen, die in dieser Weise handeln, sind um nichts mehr wert als diese Individuen. Eine Nation, die über ein beträchtliches moralisches und kulturelles Erbe verfügt, handelt absonderlich, wenn sie diese Schätze vergißt (...) und versucht, einer orientalischen oder westlichen Front beizutreten, wenn sie nicht mehr dem zustimmt, was man bald als die Rechte, bald als die Linke bezeichnet. Gott dagegen hat nur eine einzige Farbe gewollt: ‚Die Farbe Gottes! Aber wer kann uns eine bessere Farbe geben als Gott selbst, wenn wir ihn anbeten.' “ (*Ali Benhadj, Die Demokratie, die die Lehre des ungläubigen Westens ist, aus: Blätter für deutsche und internationale Politik, 37. Jg. 1992, Heft 3: Dokumente zur Entwicklung in Algerien, S. 378f.)

Die Position von Ali Benhadj faßt der franzöische Arabist und Islamkenner Kepel zusammen:

„Die deutlichste und am konsequentesten ausformulierte Stellungnahme der FIS zur Frage der Demokratie stellt ein umfangreicher Text von Ali Benhadj dar, der unter dem Titel ‚Das Haupt der Lehre von der Demokratie zerschmettern' in drei Fortsetzungen in ‚Al Munqidh' erschien. Der Ausdruck ‚zerschmettern' bezieht sich auf den Koran: ‚Nein, wir schleudern die Wahrheit wider die Lüge, und sie zerschmettert ihr das

Haupt, und siehe, sie vergeht.' Als Motto erlaubt dieses Zitat eine Gleichsetzung der ,Lehre von der Demokratie' mit Unwahrheit, mit dem, was in den Augen Gottes ,falsch' ist. ,Eine der gefährlichsten Heimsuchungen, denen die Muslime in ihrer langen Geschichte und vor allem in unserer Zeit ausgesetzt waren', schreibt Ali Benhadj, ,ist, daß sie gottlose Lehren und gefährliche intellektuelle Irrlehren übernehmen, die Gott mit keiner Macht ausgestattet hat (...), weil sie das, was man ihnen erzählt, nicht mit der Elle des Korans, der Sunna und der frommen Vorfahren (salaf) messen. Sie haben sich darauf verlegt, Schlagworte zu wiederholen (...), die einem Grab gleichen: Die Einfassungen sind von Blumen bewachsen, doch darunter liegt die Fäulnis begraben. (...) Und zu diesen ekelerregenden intellektuellen Irrlehren, die den Geist der Menschen in Bann geschlagen und sich ihrer Herzen bemächtigt haben, denen groß und klein, Unschuldige und Lasterhafte Beifall klatschen, gehört die Demokratie – die sie von morgens bis abends preisen, anstatt vor ihrem tödlichen Gift und ihrem gottlosen Ursprung auf der Hut zu sein.' " (Gilles Kepel, Allah im Westen, München 1994, S. 246.)

Nach Ansicht des syrischen Philosophen und Soziologen Sadik Jalal al-Azm sind der Islam und der Westen zwei unvereinbare, verdinglichte Ideologien:

„Auf einer konkreteren Ebene bedeutet dies, dass Werte wie Liberalismus, Säkularismus, Demokratie, Menschenrechte, Religions- und Meinungsfreiheit als die innersten Werte des Westens zu gelten haben und dass die heutige islamische Welt von diesem System dauerhaft ausgeschlossen bleibt, weil ihre eigenen heiligsten Werte zu ihm in tiefstem Widerspruch stehen. Die Ironie dabei ist, dass die Islamisten sogar der gleichen Meinung sind (...). Ihre Theoretiker und Ideologen reduzieren Zivilisationen auf ihre kulturelle Komponente, Kulturen auf ihre religiöse Komponente und Religionen auf wesensverschiedene urbildliche Konstanten, die sich gegenseitig bekämpfen. Allerdings wird aus ihrer Sicht der Islam letzten Endes triumphieren." (Sadik Jalal al-Azm, Die Segel des Ostens sind schlaff. Terrrorismus, Islam, der Westen und die Moderne, in: Frankfurter Rundschau Nr. 206 vom 5. September 2002.)

Ein gemäßigter, demokratiefähiger Islamismus?

Islamistische Parteien wie die algerische FIS oder die türkische Wohlfahrtspartei fordern allgemeine Wahlen nach demokratischen Spielregeln, weil sie aufgrund ihres Massenanhangs einen auch vom Westen zu respektierenden Wahlsieg erhoffen. Eine ähnliche Haltung nahm 2004 im Irak auch die ältere schiitische Geistlichkeit um Sistani ein – im Gegensatz zu den meist jüngeren und aus den Armenvierteln stammenden Anhängern des militanten al-Sadr. Es bleiben allerdings erhebliche Zweifel, ob der Kompromiß in der Verfassungsfrage (insbesondere die weitgehende Autonomie der Kurden) nach solchen Wahlen beibehalten würde. Auch wenn der Islamismus in der Forschung weitgehend ähnlich beschrieben wird, bleibt die Bewertung im Einzelfall kontrovers. So haben sich der Tunesier Ghannushi und der Sudanese Turabi für ein Mehrparteiensystem und Koalitionsregierungen mit nicht-islamischen Parteien ausgesprochen – ob hier aber eine taktische oder grundsätzliche Einstellung vorliegt, ist umstritten. Insbesondere Ghannushi steht als „verfolgter und ins Exil getriebener Demokrat“ (Armstrong) für eine Bewegung, deren Verhältnis zu demokratischen Wahlen Bernhard Lewis auf den Punkt bringt: „Ein Mann (keine Frau), eine Stimme, einmal.“

Für Rashid Ghannushi, Führer der tunesischen MTI (Mouvement de la Tendence Islamique, später als al-Nahda bekannt) ist diese Frage in einen universalhistorischen Kontext eingebettet. Ob der folgende Text – wie von der Esposito-Schule vertreten – als Ausdruck eines „gemäßigten“, reformfähigen Islamismus zu interpretieren ist, muß offen bleiben.

„Unser Problem ist, daß wir uns mit dem Westen aus einer Position der psychologischen und materiellen Schwäche auseinandersetzen. Aber ich behalte meine Meinung bei, daß dieses ungleiche und verkehrte Verhältnis zum Westen schicksalhaft ist. Japan bewahrt auf fromme Weise seine Traditionen und Kultur, seine Zivilisation und nimmt nichtsdestoweniger an dem weltweiten Fortschritt der Moderne teil. Um die Wahrheit zu sagen, der einzige Weg zur Moderne heißt ihr über unseren eigenen Pfad beizutreten, der uns von unserer Religion, unserer Geschichte und unserer Kultur vorgezeichnet ist.“ (Zitiert nach: Lisa

Anderson, Fulfilling Prophecies: State Policy and Islamist Radicalism, in: John L. Esposito, Political Islam. Revolution, Radicalism or Reform?, Boulder California 1997, S. 25. Aus dem Amerikanischen übersetzt von G. Gemein.)

Als einen Kronzeugen für die Möglichkeit einer islamistischen Demokratie führt Esposito den Chefideologen der algerischen FIS Abassi Madani an. Im Südosten Algeriens als Sohn eines Imam geboren, engagierte er sich erst in der Nationalen Befreiungsfront; von den Franzosen inhaftiert, wie viele Islamisten dann vom arabischen Nationalismus enttäuscht, wendet er sich dem Studium der Psychologie und Philosophie zu, erringt 1978 eine britische Doktorwürde und gewinnt als Lehrer an der Universität Algier erheblichen Einfluß auf die Auseinandersetzungen zwischen Studentenschaft und Regierung. Die westliche Demokratie findet seine Kritik; er fordert als „neuen Gedanken" ein islamisches Demokratiemodell, das „individuelle und soziale Freiheiten" nicht als Gegensatz, sondern als „zwei Seiten einer Medaille" verwirklicht; im Gegensatz zu seiner differenzierten und nachvollziehbaren Kritik am westlichen Modell bleiben seine Vorstellungen hinsichtlicher einer Verwirklichung vage.

„Demokratie in Algerien kann nicht die gleiche philosophische und politische Interpretation erhalten wie bei den pragmatischen Philosophen Adam Smith, Kant und Dewey, die sie als das Recht, grundlegende Freiheiten auszuüben, definieren, selbst wenn sie die Bedürfnisse von anderen Klassen der Gesellschaft beeinträchtigt, das heißt der Arbeiterklasse oder der Armen. Demokratie in den USA hat in einem liberalen und pragmatischen Sinn dem Individuum mehr Rechte für persönliche Freiheit auf Kosten der Gruppe gegeben. Sie hat den Mächtigen mehr, den Schwachen weniger Rechte gegeben. Dies ist Freiheit auf Kosten von sozialer und wirtschaftlicher Gerechtigkeit. (...). Liberale Demokratie ist nicht frei von Widersprüchen, noch ist sozialistische Demokratie frei von Unterdrückung und Ungerechtigkeit. Demokratie im sozialistischen und kommunistischen Sinn ist nichts als Leere und historische Randerscheinung." (Zitiert nach: John L. Esposito, The Islamic Threat. Myth or Reality?, 3. Aufl. Oxford 1999, S. 178. Aus dem Englischen übersetzt von G. Gemein.

Munawar Anees, ein Freund Anwar Ibrahims, war nach dessen Sturz in Malaysia 1998 ebenfalls von Premierminister Mahathir inhaftiert worden. Auf internationalen Druck aus der Haft entlassen und aus Malaysia ausgewiesen, emigriert er nach Amerika, das er vorher in seinen Kolumnen ständig gegeißelt hatte. In einem Beitrag für die Los Angeles Times vom 13. September 1999 zieht er eine Bilanz:

„*Seit ich erwachsen bin, habe ich wie viele andere Menschen in der muslimischen Welt überall Verschwörungen des Westens gewittert, die einzig und allein dem Zweck dienen sollten, uns in Fesseln zu halten. Doch am Ende dieser aufschlußreichen Erfahrung mußte ich festellen, daß mich meine Freunde im Westen retteten, während der Muslim Mahathir alles daransetzte, mich zu vernichten (...). Er hat bewiesen, daß sein Herz blind für jegliches Mitgefühl ist, obwohl er sich als Muslim ausgibt. Der Despotismus ist die Erfüllung und der Ausweis des Scheiterns seines Begriffs von ‚asiatischen Werten'. Meine Tragödie und die Anwars sollten unsere muslimischen Glaubensbrüder sehr nachdenklich stimmen, wenn sie den Westen und seine Rolle in der Welt beurteilen. In dem Augenblick, wo wir uns anschicken, unser gemeinsames Schicksal im 21. Jahrhundert zu entwerfen, stellt sich die Frage, aus welchen Werten wir den größten Nutzen ziehen: aus denjenigen Mahathirs oder denjenigen Jeffersons? Mahathir selbst hat mir diese Wahl abgenommen.*“ (Zitiert nach: Gilles Kepel, Das Schwarzbuch des Dschihad, München 2002, S. 122.)

Innerhalb des schiitischen Islamismus entwickelten sich mit der Zeit der andauernden Machtsausübung und der internationalen Verflechtung Differenzierungen in der Beurteilung der westlichen Kultur. Im Gegensatz zu dem Hardliner Ayatollah Ali Khamenei, Khomeinis Nachfolger als oberster Führer der Islamischen Republik, stellt der Präsident des Iran, Ayatollah Khatami, kritische Fragen:

„*Wir müssen eingestehen, daß die Unvereinbarkeit der modernen Zivilisation mit unserer traditionsgebundenen Kultur eine der bedeutendsten Ursachen für die Krise unserer Gesellschaft ist. Was ist zu tun? Sollen wir auf einem vertieften Verharren in unserer Tradition bestehen oder sollen wir voll mit der westlichen Kultur verschmelzen? Oder gibt es einen anderen Weg, diesen Gegensatz aufzulösen?"* (Mohammad Khatami, Islam, Liberty and development , Binghamton/New York, 1987, S. 24. Aus dem Englischen übersetzt von G. Gemein.)

Die Entwicklung der 1990er Jahre, unabhängig ob man sie im Sinne Kepels oder Roys interpretiert, haben innerhalb des islamischen Fundamentalismus „gemäßigte" Stimmen hervorgebracht, die nicht in einer scharfen Frontstellung gegenüber dem Westen eine Notwendigkeit sehen, sondern aus denen man Möglichkeiten einer – eventuell friedlichen – Koexistenz schließen kann. Repräsentativ für diese Entwicklung ist der der Muslimbruderschaft entstammende al-Qaradawi, dessen Schriften zum Teil auch in Deutsch erschienen sind und der über den arabischen Sender al-Dschazira großen Einfluß ausüben kann. Seine Position faßt Karen Armstrong zusammen:

„Jusuf Abdullah al-Qaradawi, ein Absolvent von al-Azhar und ein Muslimbruder, zurzeit Direktor des Zentrums für ‚Sunna und Sina' an der Universität von Qatar, nimmt eine ähnliche Haltung (in der Einschätzung des Westen wie z. B. Ghannushi; Anm. d. A.) ein. Er glaubt an Mäßigung und ist überzeugt, dass die Bigotterie, die seit neuestem in der islamischen Welt in Erscheinung tritt, die Menschen ärmer machen wird, da sie sie um Einsichten und Visionen anderer Menschen bringt. Der Prophet Muhammad sagte von sich, er sei gekommen, um einen ‚Mittelweg' des religiösen Lebens zu bringen, der Extreme meide, und al-Qaradawi glaubt, , dass der gegenwärtige Extremismus, der in einigen Teilen der islamischen Welt in Erscheinung tritt, dem islamischen Geist fremd ist und nicht von Dauer sein wird. Islam ist eine Religion des Friedens, wie der Prophet deutlich machte, als er einen unpopulären Vertrag mit den Quraisch in al-Hubaidija abschloss, eine Tat, die der Koran als offenkundigen Sieg bezeichnet.' Der Westen muss, laut al-Qaradawi, begreifen, dass die Muslime das Recht haben, islamische Ideale in ihre Gesellschaft mit einzubeziehen. Der Westen sollte sich bewusst werden, dass es mehr als eine Lebensform gibt. Vielfalt kommt der ganzen Welt zugute. Gott gab den Menschen das Recht und die Fähigkeit zur Willensfreiheit, und einige Menschen werden sich einer religiösen

Lebensform zuwenden – darunter auch einem islamischen Staat – während andere das säkulare Ideal vorziehen.

‚Es ist besser für den Westen, dass die Muslime religiös sind', argumentiert al-Qaradawi, ‚dass sie an ihrer Religion festhalten und moralisch sein wollen.' Ein wichtiger Punkt. Vielen Menschen im Westen wird ob ihres Mangels an Spiritualität in ihrem Leben ebenfalls unbehaglich zu Mute. Sie wollen nicht unbedingt zu einem vormodernen religiösen Lebensstil oder zum konventionellen institutionalsisierten Glauben zurück. Aber der Beitrag, den die Religion trotz allem geleistet hat, als sie dem Menschen dazu verhalf, einen Sinn für höheren Anstand zu entwickeln, wird immer mehr geschätzt. Der Islam hat die Werte der sozialen Gerechtigkeit, der Gleichheit, der Toleranz und der praktischen Nächstenliebe jahrhundertelang ins Zentrum des muslimischen Bewusstseins gerückt. Wohl sind Muslime diesen Idealen nicht immer gerecht geworden; und deren Umsetzung in sozialen und politischen Institutionen hat ihnen oft grosse Schwierigkeiten bereitet. Aber das Bemühen darum war jahrhundertelang die wichtigste Quelle der islamischen Spiritualität. Die Menschen des Westen müssen sich bewusst werden, dass es in ihrem Interesse ist, dass der Islam gesund und stark bleibt. Der Westen war nicht gänzlich für die extremen Ausdrucksformen des Islam verantwortlich, die eine Gewalttätigkeit kultivierten, die die heiligsten Grundsätze dieser Religion mit Füßen tritt. Aber der Westen hat gewiss einen Beitrag zu dieser Entwicklung geleistet und sollte sich, um die Furcht und die Verzweiflung zu dämpfen, die letztlich jeder fundamentalistischen Sichtweise zu Grunde liegt, im dritten christlichen Jahrtausend eine genauere Einschätzung des Islam zu Eigen machen.“ (Karen Armstrong, Kleine Geschichte des Islam, Berlin 2001, S. 233f.)

Die Idee des Gottesstaates – eine neue Form des Totalitarismus?

Es bleiben erhebliche Zweifel, wie weit die im vorigen Abschnitt zitierten Stimmen für die gesamte islamistische Bewegung repräsentativ sind, ob sie ernst zu nehmen oder nur taktischer Natur sind, ob sie einen beginnenden historischen Wandlungsprozeß anzeigen oder gar nur westliche Wunschvorstellungen widerspiegeln. Nicht nur die Betrachtung der Vergangenheit, auch die Analyse der Gegenwart von 2004 gibt der Einschätzung von Bassam Tibi die stärkeren Argumente:

„Die angeführten geistigen Väter des islamischen Fundamentalismus sowie ihre heutigen, als Aktivisten des politischen Islam (al-Islam al-siyasi) tätigen Anhänger sind der Auffassung, daß der der von ihnen politisch gedeutete Islam nicht nur ein religiöser Glaube ist. Für sie ist der Islam umfassend (Schumuli), d. h. er beinhaltet quasi organisch alle Lebensbereiche, vor allem aber die Politik, und deswegen seien religiöser Glaube und politische Ordnung eine Einheit. Dementsprechend gebe es im Islam keine Trennung von Religion und Politik – eine Prämisse, auf die die neoislamische Formel al-Islam din wa daula (Entsprechung des Religiösen und Politischen) zurückgeht. Diese politische Formel läßt sich weder im Koran noch in den autoritativen klassischen islamischen Quellen finden. Islamisten argumentieren, säkulare Ansichten, die eine Trennung von Religion und Politik propagieren, seien von westlichen Kreuzzüglern, die in der Neuzeit als Kolonisatoren auftreten, als ein Virus in die Welt des Islam gesetzt worden. Heute gilt es – so wird weiter argumentiert, die Welt des Islam zu entwestlichen, d. h. ‚von den Kreuzzüglern zu befreien'. Als politische Plattform hierfür gilt die soeben zitierte Formel: Der Islam sei Din wa daual (Religion und Staat). Konkret mündet diese Auffassung in das angesprochene Konzept von der Gottesherrschaft.

Demokratische Volkssouveränität steht in diametralen Widerspruch zu den Ordnungsvorstellungen des politischen Islam, weil diese jede Möglichkeit, daß Menschen über sich selbst herrschen können, vermeiden. Sayyid Qutbs Aufruf an die Muslime zum Kampf gegen die Volkssouveränität als eine Ta´til hukm Allah (Supendierung der Herrschaft Gottes) gehört heute in der Welt des Islam zu den Präambeln politischer Programme islamistischer Bewegungen wie einst der marxsche Aufruf ‚Proletarier aller Länder vereinigt Euch' zur europäischen Arbeiterbewegung. Einer der Führer der Islamischen Heilsfront (FIS) in Algerien, Ali Benhadj prägte in diesen Kontext eine andere Formel: al-Demoqratiyya kufr (Demokratie ist Unglaube). Das ist eine neue

Weltanschauung, die nicht belächelt, sondern ernst genommen werden sollte, will man zu erwartende negative Konsequenzen abwehren. (...) Islamische Fundamentalisten leben in dem Bewußtsein, sie würden zum Ur-Islam zurückkehren. So sehr sie in ihrem Denken und Handeln den global-historischen Kontext ihres Agierens, den ich als Weltzeit charakterisiere, verdrängen, so sehr verrät ihre Sprache die Auseinandersetzung mit der Moderne als dessen Hintergrund. Weder die fundamentalistische Formel Hakimiyyat Allah noch die als Ideologie des Totalitarismus interpretierte Schumuliyya (Totalität des Islam) lassen sich in irgendeiner der autoritativen islamischen Quellen find; sie sind neo-islamisch. (...) (Es) wird deutlich, daß traditionelle islamische Begriffe instrumentalisiert werden, um moderne Inhalte, hier Diktatur und totalitäre Herrschaft, im Sinne von gegen die Demokratie gerichteten Alternativen als Lösung hervorzuheben. (...) Die islamischen Begriffe dienen als alte Schläuche, in die der neue Wein – der islamische Totalitarismus – gefüllt wird." (Bassam Tibi, Fundamentalismus im Islam. Eine Gefahr für den Weltfrieden? Darmstadt 2000, S. 9f, 11.)

Kapitel 4

Die Militarisierung einer Religion

4.1 Religion und Gewalt

Dem Absolutheitsanspruch monotheistischer Religionen scheint neben ihrer immanenten Intoleranz eine Tendenz zur Gewalt beizuwohnen. Jan Assmann sieht hier einen grundsätzlichen Unterschied zu polytheistischen Religionen, die mit ihren meist ausgeprägten synkretistischen Tendenzen eine tendenzielle Toleranz besitzen. Auch wenn deren Religionsgeschichte nicht ganz so friedlich verlief, wie Assmanns Unterscheidung suggeriert, haben sie bei der Verfolgung von Andersgläubigen, Abtrünnigen und Häretikern doch keine derart blutige Linie durch die Geschichte gezogen, wie die monotheistischen Religionen. Dennoch wird man hinsichtlich der spezifischen Ursachen, des Verlaufs und – vor allem – der Aufarbeitung dieses Aspekts der Religionsgeschichte zwischen Judentum, Christentum und Islam differenzieren müssen.

Dies macht schon die Geschichte der jeweiligen Religionsgründer notwendig. Wurde Echnaton, der Begründer der ersten monotheistischen Religion und als Pharao unbestritten eine historische Figur, von seinen Nachfolgern regelrecht aus der Geschichte getilgt, bis die moderne Archäologie ihn wieder „ausgrub", bleibt Moses trotz einer überreichen, über Jahrtausende währenden Tradition als historische Figur eher schemenhaft. Ähnliches gilt für Jesus von Nazareth, und man wird mit guten Gründen fragen dürfen, ob angesichts der Entwicklung von Glaube und Lehre nach der Phase der Jerusalemer Urgemeinde nicht Paulus als der eigentliche Religionsgründer gelten sollte. Mohammed ist dagegen als historische Figur gut faßbar, selbst in den verschiedenen Rollen und Aufgaben in seinem Leben: als Kaufmann, Politiker, Feldherr, Staatsoberhaupt und Verkünder

Cover eines englischen Taschenbuchs aus dem Jahr 1984

einer neuen Offenbarung. Die meisten dieser Rollen verlangten Entscheidungen in Konfliktsituationen, auch den Einsatz von Gewalt. Dabei sind durchaus Unterschiede auffällig: Die frühe medineische Zeit ist weitgehend „gewaltlos", so daß Mohammed, als sich bewaffnete Auseinandersetzungen nicht vermeiden ließen, eine regelrechte „Erlaubnis" geben mußte. Nach Aussage des Korans wurde es von seinen Anhängern eher irritiert zur Kenntnis genommen, daß sie ihre Waffen gegen Stammesgenossen erheben sollten. Die Suren, in denen sich die Konflikte mit den mekkanischen Gegnern spiegeln, sprechen dagegen eine ganz andere Sprache. Verkürzt zitiert und aus dem textlichen wie historischen Zusammenhang gerissen, bieten diese Suren eine

Fundgrube für die jeweilige Bedarfsargumentation des Islam als Friedens- bzw. Kriegsreligion. Dieser Instrumentalisierung des Korans – wie sie auch der Bibel widerfuhr – entspricht der gegenseitige Kenntnisstand der streitenden Parteien. Nicht-Muslime kennen oft nur die Aussagen des Korans über Krieg und Andersgläubige, Muslime fühlen sich durch diese Betonung von Gewalt und Aggression verletzt, da doch Frieden und Barmherzigkeit weit häufiger als Kampf und Krieg im Koran zur Sprache kommen.

Im Gegensatz zum Christentum mit seiner langen Phase der Verfolgung war der Islam von Anfang an eine auch militärisch siegreiche Religion. Die „umma", die Gemeinschaft der Gläubigen, ist gleichzeitig auch ein politisches Gemeinwesen. Mohammeds Nachfolger, die Kalifen, waren religiöses Oberhaupt ebenso wie Staatsoberhaupt. Eine gedankliche Trennung von imperium und sacerdotium wie im Christentum, das ebenso die sakrale Legitimierung von Herrschaft kennt, ist dem Islam fremd, ebenso wie die westliche Vorstellung einer Trennung von Kirche und Staat. Aufklärung und Säkularisierung sind daher für den Islam eine größere Zumutung als seinerzeit für die katholische Kirche.

Der Koran ist für den westlichen, säkularen Historiker nicht nur Buch einer Glaubensoffenbarung, sondern auch ein „Geschichtsbuch", in dem sich das politische und militärische Handeln Mohammeds spiegelt. Für den Muslim ist er dagegen unverfälschtes und unveränderbares Wort Gottes. Im Gegensatz zu seiner fundamentalistischen Ausformung kennt die islamische Theologie zwar die Notwendigkeit der Auslegung, die nach Ort und Zeit unterschiedlich ausfallen kann und die „Vielfalt des Islam" (Lerch) zur Folge hat, aber diese Auslegung erfolgt textimmanent. Eine historisch-kritische Methode, wie sie sich in der christlichen Theologie – wenn auch nicht in der Gemeindegläubigkeit – für die Auslegung von Altem und Neuem Testament durchgesetzt hat, ist dem Islam weitgehend fremd, mit der Folge, daß sich monolithische Glaubensvorstellungen leichter durchsetzten. Überraschend – nicht allerdings für deren Kritiker wie Edward Said – ist allerdings, daß die westliche Islamwissenschaft mit ihrer eher theologischen Methode weitgehend dem Ansatz verhaftet ist, „den" Islam zu definieren, während der Historiker seine Genese, seine verschiedenen Ausformungen, seine unterschiedlichen historischen Bedingungen untersucht und Sunniten, Schiiten, Aleviten, Karitschiten oder Wahhabiten als islamische Welt wahrnimmt. Allerdings wird man dann auch den politischen Islamismus und seine terroristische Ausformung zur islamischen Welt zählen und kritisch anmerken müssen, daß viele Distanzierungen aus der übrigen islamischen Welt es sich zu leicht machen.

Durch die gesamte Geschichte, von der arabischen Landnahme über die Kreuzzugszeit bis zum modernen Krieg der USA „gegen den Terrorismus", gibt es eine unheilige Allianz der Propagandisten. Islamische Fundamentalisten predigen heute den Dschihad als bewaffneten Kampf oder als moderne Form des terroristischen Anschlags. Im Gegensatz zur herkömmlichen islamischen Theologie verkürzen sie damit den Dschihad-Begriff um eine wesentliche Seite; sie setzen sich zudem in direkten Gegensatz zu einer Religion, die sich als Friedensreligion versteht. Auf der anderen, christlichen Seite hat die Gegenpropaganda den Islam als eine kämpferische, aggressive Religion dargestellt, die ihren Glauben mit „Feuer und Schwert" gewaltsam verbreite. Es ist bezeichnend, daß die Extremisten beider Seiten das gleiche verkürzte Bild einer viel komplexeren Religionsgemeinschaft verbreiten. Allerdings ist diese Tendenz – mit umgekehrten Vorzeichen – auch bei den „Gutmenschen" zu verzeichnen, die durch Ausklammern bestimmter Themen den Dialog zwischen den Religionen zu fördern suchten. Wenn die Grundschulrichtlinien des Landes Nordrhein-Westfalen für die muslimische Unterweisung nur auf einen Dschihad abheben, der sich auf die Überwindung der eigenen Schwächen bezieht, den kriegerischen aber ausklammern, bedeutet dies ebenso eine Verkürzung dieses problematischen Begriffs wie seine fundamentalistische Instrumentalisierung. Ein Teil des christlich-islamischen Dialogs ist auch dadurch gekennzeichnet, daß den bekannten Koranstellen, die den bewaffneten Dschihad rechtfertigen, andere Stellen gegenübergestellt werden, die den Islam als Friedensreligion zeigen. Ein solcher Suren-ping-pong hilft in der Regel nicht weiter, weil in der Regel die Zitate aus ihrem Kontext gerissen werden. Mit einem solchen Verfahren könnte man auch aus dem Christentum als Religion der Feindesliebe eine des Schwertes machen, die selbst Familienbande zerstört: „(...) ich bin nicht gekommen, Frieden zu bringen, sondern das Schwert. Denn ich bin gekommen, den Menschen zu entzweien mit seinem Vater und die Tochter mit ihrer Mutter und die Schwiegertochter mit ihrer Schwiegermutter. Und des Menschen Feinde werden seine eigenen Hausgenossen sein." (Matthäus 10, 34ff.). Die neutestamentliche Aufforderung, Kinderschänder an einen Mühlstein zu binden und beide zu versenken, steht Scharia-Strafen wie dem Handabhacken in nichts nach. Gerecht kann man solchen Stellen aus der Bibel oder dem Koran nur werden, wenn man sie im theologischen Kontext der religiösen Verkündung sieht und historisch-kritisch analysiert. Eine solche historisch-kritische Koran-Analyse wird allerdings nur von westlichen Wissenschaftlern geleistet. Muslimische Gelehrte, selbst die im Westen lehren, halten sich hier auffallend zurück und referieren lediglich ihre westlichen Kollegen. Die berechtigte Angst vor Verfolgung und Todesdrohung, selbst im Westen, ist ein hinreichender Grund.

Dokumenate und Materialien

Vorbemerkung: Der Koran wird – wenn nicht anders vermerkt – in der Übersetzung von Paret zitiert, die in der deutschsprachigen wissenschaftlichen Literatur überwiegend benutzt wird. Jede Koranübersetzung ist aber gleichzeitig schon eine Koran-Interpretation, die in der Wortwahl ungewollt westliche Klischees und Vorurteile zu bestärken vermag. Für eine philologische Auseinandersetzung mit dem Text wird daher auf die anderen üblichen Übersetzungen wie z. B. von Ulmann/Winter, Henning, oder Khoury verwiesen, hinsichtlich des Verständnisses strittiger Koran-Verse auf die Arbeiten von Tworuschka, deren Übersetzung in dialogfreundlicher Form die Verstärkung westlicher Vorurteile zu vermeiden sucht. Die vom Islamischen Zentrum München, das auch islamistische Schriften verlegt, herausgegebene Übersetzung von Ahmad von Denffer bietet eine eher orthodoxe Fassung.

Die Frage der Gewaltanwendung im Koran

Sure 2, 191 gehört zu den besonders häufig zitierten Koranstellen. Sie wird – gegenüber dem folgenden Auszug verkürzt – von Fundamentalisten zur Rechtfertigung des Dschihad benutzt, in der christlichen Gegenpropaganda seit dem Mittelalter als Beleg für einen gegen Andersgläubige aggressiven Islam gesehen. Selbst wenn man ihr ohne Beachtung des historischen Kontextes, also der kriegerischen Auseinandersetzung mit den Mekkanern, eine Allgemeingültigkeit für die frühislamische Geschichte unterstellt, was die islamische Theologie nicht durchgängig tut, ist sie im Zusammenhang durchaus auch „defensiv" verstehbar.

„*(190) Und kämpft um Gottes willen gegen diejenigen, die gegen euch kämpfen! Aber begeht keine Übertretung (indem ihr den Kampf auf unrechtmäßige Weise führt)! Gott liebt die nicht, die Übertretungen begehen. (191) Und tötet sie (d. h. die heidnischen Gegner), wo (immer) ihr sie zu fassen bekommt, und vertreibt sie, von wo sie euch vertrieben haben! Der Versuch (Gläubige zum Abfall vom Islam) zu verführen ist schlimmer als Tö-*

ten. Jedoch kämpft nicht bei der heiligen Kultstätte (von Mekka) gegen sie, solange sie nicht (ihrerseits) dort gegen euch kämpfen! Aber wenn sie (dort) gegen euch kämpfen, dann tötet sie! Derart ist der Lohn der Ungläubigen. (192) Wenn sie jedoch (mit ihrem gottlosen Treiben) aufhören (und sich bekehren), so ist Gott barmherzig und bereit zu vergeben. (193) Und kämpft gegen sie, bis niemand (mehr) versucht, (Gläubige zum Abfall vom Islam) zu verführen, und bis nur noch Gott verehrt wird! Wenn sie jedoch (mit ihrem gottlosen Treiben) aufhören (und sich bekehren), darf es keine Übertretung geben (d. h. dann sind alle weiteren Übergriffe untersagt), es sei denn gegen die Frevler." (Sure 2, 190ff)

Ähnliches gilt für das Verständnis der viel zitierten Sure 8, 12:

„*(11) (Damals) als er (erquickende) Schläfrigkeit über euch kommen ließ, um euch seinerseits (das Gefühl der) Sicherheit zu geben, und (als er) vom Himmel Wasser auf euch herabsandte, um euch dadurch rein zu machen und die Unreinheit des Satans von euch zu entfernen, und um euch das Herz stark zu machen und die Füße damit zu festigen (so daß ihr keinen Fehltritt machen würdet)! (12) (Damals) als dein Herr den Engeln eingab: Ich bin mit euch. Festigt diejenigen, die gläubig sind! Ich werde denjenigen, die ungläubig sind, Schrecken einjagen. Haut (ihnen mit dem Schwert) auf den Nacken und schlagt zu auf jeden Finger von ihnen! (13) Das (wird ihre Strafe) dafür (sein), daß sie gegen Gott und seinen Gesandten Opposition getrieben haben (?). Wenn jemand gegen Gott und seinen Gesandten Opposition treibt (?), (muß er dafür büßen). Gott verhängt schwere Strafen. (14) So steht es mit euch. Nun bekommt ihr es zu spüren. Und (laßt euch gesagt sein) (oder: das geschieht euch darum) daß die Ungläubigen (dereinst) die Strafe des Höllenfeuers zu erwarten haben. (15) Ihr Gläubigen! Wenn ihr mit den Ungläubigen in Gefechtsberührung kommt, dann kehret ihnen nicht den Rükken! (16) Wer ihnen alsdann den Rücken kehrt – und sich dabei nicht (nur) abwendet, um (wieder) zu kämpfen, oder abschwenkt (um) zu einer (anderen) Gruppe (zu stoßen und sich dort am Kampf zu beteiligen) –, der verfällt dem Zorn Gottes, und die Hölle wird ihn (dereinst) aufnehmen. Ein schlimmes Ende!*" (Sure 8, 11ff)

Der aus medinensischer Zeit stammende Vers 22, 39 spricht von einer „Erlaubnis" des Kämpfens:

„(38) Gott sorgt für die Verteidigung derer, die glauben. Er liebt keinen, der betrügerisch und undankbar ist. (39) Denjenigen, die (gegen die Ungläubigen) kämpfen (so nach einer abweichenden Lesart; im Text: die bekämpft werden), ist die Erlaubnis (zum Kämpfen) erteilt worden, weil ihnen (vorher) Unrecht geschehen ist. – Gott hat die Macht, ihnen zu helfen." (Sure 22, 38f)

Sure 4 regelt Fragen von Totschlag, Mord und Tötung im Krieg; dabei wird 4, 95 meist als Beleg für den Aufruf zum Dschihad angeführt. Der Textzusammenhang macht jedoch eher die von Mohammed und dem Islam als einer städtischen Religion propagierte „Neuerung" deutlich, das archaische Blutracheprinzip und ein beduinisches Beuteverhalten bei Razzien (arabisch für „Streifzug") einzudämmen:

„(92) Kein Gläubiger darf einen (anderen) Gläubigen töten, es sei denn (er tötet ihn) aus Versehen. In diesem Fall ist (als Sühne) ein gläubiger Sklave in Freiheit zu setzen und (außerdem) Wergeld (zu bezahlen), das seinen Angehörigen auszuhändigen ist – es sei denn, sie zeigen sich mildtätig (wörtlich: sie geben (es als) Almosen, d. h. sie verzichten auf das Wergeld). Und wenn er (d. h. der Getötete) zu Leuten gehört, die euch feind sind, während er (seinerseits) gläubig ist, ist (als Sühne) ein gläubiger Sklave in Freiheit zu setzen (ohne daß auch noch Wergeld bezahlt wird). Und wenn er Leuten zugehört, mit denen ihr in einem Vertragsverhältnis steht (ohne daß sie ihrerseits den Islam angenommen haben), ist Wergeld (zu bezahlen), das seinen Angehörigen auszuhändigen ist, und (außerdem) ein gläubiger Sklave in Freiheit zu setzen. Und wenn einer keine Möglichkeit findet (einen Sklaven in Freiheit zu setzen), hat er (dafür) zwei aufeinanderfolgende Monate zu fasten. (Das ist) ein Gnadenakt (?) (wörtlich: Vergebung) von seiten Gottes. Gott weiß Bescheid und ist weise. (93) Und wenn einer einen Gläubigen vorsätzlich tötet, ist die Hölle sein Lohn, daß er (ewig) darin weile. Und Gott ist (?) zornig auf ihn und hat (?) ihn verflucht, und er hat (im Jenseits) eine gewaltige Strafe für ihn bereit. (94) Ihr Gläubigen! Wenn ihr um Gottes willen (auf einem Kriegszug) unterwegs seid, dann paßt genau

auf und sagt nicht zu einem, der euch den Heilsgruß entboten hat: 'Du bist kein Gläubiger', wobei ihr (unter dem Vorwand, einen Ungläubigen vor euch zu haben und ihn bekämpfen zu müssen) den Glücksgütern des diesseitigen Lebens nachgeht! Gott bietet (euch) doch genug (andere) Möglichkeiten, Beute zu machen. So (d. h. beutegierig und auf irdische Glücksgüter eingestellt) seid ihr früher gewesen (als ihr noch Heiden waret). Aber dann hat euch Gott Gnade erwiesen (indem er euch dem Glauben zugeführt und euren Blick auf das Jenseits gerichtet hat). Paßt also genau auf (und begeht keine solchen Mißgriffe)! Gott ist wohl darüber unterrichtet, was ihr tut.

(95) Diejenigen Gläubigen, die daheim bleiben (statt in den Krieg zu ziehen) – abgesehen von denen, die eine (körperliche?) Schädigung (als Entschuldigungsgrund vorzuweisen) haben –, sind nicht denen gleich(zusetzen), die mit ihrem Vermögen und mit ihrer eigenen Person um Gottes willen Krieg führen (wörtlich: sich abmühen). Gott hat diejenigen, die mit ihrem Vermögen und mit ihrer eigenen Person Krieg führen, gegenüber denjenigen, die daheim bleiben, um eine Stufe höher bewertet (wörtlich: ausgezeichnet). Aber einem jeden (Gläubigen, ob er daheim bleibt oder Krieg führt) hat Gott das (Aller)beste (d. h. das Paradies) versprochen. Doch hat Gott die Kriegführenden gegenüber denen, die daheim bleiben, mit gewaltigem Lohn ausgezeichnet, (96) (mit besonderen) Rangstufen (die sie) von ihm (im Paradies zugewiesen bekommen) und Vergebung und Barmherzigkeit. Gott ist barmherzig und bereit zu vergeben." (Sure 4, 92ff)

Eine differenzierte Betrachtungsweise zum Thema Kampf legt auch Sure 2, 16f nahe. Es geht weniger um die offensive Ausbreitung des Glaubens „mit Feuer und Schwert" als vielmehr um die eher defensive Abwehr eines Abfalls vom rechten Glauben durch den Einfluß der Ungläubigen:

„*(216) Euch ist vorgeschrieben, (gegen die Ungläubigen) zu kämpfen, obwohl es euch zuwider ist. Aber vielleicht ist euch etwas zuwider, während es gut für euch ist, und vielleicht liebt ihr etwas, während es schlecht für euch ist. Gott weiß Bescheid, ihr aber nicht. (217) Man fragt dich nach dem heiligen Monat, (nämlich) danach, (ob es erlaubt ist) in ihm zu kämpfen. Sag: In ihm*

Kämpfen ist ein schweres Vergehen (wörtlich: wiegt schwer). Aber (seine Mitmenschen) vom Weg Gottes Abhalten – und nicht an ihn Glauben –, und (Gläubige) von der heiligen Kultstätte (Abhalten), und deren Anwohner daraus Vertreiben, (all das) wiegt bei Gott schwerer. Und der Versuch, (Gläubige zum Abfall vom Islam) zu verführen, wiegt schwerer als Töten. Und sie (d. h. die Ungläubigen) werden nicht aufhören, gegen euch zu kämpfen, bis sie euch von eurer Religion abbringen – wenn sie (es) können. Und diejenigen von euch, die sich (etwa) von ihrer Religion abbringen lassen und (ohne sich wieder bekehrt zu haben) als Ungläubige sterben, deren Werke sind im Diesseits und im Jenseits hinfällig. Sie werden Insassen des Höllenfeuers sein und (ewig) darin weilen. (218) Diejenigen (aber), die glauben, und diejenigen, die ausgewandert sind und um Gottes willen Krieg geführt (wörtlich: sich abgemüht) haben, dürfen auf die Barmherzigkeit Gottes hoffen. Gott ist barmherzig und bereit zu vergeben.“ (Sure 2, 216f)

Eine vielzitierte Stelle aus der vierten Sure wurde in der christlichen Propaganda als Beleg dafür verstanden, daß sich der Islam „mit Feuer und Schwert“ ausbreite; die fundamentalistische Interpretation sieht darin – gewissermaßen analog dazu – die Aufforderung zum bewaffneten Dschihad. Im Textzusammenhang, der auf eine persönliche Entscheidung abhebt, ist eine solche „kriegerische“ Interpretation nicht zwingend:

„*(84) Kämpfe nun um Gottes willen! Du hast (dereinst) nur die Last für deine eigenen Handlungen zu tragen. Und feure die Gläubigen (zum Kampf) an! Vielleicht wird Gott die Gewalt derer, die ungläubig sind, (vor euch) zurückhalten (so daß sie euch nichts anhaben können). Gott verfügt über mehr Gewalt und kann schrecklicher bestrafen (als irgendwer auf der Welt). (85) Wer eine gute Fürbitte einlegt, bekommt (dereinst?) einen Anteil daran. Und wer eine schlechte Fürbitte einlegt, bekommt (dereinst?), was ihr entspricht. Gott ist um alles besorgt (?).*“ (Sure 4, 84f)

Eine jeweils gleiche Instrumentalisierung in der westlichen anti-islamischen Propaganda wie bei den Dschihadisten erfährt der Vers 47, 4. Liest man ihn im Zusammenhang, geht es wieder um die Sicherung der noch jungen und gefährdeten Glaubensgemeinschaft:

„Im Namen des barmherzigen und gnädigen Gottes. (1) Denen, die ungläubig sind und (ihre Mitmenschen) vom Weg Gottes abhalten, läßt Gott (wörtlich: er) ihre Werke fehlgehen (so daß sie damit nicht zum Ziel kommen). (2) Denen aber, die glauben und tun, was recht ist, und die an das glauben, was auf Mohammed (als Offenbarung) herabgesandt worden ist – es ist (ja) die Wahrheit (und kommt) von ihrem Herrn –, denen tilgt er ihre schlechten Taten und bringt alles für sie in Ordnung. (3) Dies (geschieht) deshalb, weil diejenigen, die ungläubig sind, dem folgen, was nichtig ist, und weil diejenigen, die glauben, der Wahrheit folgen (die) von ihrem Herrn (kommt). So stellt Gott den Menschen (in Form von Sentenzen) ihr Wesen dar (wörtlich: So prägt Gott den Menschen ihre Gleichnisse). (4) Wenn ihr (auf einem Feldzug) mit den Ungläubigen zusammentrefft, dann haut (ihnen mit dem Schwert) auf den Nacken! Wenn ihr sie schließlich vollständig niedergekämpft habt, dann legt (sie) in Fesseln, (um sie) später entweder auf dem Gnadenweg oder gegen Lösegeld (freizugeben)! (Haut mit dem Schwert drein) bis der Krieg (euch) von seinen Lasten befreit (wörtlich: bis der Krieg seine Lasten ablegt) (und vom Frieden abgelöst wird)! Dies (ist der Wortlaut der Offenbarung). Wenn Gott wollte, würde er sich (selber) gegen sie helfen. Aber er möchte (nicht unmittelbar eingreifen, vielmehr) die einen von euch (die gläubig sind) durch die anderen (die ungläubig sind) auf die Probe stellen. Und denen, die um Gottes willen (wörtlich: auf dem Weg Gottes) getötet werden (Variante: kämpfen), wird er ihre Werke nicht fehlgehen lassen (so daß sie damit nicht zum Ziel kommen würden). (5) Er wird sie rechtleiten, alles für sie in Ordnung bringen (6) und sie ins Paradies eingehen lassen, das er ihnen zu erkennen gegeben hat. (7) Ihr Gläubigen! Wenn ihr Gott helft, hilft er (auch) euch und festigt eure Füße (so daß ihr keinen Fehltritt macht). (8) Diejenigen aber, die ungläubig sind, – nieder mit ihnen! Gott (wörtlich: Er) läßt ihre Werke fehlgehen (so daß sie damit nicht zum Ziel kommen). (9) Dies (geschieht ihnen) deshalb, weil ihnen zuwider ist, was Gott (als Offenbarung) herabgesandt hat. Er macht darum

ihre Werke hinfällig. (10) Sind sie denn nicht im Land umhergezogen, so daß sie schauen konnten, wie das Ende derer war, die vor ihnen lebten? Gott hat die Vernichtung über sie hereinbrechen lassen. Den (zeitgenössischen) Ungläubigen wird es ähnlich ergehen. (11) Dies deshalb, weil Gott der Schutzherr derer ist, die glauben, und weil die Ungläubigen keinen Schutzherrn haben. (12) Gott läßt diejenigen, die glauben und tun, was recht ist, (dereinst) in Gärten eingehen, in deren Niederungen (wörtlich: unter denen) Bäche fließen. Die Ungläubigen aber genießen (ihr kurz befristetes Dasein) und verleiben sich (gedankenlos) ihre Nahrung ein (wörtlich: essen), wie das Vieh es tut. Sie werden ihr Quartier im Höllenfeuer haben." (Sure 47, 1–12)

Die Motivation, die Dschihadisten und Terroristen aus Sure 8, 65 lesen, ist nicht zwingend. Der Text legt in seinem Zusammenhang eher eine Ermahnung in der Abwehr nahe:

„(64) Prophet! Laß dir an Gott genügen! Auch die Gläubigen, die dir folgen (sollen sich an Gott genügen lassen) (oder: Laß dir an Gott genügen, und an den Gläubigen, die dir folgen?). (65) Prophet! Feure die Gläubigen zum Kampf an! Wenn unter euch zwanzig sind, die Geduld (und Ausdauer) zeigen, werden sie über zweihundert, und wenn unter euch hundert sind, werden sie über tausend von den Ungläubigen siegen. (Das geschieht diesen) dafür, daß es Leute sind, die keinen Verstand haben. – (66) Jetzt (aber) hat Gott euch Erleichterung gewährt. Er weiß ja, daß unter euch Schwachheit vorkommt. Wenn nun unter euch hundert sind, die Geduld (und Ausdauer) zeigen, werden sie – mit Gottes Erlaubnis – über zweihundert, und wenn unter euch tausend sind, werden sie über zweitausend siegen. Gott ist mit denen, die geduldig sind. (67) Kein Prophet darf (Kriegs)gefangene haben (und sie gegen Lösegeld freigeben), solange er nicht (die Gegner überall) im Land vollständig niedergekämpft hat. Ihr wollt die Glücksgüter des Diesseits, aber Gott will (für euch) das Jenseits. Er ist mächtig und weise." (Sure 8, 64–67

Die Eingangsworte von Vers 8, 55 nehmen dem Ungläubigen die Menschenwürde, machen ihn zum Tier, das man ungestraft töten kann. Im Textzusammenhang werden aber eher pragmatische Verhaltensanweisungen für Konfliktsituationen gegeben, wie sie auch für westliche Herrschaft geläufig sind, sich sogar positiv von macchiavellistischen Vorstellungen unterscheiden:

„*(55) Als die schlimmsten Tiere gelten bei Gott diejenigen, die ungläubig sind und (auch) nicht glauben werden (?) (oder: und [um alle Welt] nicht glauben wollen?), – (56) (besonders) diejenigen von ihnen, mit denen du eine bindende Abmachung eingegangen hast, und die dann jedes Mal (wenn es darauf ankommt) ihre Abmachung in gottloser Weise (wörtlich: ohne gottesfürchtig zu sein) brechen. (57) Wenn du sie nun im Krieg zu fassen bekommst, dann verscheuche mit ihnen diejenigen, die hinter ihnen dreinkommen! Vielleicht werden sie sich (dann) mahnen lassen (d. h. verfahre derart mit ihnen, daß diejenigen, die nach ihnen kommen, es zum warnenden Beispiel nehmen und nicht denselben Irrweg einschlagen)! (58) Und wenn du von (gewissen) Leuten Verrat fürchtest, dann wirf ihnen (den Vertrag) ganz einfach (?) hin! Gott liebt diejenigen nicht, die Verrat begehen. (59) Und diejenigen, die ungläubig sind, sollen ja nicht meinen, sie würden (uns) davonlaufen (wörtlich: sie würden das Rennen machen?). Sie können sich (unserem Zugriff) nicht entziehen. (60) Und rüstet für sie, soviel ihr an Kriegsmacht und Schlachtrossen (?) (aufzubringen) vermögt, um damit Gottes und eure Feinde einzuschüchtern, und andere außer ihnen, von denen ihr keine Kenntnis habt, (wohl) aber Gott! Und wenn ihr etwas um Gottes willen spendet, wird es euch (bei der Abrechnung im Jenseits) voll heimgezahlt. Und euch wird (dabei) nicht Unrecht getan. (61) Und wenn sie (d. h. die Feinde) sich dem Frieden zuneigen, dann neige (auch du) dich ihm zu (und laß vom Kampf ab)! Und vertrau auf Gott! Er ist der, der (alles) hört und weiß. (62) Aber wenn sie dich betrügen wollen, dann laß dir an Gott genügen, – (an) ihm, der dich mit seiner Hilfe und mit den Gläubigen gestärkt, (63) und (der) zwischen ihren Herzen Freundschaft gestiftet hat (so daß sie untereinander wie Brüder wurden)! Wenn du (deinerseits auch) alles, was auf der Erde ist, ausgegeben hättest (um sie für Frieden und Freundschaft zu gewinnen), hättest du (damit) zwischen ihren Herzen (immer noch) keine Freundschaft gestiftet. Aber Gott hat zwischen ihnen Freundschaft gestiftet. Er ist mächtig und weise.*“ (Sure 8, 55–63)

Zur Frage der Gewaltanwendung in den Hadithen und der islamischen Frühgeschichte

In den Hadithen sind von Zeitgenossen und Weggefährten überlieferte Sprüche Mohammeds aufgezeichnet. Diese Traditon bietet ein ähnlich komplexes, weil mehrdeutig interpretierbares Bild wie der Koran:

„Der Einsatz für die Sache Gottes ist Teil des Glaubens

Abu Huraira berichtet, der Prophet (...) habe gesagt: Wer zum Kampf für die Sache Gottes auszieht, getrieben einzig durch seinen Glauben an Gott und seinen Propheten, den wird Gott mit dem, was er an Lohn und Beute errungen hat, nach Hause zurückkehren oder, falls er ums Leben kommt, ins Paradies eingehen lassen. Brächte ich mein Volk nicht in eine problematische Lage, ich würde hinter keinen Streiftrupp zurückbleiben, ich wollte für die Sache Gottes getötet und wiederbelebt, erneut getötet und wiederbelebt und abermals getötet werden.“ (Sahih al-Buhari, Nachrichten von Taten und Aussprüchen des Propheten Mohammad, Stuttgart 1991, 38f.)

Regeln für die Kriegsführung stellt der Kalif Abu Bakr 632 für seine Armee auf. As-Tabari berichtet:

„Ihr Leute! Ich mache euch zehn Regeln zur Vorschrift, denkt daran! Betrügt nicht und eignet euch keinen Teil der Beute widerrechtlich an. Seid nicht treulos und verstümmelt niemanden. Tötet kein Kind, keinen alten Mann und keine Frau. Entwurzelt und verbrennt keine Palmen, schlagt keine fruchttragenden Bäume. Schlachtet kein Schaf, keine Kuh, kein Kamel, es sei denn, ihr seid hungrig. Ihr werdet auf Menschen treffen, die sich in die Einsiedelei zurückgezogen haben; laßt sie in Ruhe, damit sie ihr Vorhaben ausführen können. Ihr werdet Menschen begegnen, die euch Speisen und verschiedene Nahrungsmittel bringen; nehmt ihr davon, dann sprecht den Namen Gottes über eurem Essen aus. Ihr werdet auf Leute stoßen, die ihre Schädel geschoren haben, so daß nur noch ein Haarkranz übrig ist; schlagt sie mit dem Schwert. Geht nun im Namen Gottes, und Gott schütze euch vor Schwert und Pest.“ (As-Tabari, Tarih, Bd. 1, 1850. Zitiert nach: Bernard Lewis, Die politische Sprache des Islam, Berlin 1991, S. 129f.)

Eine moderne Interpretation der Tradition: Khomeini

Für Khomeini gehören Religion und Krieg zusammen. Die folgende Rede wurde vor den Oberbefehlshabern der drei Waffengattungen und hohen Staatsbeamten anläßlich des Geburtstags des Propheten am 12. Dezember 1984 während des iranisch-irakischen Krieges gehalten:

„*(...) Wenn man es zuläßt, daß die Ungläubigen damit fortfahren, ihre verderbliche Rolle auf Erden zu spielen, so wird ihre Strafe umso schlimmer sein. Wenn wir also die Ungläubigen töten, um ihrem (verwerflichen) Handeln ein Ende zu bereiten, dann haben wir ihnen im Grunde einen Gefallen getan. Denn ihre Strafe wird dereinst geringer sein. Den Ungläubigen das Leben zu lassen bedeutet Nachsicht gegenüber ihrem verderblichen Tun. (Sie zu töten) ist wie das Herausschneiden eines Geschwürs, wie es Allah der Allmächtige befiehlt. Jene, die dem Koran folgen, wissen, daß wir die Quissas (Strafgesetze) anwenden und töten müssen. Krieg ist ein Segen für die Welt und jede Nation. Es ist Allah selbst, der den Menschen befiehlt, Krieg zu führen und zu töten. Die Kriege, die unser Prophet, Friede seiner Seele, gegen die Ungläubigen führte, waren ein Geschenk Gottes an die Menschheit. Wir müssen (auf der ganzen Welt) Krieg führen, bis alle Verderbnis, aller Ungehorsam gegenüber dem islamischen Gesetz aufhören. Eine Religion ohne Krieg ist eine verkrüppelte Religion. Es ist der Krieg, der die Erde läutert.*“ (Zitiert nach: Amir Taheri, Tausend und eine Parole, in: Frankfurter Allgemeine Zeitung vom 14. Februar 2002.)

Die Gegenposition: Der Islam als eine Religion des Friedens

Islamisten wie ihre westlichen Gegner verweisen in der Regel auf die gleichen Koranstellen, die einen um den Dschihad, die anderen um die Gefährlichkeit des Islam zu begründen. Neben den oben genannten Koranstellen verweisen zahlreiche Verse aber auch auf die Barmherzigkeit Gottes und die Pflicht des Menschen, zu verzeihen und Streit zu schlichten. Eine Auswahl:

„Vielleicht (geschieht es), dass Gott zwischen euch und denjenigen unter ihnen, mit denen ihr verfeindet seid, Frieden stiftet. Denn Gott ist ein Allmächtiger. Gott ist vergebungsreich und barmherzig." (Sure 60, 7)

„Wenn ihr verzeiht, Nachsicht übt, oder vergebt, so folgt ihr damit dem Beispiel Gottes. Gott ist barmherzig und bereit zu vergeben." (Sure 64, 14)

„Und es ist das Gute nicht so wie das Böse. Erwidere das Böse mit dem, was besser ist: und dann wird derjenige, mit dem du in Feindschaft lebtest, so umgewandelt werden, als wenn er ein warmherziger Freund wäre." (Sure 41, 34f)

„Gütige Rede und Verzeihung ist besser als ein Almosen, dem Unrecht folgt. Gott ist reich und milde." (Sure 2, 263)

„Und sollten zwei Parteien von den Gläubigen sich gegenseitig bekämpfen, so stiftet Frieden zwischen den beiden. Tut aber die eine von ihnen der anderen Unrecht, so bekämpft die, die Unrecht tut, bis sie sich Gottes Gebot fügt. Und wenn sie sich gefügt hat, so stiftet Frieden zwischen den beiden mit Gerechtigkeit und seid gerecht. Gott liebt ja die Gerechten." (Sure 49, 9f)

„Sollten die Feinde jedoch zum Frieden geneigt sein, so sei du ebenfalls dazu geneigt und vertraue auf Gott. Er ist ja der Allhörende und Allwissende." (Sure 8, 61. Auswahl zitiert nach: Monika Tworuschka, Grundwissen Islam, Münster 2002, S. 143f.)

Islam und Christentum zum Krieg: Ein zusammenfassender Vergleich aus islamischer Sicht

Einen Vergleich zwischen Christentum und Islam aus islamischer Sicht zieht der iranische Gelehrte Seyyid Hossein Nasr:

„Der Islam, der tatsächlich eine Religion der ‚Einheit' ist, hat niemals zwischen dem Geistlichen und Weltlichen oder dem Religiösen und Profanen in irgendeinem Bereich unterschieden. Die bloße Tatsache, daß es im Arabischen, Persischen oder anderen islamischen Sprachen noch nicht einmal ein passendes Wort für weltlich oder säkular gibt, ist das beste Zeichen dafür, daß die entsprechenden Vorstellungen im Islam nicht bestehen. Eine solche Zweiteilung existiert nicht, weil im Islam nie dem Kaiser ge-

geben wurde, was dem Kaiser gehörte. Auf Einheit aufgebaut, hat der Islam eine allumfassende Lebensweise im Auge, die nichts ausschließt. Seine Gesetzgebung steht in völligem Einklang mit seinen Vorstellungen, die auf der wahren Natur der Dinge beruhen. Er hat deshalb nicht nur den Heiligen im Blick, sondern auch den Durchschnittsmenschen mit all seinen Stärken und Schwächen. Aus eben diesem Grund wurde er von vielen Christen fälschlicherweise beschuldigt, der Welt zugewandt oder die Religion des Schwertes zu sein.

Diese letzte Anschuldigung ist so schwerwiegend, daß wir uns Zeit nehmen müssen, darauf einzugehen. Es ist richtig, daß der Islam sogar eine Gesetzgebung für den Kriegsfall hat, während das Christentum dem Menschen befiehlt, die andere Wange hinzuhalten, und nachgiebig und sanft in seiner Lehre ist. Aber dabei wird vergessen, daß eine Religion entweder für Heilige bestimmt ist, wie Christus sagte: ‚Mein Reich ist nicht von dieser Welt', und damit alle politischen, sozialen und gesellschaftlichen Fragen beiseite läßt und sich alle ihre Anhänger als potentielle Heilige vorstellt und in der Tat auch nur in einer Gesellschaft von Heiligen funktionieren kann. Oder eine Religion versucht, die Totalität des menschlichen Lebens zu umfassen; in diesem Fall muß sie die ganze Natur des Menschen mit all ihren Schwächen und Mängeln in Betracht ziehen und ebenso für die politischen, wirtschaftlichen und religiösen Aspekte seines Lebens Gesetze geben. Sicherlich hat das Christentum, indem es sich an den potentiellen Heiligen wandte, weder die unheiligen Seiten seiner Anhänger ausgelöscht, noch Krieg aus der Christenheit verbannt.

Als das Christentum die Religion einer Zivilisation und eines Weltreiches wurde, mußte es in der Tat das Schwert nehmen und kämpfen, um zu überleben. Es mußte wählen, die Religion von Mönchen zu bleiben oder die einer Zivilisation zu werden, welche auch die Verantwortung des Regierens und der Kriegsführung tragen mußte. Christliche Könige wie Karl der Große und Ludwig der Heilige fochten ebenso hart wie irgendwelche muslimischen Herrscher. Und um das mindeste zu sagen, die christlichen Krieger waren auf dem Schlachtfeld nicht rücksichtsvoller oder großmütiger als Muslime. Spanien und Anatolien wechselten etwa zur selben Zeit zwischen Islam und Christentum den Besitzer. In Spanien wurden alle Muslime entweder getötet oder vertrieben, und heute gibt es dort keine Muslime mehr, während sich der Sitz der orthodoxen Kirche immer noch in der Türkei befindet.

*Die Kritik am Islam als einer Religion des Schwertes ist deshalb unberechtigt. Indem der Islam den Krieg für gesetzmäßig erklärte, begrenzte er ihn, während das Christentum ihn außerhalb seiner Überlegungen stellt. Es ist kein Zufall, daß die verheerendsten totalen Kriege dieses Jahrhunderts im Westen begannen, wo das Christentum der vorherrschende religiöse Einfluß ist. Die Aufklärer * pflegten zu sagen, daß die Kriege, die zwischen Christen und Muslimen ausgefochten wurden, auf der Religion beruhten und daß die Religionen die Ursache des Krieges sind. Sie wußten nicht, daß die säkularisierte moderne Welt mehr Menschen in Kriegen töten würde, als es Religionen jemals taten. Krieg, zumindest in einem begrenzten Sinn, liegt tatsächlich in der Natur der Dinge, und der Islam begrenzte ihn lieber – anstatt ihn beiseite zu lassen, als ob er nicht existierte –, indem er ihn akzeptierte und eine religiöse Gesetzgebung dafür bereitstellte. Man kann zumindest sagen, daß die schrecklichsten Kriege dieses Jahrhunderts nicht von der islamischen Welt ausgingen, sondern vom sogenannten ‚nachchristlichen Westen'. Es ist nicht unbedingt gesagt, daß das Christentum zur Verantwortung zu ziehen ist; denn die Kriege gingen von einer Gesellschaft aus, die sich in vielerlei Hinsicht gegen das Christentum stellte. Aber da sie kein göttliches Gesetz hatten, um das äußere und geistliche Leben zu bestimmen, hat das Christentum die Säkularisierung des politischen und sozialen Lebens und die Trennung von den geoffenbarten Prinzipien erleichtert, was wiederum die größten Unruhen der modernen Zeit hervorbrachte.“* (Seyyed Hossein Nasr, Ideals and Realities of Islam, 2. Aufl. London 1975, S. 30ff. Aus dem Englischen übersetzt von G. Gemein. * Mit der pauschalen Bezeichnung „Aufklärer“ (secularists) sind nicht nur die Vertreter der europäischen Aufklärung gemeint, sondern auch entsprechende Stimmen aus der muslimischen Welt, die bis ins hohe Mittelalter zurückreichen.)

4.2 „Die vernachlässigte Pflicht": Der Dschihad

„Dschihad" wird in den Medien, aber auch einem großen Teil der wissenschaftlichen Literatur – philologisch falsch – meist mit „heiliger Krieg" übersetzt. Die richtige Übersetzung „Anstrengung" verkürzt allerdings die historische und aktuelle Situation. Krieg kann für die islamische Theologie nicht „heilig" sein, auch wenn Koran und Überlieferung für ihn Regeln aufstellen; der von Noth vorgeschlagene Begriff „heiliger Kampf" ist daher ebenfalls problematisch. Im Unterschied zum römischen „bellum iustum" sowie dem christlichen Kreuzzugsgedanken ist der Dschihad immer eine persönliche Entscheidung des Einzelnen; der Staat kann lediglich dazu aufrufen, ihn nicht erzwingen.

Die islamische Theologie unterscheidet zwischen dem „Großen Dschihad", der Anstrengung des Gläubigen, seine eigenen Schwächen zu überwinden, und dem „Kleinen Dschihad", der auch ein bewaffneter Heidenkampf sein kann – dies war er insbesondere in der Phase der arabischen Landnahme. Diese Ambivalenz des Dschihad machte ihn anfällig für politische Instrumentalisierung: Nuraddin und Saladin begründeten mit ihm den Kampf gegen die Kreuzfahrer, die osmanischen Sultane ihre Kriege gegen Rußland; für die jungen arabischen Nationalstaaten der Nachkriegszeit war Dschihad der Kampf gegen Kolonialismus, bald auch der Kampf gegen Korruption und Hunger. In Religionsbüchern Syriens, das von der sozialistischen Baath-Partei beherrscht wird, erscheint Dschihad als „Pflicht zur Arbeit"; ähnliche Interpretationen findet man auch in der Türkei, selbst in den Grundschulrichtlinien für muslimische Unterweisung in Nordrhein-Westfalen. Im Rahmen des theologischen Dialogs mit dem Islam wurde die Bedeutung des „Großen Dschihad" hervorgehoben. Der Historiker wird aber mit Hinweis auf die blutigen Kämpfe auf den immer auch vorhandenen „kleinen Dschihad" verweisen. Der Dschihad gehörte allerdings nie zu den „fünf Pfeilern" des Islam, also zu dem innersten Kern der Glaubenspraxis.

Eine Unterscheidung der Arten des Dschihad durch muslimische Juristen faßt Christine Schirrmacher zusammen:

„Vier Arten des jihad

1. Der jihad des Herzens: Dies ist die Bekämpfung des Teufels und die Abwehr seiner Angriffe, um die Menschen zum Bösen zu verleiten.

2. Der jihad der Zunge: Er wird gekämpft durch das Aussprechen des Wahren und Richtigen.

3. Der jihad der Hände: Dies ist das Eintreten für das Richtige und das Vermeiden des Falschen.

4. Der jihad des Schwertes: Nur er bedeutet Kampf und Krieg gegen die Ungläubigen und Feinde des Glaubens."

Christine Schirrmacher, Der Islam. Geschichte – Lehre – Unterschiede zum Christentum, Bd. 1, Holzgerlingen 2003, S. 183.

Der Wandel der Dschihad-Idee im Laufe der Geschichte, insbesondere sein Interdependenzverhältnis zur parallelen Kreuzzugsidee kann hier nicht nachgezeichnet werden. Zwar nicht für den gesamten Islam, aber für seinen fundamentalistischen Bereich erfährt die Dschihad-Idee in den ausgehenden Jahrzehnten des 20. Jahrhunderts eine qualitativ bedeutende Veränderung: Aus der von den islamistischen Ideologen angemahnten „vernachlässigten Pflicht" wird er zum „Sechsten Pfeiler", der in Praxis und Schrifttum der „dschihadistischen" Organisationen zum Mittelpunkt wird; dieser läßt dann die traditionellen „Fünf Pfeiler" in den Hintergrund treten, verdrängt sie sogar. Aus der Politisierung einer Religion wird so eine Militarisierung, die sich zur Rechtfertigung des Terrors weiterentwickelt.

Dokumente und Materialien

Der Dschihad bei Ibn Taimiyya:

„Der Kopf aller Dinge ist der Islam; sein Pfeiler ist das Gebet; sein Gipfel ist der Dschihad für die Sache Gottes." (Zitiert nach: Zidane Meriboute, La fracture islamique: demain, le soufisme, Paris 2004, S. 64.)

Der Dschihad bei Maududi

Die Politisierung und Ideologisierung einer Religion spiegelt sich auch in Maududis „islamischer Fibel", in der er im Kapitel „Gebet und Gottesdienst" neben dem Gebet, dem Fasten und der Zakat (Almosengeben), alle drei zu den fünf Pfeilern des Islam gehörend, die „Verteidigung des Islam" und den „Dschihad" behandelt. Obwohl Maududi selbst einräumt, daß „die Verteidigung des Islam nicht ein fundamentaler Grundsatz ist", wenn auch durch Koran und Hadithe betont, wird er durch den Zusammenhang zur verbindlichen Forderung aufgewertet. Die spirituelle Bedeutung des Dschihad – beispielsweise die Überwindung der eigenen Schwächen – wird durch die Erörterung militärpolitischer Überlegungen ersetzt:

„Der Dschihad ist ein Teil der vorstehend erläuterten allgemeinen Verteidigung des Islam. Dschihad bedeutet Kampf, Bemühung, Anstrengung bis zum Äußersten der eigenen Leistungsfähigkeit. Ein Mensch, der sich körperlich oder geistig anstrengt oder sein Vermögen für die Sache Gottes hingibt, ist tatsächlich im Dschihad begriffen. Doch in der Sprache der Scharia wird dieses Wort vornehmlich für den Krieg benutzt, der einzig und allein im Namen Gottes und gegen jene geführt wird, die als Gegner des Islam Unterdrückung ausüben. Die außerordentliche Opferbereitschaft, selbst das eigene Leben hinzugeben, müssen alle Muslime aufbringen. Wenn sich jedoch ein Teil der Muslimen erbietet, am Dschihad teilzunehmen, so ist damit die ganze Gemeinde von ihrer Verantwortung entbunden. Tritt aber niemand freiwillig hervor, dann ist jeder einzelne verantwortlich. Dieses Zugeständnis wird in dem Moment für die Bürger eines islamischen Staates ungültig, wenn dieser von Nichtmuslimen angegriffen wird. In diesem Fall muß jeder zum Dschihad bereit sein. Wenn das ange-

griffene Land nicht stark genug ist, um sich selbst zu verteidigen, dann ist es die religiöse Pflicht der benachbarten Muslim-Länder, ihm zu helfen; doch wenn auch sie zu schwach sind, dann müssen die Muslimen der ganzen Welt den gemeinsamen Feind bekämpfen. In all diesen Fällen ist der Dschihad eine genauso unerläßliche und primäre Pflicht der betreffenden Muslimen wie das tägliche Gebet oder das Fasten. Wer dem zu entkommen sucht, ist ein Sünder, ja, seine Behauptung, ein Muslim zu sein, wird dadurch zweifelhaft. Er ist ganz offenbar ein Heuchler, der bei der Prüfung seiner Aufrichtigkeit versagt, und all seine Ibadat und Gebete sind leerer Schein, eine wertlose, hohle Vorspiegelung von Gottergebenheit.“ (Sayyid Abu-l-A'la Maudoodi, Weltanschauung und Leben im Islam, Freiburg i. Br. 1971, S. 140.)

Ein zentraler Begriff in Maududis theologischem Denken ist „Deen“, die er als „the Divine Code of life: Al-Islam“ definiert. Indem die Verpflichtung zum Dschihad zu einem göttlichen Gesetz, ja einer verpflichtenden Lebensform gemacht wird, gibt es für den Menschen keine andere Alternative:

„Jetzt ist absolut klar, warum der Jihad im Islam so bedeutsam ist. ‚Deen‘ Allahs kann sich nicht mit einer bloßen Anerkennung ihres Anteils an Wahrheit zufrieden geben wie alle anderen Lebensformen; du kannst dich auch nicht als Zeichen deines Glaubens auf formale Handlungen beschränken. Du kannst nicht dieser ‚Deen‘ folgen, indem du einer anderen ‚Deen‘ dienst. Du kannst ihr ebenso nicht in Verbindung mit einer anderen Lebensform folgen. Wenn du so diese ‚Deen‘ als wahr ansiehst, dann hast du keine andere Alternative außer dich mit deiner äußersten Kraft anzustrengen, diesen ‚Deen‘ zu verwirklichen.“ (Abu a'la Maududi, Fundamentals of Islam, Lahore o. J. (1974), S. 260. Aus dem Englischen übersetzt von G. Gemein.)

Die Idee des Dschihad bei Qutb

Maududis Gedanken werden von Qutb aufgegriffen:

„Gott erlegte den Muslimen die Pflicht zum Dschihad nicht auf, damit sie andere Völker dazu zwingen sollten, sich zum Is-

lam zu bekennen, sondern vielmehr damit sie auf Erden eine wahre, gerechte, vollkommene Gesellschaftsordnung errichten. Es steht den Menschen frei, sich im Schatten dieser schützenden Ordnung den Glauben zu erwählen, den sie wollen – einer Ordnung, die Muslimen und Nicht-Muslimen vollkommene Gerechtigkeit zuteil werden läßt." (Sayyid Qutb, Dieser Glaube der Islam, Kuweit 1992, S. 136.)

Das vostehende Zitat stammt aus einer für das deutsche Publikum konzipierten Schrift, in der den Muslimbrüdern nahestehende Kreise die Lehren Qutbs zusammenstellt haben. In seinem grundlegenden Werk „Milestones" wird Qutb deutlicher. Nachdem er Sure 9, 29–32 zitiert hat, folgert er daraus zwingende Gründe für den Dschihad:

„*Die Gründe für den Jihad, die in den oben zitierten Versen beschrieben wurden, sind diese: Die Autorität Gottes auf der Welt einzusetzen, menschliche Angelegenheiten in Einklang mit der wahren Führung, wie sie von Gott versprochen wurde, zu regeln; alle satanischen Mächte und satanischen Lebensformen zu vernichten; die Herrschaft eines Menschen über die andern zu beenden, bis alle Menschen Geschöpfe Gottes sind und keiner die Macht hat, sie zu seinen Dienern zu machen oder für willkürliche Gesetze zu erlassen. Diese Gründe reichen aus, um den Jihad zu erklären (...).*" (Seyyid Qutb, Milestones, Damascus o. J., S. 70. Aus dem Englischen übersetzt von G. Gemein.)

Die Auswirkungen: Vom Dschihad zum Terror

Maududi und Qutb heben zwar die Bedeutung des bewaffneten Dschihads hervor, bleiben aber noch im Rahmen der traditionellen islamischen Theologie. Diese verläßt mit einer regelrechten Umdeutung des Dschihad-Begriffes Omar Abder Rahman, der für den ersten Anschlag auf das World Trade Center 1993 verantwortlich ist. Die Rechtfertigung islamistischen Terrors als Dschihad war geboren. Den Beginn dieser Entwicklungslinie schildern Michael Pohly u. Khalid Durán (Journalist beim arabischen Sender al-Dschazira):

„Doch in den siebziger Jahren des 20. Jahrhunderts geschah etwas, was die meisten Muslime in der Welt noch gar nicht wirklich begreifen wollen. Es entstand eine ‚neue' Schule oder Denkrichtung, basierend auf einer ganz anderen Interpreatation des Begriffs Djihad. In Ägypten verfasste der blinde Student Omar Abder Rahman an der altehrwürdigen Azhar, einer der berühmtesten Hochschulen des Islam, eine 2.000 Seiten umfassende Dissertation zum Thema Djihad. Darin argumentierte der Doktorand, die Überlieferungen vom Kleinen und Großen Djihad seien erfunden, der Prophet Muhammad habe so etwas nie gesagt. Djihad bedeute nur eines, nämlich zur Waffe zu greifen und die Ungläubigen aufzufordern, den Glauben anzunehmen oder aber sich zu ergeben und sich der muslimischen Herrschaft unterzuordnen. Alle anderen Interpretationen des Begriffs seien nichts als Apologetik (wissenschaftliche Rechtfertigung von religiösen Lehrsätzen, d. Red.) und nur aus Furcht vor den übermächtigen Kolonialmächten geboren. Das Gerede von der Selbstläuterung als Großem Djihad sei verwerflich, damit mache man sich nur lächerlich. Dem fügte der Doktorand noch die – historisch unhaltbare – Erklärung hinzu, der Islam habe sich stets nur mit der Waffe durchgesetzt. Ohne Waffengewalt wäre es nie zur Verbreitung des Islam über weite Teile der Welt gekommen. Und auch in Zukunft werde der Islam sich nur mit Waffengewalt behaupten können." (Michael Pohly u. Khalid Durán, Osama bin Laden und der internationale Terrorismus, München 2001, S. 21.)

Den säkular bestimmten Widerstand der Palästinenser gegen Israel bis in die 1970er Jahre mag man noch unter „Befreiungskampf" rubrizieren. Die islamistische Bewegung vermochte aus seiner Umdeutung in einen Dschihad einen erheblichen Motivationsschub zu gewinnen. Dschihad mußte nicht notwendigerweise bewaffneter Kampf sein, er konnte auch in Form einer ideellen oder materiellen Unterstützung erfolgen. Doch diese auch bei den Muslembrüdern noch vorhandenen Aspekte treten aufgrund der islamistischen Propaganda und der Agitation einer jüngeren Generation von Aktivisten zunehmend in den Hintergrund. Als typisch kann die Kritik des von Israel als Terrororganisation eingeschätzten „Islamischen Dschihad" an der – ebenfalls islamistischen – Muslimbruderschaft wegen der Vernachlässigung des Dschihad zugunsten ihres sozialen Engagement gelten. Shiqaqi, Gründer des Islamischen Dschihad grenzt sich von den Muslimbrüdern ebenso wie von der PLO ab:

„Die, die das Banner des Islam tragen (gemeint sind die Muslimbrüder) kämpfen nicht für Palästina, und die, die für Palästina kämpfen (die PLO) entfernen den Islam von seinem ideologischen Rahmen. Jedoch wir als junge muslimische Palästinenser haben entdeckt, daß Palästina im Herzen des Koran gegründet ist. Folglich haben wir verstanden (...), daß der Weg des Dschihad in Palästina der Weg der Rettung für uns selbst ist, als Individuen, als Gruppe und als Nation." (Zitiert nach: Meir Hatina, Islam and Salvation in Palestine. The Islamic Jihad Movement, Tel Aviv 2001, S. 26. Aus dem Englischen übersetzt von Gisbert Gemein.)

Khamenei, Nachfolger Khomeinis als „oberster Führer der Islamischen Republik Iran" in einer Rede in Teheran am 5. Juni 1992:

„Den Koran in der einen Hand, einen Säbel in der anderen: So führte unser Prophet seinen göttlichen Auftrag aus. Der Islam ist keine Religion für Duckmäuser, sondern Glaube derjenigen, die den Kampf und die Vergeltung schätzen." (Zitiert nach: Amir Taheri,. Morden für Allah, München 1993, S. 7.)

Die Rechtferigung des Attentats gegen Sadat

Die Tätergruppe des Attentats auf den ägyptischen Staatspräsidenten Anwar al-Sadat hat ihre Motive in der Schrift „Die vernachlässigte Glaubenspflicht" dokumentiert. Zu den geistigen Vätern dieser in fundamentalistischen Kreisen weit verbreiteten und diskutierten Schrift gehörte Aymann al-Zawahiri, heute als einer der engsten Mitarbeiter von Bin Laden bekannt. Der Berliner Nahost-Wissenschaftler Heine über diese Schrift:

„In einem ersten Kapitel beklagen die Verfasser, dass die Glaubenspflicht des Dschihad unter den Muslimen mehr und

mehr in Vergessenheit geraten sei. Dazu hätten zahlreiche Religionsgelehrte beigetragen, die z. B. das Studium und die Suche nach Wissen als Dschihad bezeichnet hätten. Dabei gebe es doch zahlreiche Prophezeiungsüberlieferungen, nach denen die heidnischen Götzen nur durch den militanten Dschihad zerstört werden könnten. Die Götzen des 20. Jahrhunderts seien die Herrscher und Regierungen dieser Zeit. Die Schaffung eines islamischen Staates sei notwendig. Auch dazu wird auf die entsprechenden Aussprüche des Propheten verwiesen. So wird berichtet, dass ein Mann sich in Gegenwart des Propheten zum Islam bekannt habe, dann in die Schlacht gezogen und dabei sogleich getötet worden sei. Der Prophet habe darauf gesagt: ‚Seine guten Taten sind nicht zahlreich, aber seine Belohnung ist groß.' Die Autoren der Farida meinen, jeder solle das für den Islam tun, wozu er geeignet sei: Wer beten könne, müsse beten, wer fasten könne, müsse fasten. Ungesagt bleibt, dass der, der kämpfen könne, kämpfen müsse. Im Übrigen ist eine hier vorgetragene Tradition von besonderem Interesse, nach der der Prophet die Eroberung von Konstantinopel und Rom durch muslimische Heere vorausgesagt habe. Der Kommentar der Verfasser ist kurz und bündig: ‚Die Eroberung von Konstantinopel ereignete sich mehr als 800 Jahre nach der Voraussage des Propheten, also wird auch die Eroberung von Rom stattfinden.' Die Notwendigkeit der Bildung des einen wahrhaft islamischen Staates werde von etlichen Muslimen bestritten, obwohl der Koran selbst dies an verschiedenen Stellen vorschreibe. Darüber hinaus wird festgestellt: ‚Wenn die religiösen Pflichten des Islam nicht vollständig erfüllt werden können ohne die Unterstützung eines islamischen Staates, dann ist es eine religiöse Verpflichtung, einen solchen Staat zu errichten. Wenn solch ein Staat nicht ohne Krieg errichtet werden kann, dann ist auch dies religiöse Verpflichtung für den Muslim.' Wie schon frühere Gruppen sind auch die Verfasser der Farida der Ansicht, dass Ägypten kein islamischer Staat ist. Sie gehen aber noch einen Schritt weiter: Sie stellen nämlich fest, dass die Herrschenden in diesem Staat keine Muslime sind, obwohl sie über Muslime herrschen. Ihnen wird zwar nicht abgesprochen, dass sie als Muslime geboren wurden, aber sie werden als Apostaten angesehen, d. h. als Menschen, die vom Islam abgefallen sind und daher mit dem

Tod bestraft werden müssen. Beweise für die Apostasie sind aus der Sicht der Islamisten, dass die Regierung mit den ‚Kreuzfahrern' (ein verächtlicher Ausdruck für den ‚Westen') sowie mit Zionisten und Kommunisten zusammengearbeitet habe. Die Autoren kommen zu dem Fazit: ‚Sie (Sadat und seine Anhänger) haben nichts vom Islam außer den Namen in sich aufgenommen, auch wenn sie beten, fasten oder so tun, als ob sie Muslime seien.' Während im Mittelalter Muslime zeitweise gezwungen waren, unter mongolischem Gesetz zu leben, geht es den Muslimen im 20. Jahrhundert noch schlechter. Das mongolische Gesetz sei eine Mischung aus mongolischem, jüdischem, christlichem und muslimischem Recht gewesen. ‚Es ist kein Zweifel, dass das mongolische Gesetz weniger sündhaft war als die Gesetze, die der Westen Ländern wie Ägypten aufgezwungen hat, Gesetze, die keine Beziehung zum Islam oder zu einer anderen offenbarten Religion haben.' Den Autoren der Farida waren selbstverständlich die Gegenargumente geläufig, die zu belegen suchten, dass Ägypten trotz allem ein islamischer Staat sei. Sie gehen daher auf die Argumente ausführlich ein. Sie geben zu, dass es in Ägypten häufige und tiefe Frömmigkeit gebe, dass karitative islamische Organisationen tätig seien oder dass es die Möglichkeit einer religiösen Erziehung gebe. Gemäßigte Muslime sind der Meinung, dass sich die unzweifelhaften Probleme der islamischen Welt dann auflösen würden, wenn die Muslime sich im privaten Leben den Vorschriften des Islam entsprechend verhielten. Die Antwort macht deutlich, dass den Verfassern der Farida Formen privater Frömmigkeit und Erfüllung der üblichen Glaubenspflichten weniger wichtig erscheinen als die Verpflichtung zum Dschihad, die sie zur höchsten Pflicht der Muslime stilisieren. Wer dieser Pflicht nachkommt, ist der wahre Muslim. (Um die Aktualität dieser Haltung deutlich zu machen, sei darauf hingewiesen, dass die Attentäter von New York am Abend vor ihrer Tat in einer Bar größere Mengen Alkohol zu sich genommen haben sollen. Solche ‚kleinen Sünden' stellen aus der Sicht der Muslime, die den Dschihad in den Mittelpunkt ihrer Religion stellen – man könnte sie als Dschihadisten bezeichnen –, nur geringe Verfehlungen dar, die durch den Opfertod gesühnt werden.) Auf das Argument von Bedeutung für einen guten Muslim gehen die Autoren zunächst nicht ein. Auch andere radikale Muslime haben die im Islam stets betonte Bedeutung von ‚Wissen' in der Regel nicht zur Kenntnis genommen. Erst später stellen sie fest, dass die Suche nach Wissen eine religiöse Pflicht des Muslim sei. Wie er aber bei der Suche nach Wissen nicht das Gebet oder Fasten vernachlässigen dürfe, so dürfe er auch die Verpflichtung zum Dschihad nicht unbeachtet lassen." (Peter Heine, Terror in Allahs Namen. Extremistische Kräfte im Islam, Freiburg 2001, S. 124ff.)

Zidane Meriboute sieht eine kontinuierliche Entwicklung islamistischer Vorstellungen in der Geschichte des Islam von seiner Frühzeit bis in die Moderne. Er unterscheidet dabei drei „Generationen": Mohammed und seine Zeitgenossen, mittelalterliche Denker wie Ibn Taimiyya und die modernen Islamisten seit al-Banna. Hinsichtlich ihres Verhältnisses zu bewaffneten Konflikten schreibt er über die „dritte Generation":

„Wenn sich die 3. Generation von Islamisten hinsichtlich der Führung von Feindseligkeiten während des Krieges theoretisch auf die Lehren des Propheten und Ibn Taymiyyas beruft, scheint sie in der Praxis deren Grundsätze beiseitezuschieben. Abgesehen von al-Banna unterscheiden die Erklärungen von Qutb, Ben Laden oder Hassan Hattab und des GIA nicht zwischen Zivilpersonen und Kämpfern. Nach ihnen müßte der Krieg ohne Unterschied gegen alle ‚Ketzer' geführt werden, ob es sich um einen gemäßigten Muslim, einen Führer der Gläubigen, der mit einem Amerikaner paktiert, einen anderen Ketzter, Christen oder Juden handelt." (Zidane Meriboute, La fracture islamique: demain, le soufisme?, Paris 2004, S. 165. Aus dem Französischen übersetzt von H. Redmer.)

4.3 Vom Märtyrertum zum Terrorismus

Menschen vermögen für ihren Glauben, für ihre Überzeugung zu sterben. Sie geben „Zeugnis", sind Märtyrer. In christlichen Heiligenlegenden „erdulden" sie den Tod, doch ist auch dem Christentum in der Kreuzzugsideologie eine Militarisierung dieses „Zeugnisgebens" nicht fremd. Im Islam ist sie schon in seiner Frühzeit charakteristisch, als er sich in den kriegerischen Auseinandersetzung gegen die heidnischen Mekkaner behaupten mußte. Eine regelrechte Ideologie des Kriegermärtyriums entwickelte sich aber erst nach Mohammed.

Der Koran verbietet den Selbstmord. Wenn ein Soldat sich dagegen todesmutig und mit nur geringer Überlebenschance in die Schlacht stürzt, gilt dies auch nach westlicher bzw. christlicher Überzeugung nicht als Selbstmord, weil diese Form des Märtyrertums eine theoretische Überlebenschance bietet und der Tod durch fremde Hand erfolgt. Dies gilt im Grundsatz auch für die mittelalterlichen Assassinen, die durch den Einsatz des Dolches mögliche Überlebenschancen drastisch verringerten, ihren Einsatz wohl aber auch gar nicht überleben wollten; sie ließen sich nach erfolgreichem Attentat meist von den Leibwächtern der Ermordeten zerhacken.

Zwischen den Attacken der Assassinen, die die Zeitgenossen durchaus mit der modernen Vokabel „terroristisch" bezeichnet hätten, und dem modernen Selbstmordattentat liegt allerdings ein grundsätzlicher Unterschied, den die fundamentalistische Ideologie durch eine Überhöhung des Märtyrertum und eine Gleichsetzung mit dem historischen Kriegermärtyrertum zu überspielen sucht. Jedoch haben nicht nur ideologische Verbrämung, sondern auch die Inflation von Selbstmord und Märtyrertum für die Mentalität der Menschen im Vorderen Orient die Grenzen zwischen beiden zerfließen lassen. Khomeini hatte im Krieg gegen den Irak Zigtausende von Jugendlichen und Kindern als „menschliche Angriffswellen" in den Minenfeldern und dem Maschinengewehrfeuer der Iraker zu Märtyrern werden lassen. Die Selbstmordattentate der Hizbollah im Libanon sowie der palästinensischen Organisationen in den letzten beiden Jahrzehnten übertreffen allein quantitativ alle historischen Parallelen. Sie finden einen Widerhall in einer intensiven theologischen Diskussion, die in Fatwas und Gegenfatwas, die das Selbstmordattentat rechtfertigen bzw. verurteilen, gipfelt. Wenn sich der saudische Großmufti Scheich Abdelaziz Bin Abdallah asch-Scheich oder der stets politisch flexible Großmufti der Kairoer al-Azhar-Universität, Scheich Mohammed Said Tantawi, dagegen aussprechen, darf man allerdings eine Einflußnahme des saudischen Königshauses bzw. Mubaraks unterstellen, die Rücksichten auf westliche Empfindlichkeiten nehmen müssen.

Selbstmordattentate als die Waffe der kriegstechnisch Unterlegenen sind nicht auf die muslimische Welt beschränkt; es hat sie – wie die japanischen Kamikazeflieger – im regulären Krieg oder bei Befreiungskämpfen wie etwa bei den Tamilen gegeben. Das vom Koran gebotene Selbstmordverbot mag anfangs sogar hemmend gewirkt haben. Bezeichnend ist, daß die Palästinenser in ihrem Kampf gegen Israel hier ideologische und praktische Hilfe aus Nordkorea und von der „Japanischen Roten Armee" erfuhren. Auf deren Konto ging der erste Terroranschlag im Nahen Osten, als drei Japaner am 30. Mai 1972 auf dem Tel Aviver Flughafen ein entsetzliches Blutbad anrichteten. Dieses Beispiel, aber auch die höhnische Kritik eines Gaddafi an der angeblich zu harmlos operierenden PLO provozierten Nachfolgetäter, deren Zahl in den 1970er und 1980er Jahren im Vergleich zu den folgenden Jahrzehnten eher klein erscheint. Diese Entwicklung steht im Zusammenhang des Aufstiegs des Islamismus, aus dessen Reihen inzwischen die weitaus meisten Selbstmordattentäter kommen. Vergleicht man die politischen „Testamente" solcher Terroristen, springen die ideologischen bzw. politischen Unterschiede sofort ins Auge. Sie belegen auch eine mentalitätsgeschichtliche Entwicklung in der muslimischen, vorrangig arabischen Welt. Mag man für den Terror der Selbstmordattentäter auf Sri Lanka, im Kaschmir, in Südamerika oder sonst auf der Welt soziale oder nationale Motive feststellen, so hat der auf einer religiösen Motivation beruhende islamistische Terror inzwischen ein Ausmaß erreicht, der die Summe aller weltweit vergleichbaren Anschläge um ein Vielfaches übertrifft.

Dokumente und Materialien

Die Grundlagen des Kriegermärtyrertums im Koran und in der Überlieferung

Der Koran verspricht den Märtyrern ein ewiges Leben:

„*Und du darfst ja nicht meinen, daß diejenigen, die um Gottes willen getötet worden sind, (wirklich) tot sind. Nein, (sie sind) lebendig (im Jenseits), und ihnen wird bei ihrem Herrn (himmlische Speise) beschert.*“ (Sure 3, 169)

Den Märtyrern wird eine besondere Mentalität zugeschrieben, die sie immer wieder zu Märtyrern werden lassen möchte:

„*Niemand im Paradies möchte wieder auf die Erde zurückkehren, mit Ausnahme des Märtyrers, der im Kampf für die Sache Gottes gefallen ist. Er möchte auf die Erde zurückkehren, um noch zehnmal getötet zu werden, nach all den Ehrenbezeigungen, die ihm im Paradies zuteil wurden.*“ (Sahih al-Buhari, Nachrichten, S. 304.)

Auf weitere Prophetensprüche verweist ein Erfurter Wissenschaftler in einem 2004 erschienenen Beitrag:

„*Denn aus dem Heiligen Kampf, Jihad, entwickelte sich nach dem Tode des Propheten das Konzept des Kriegermartyriums. Aus dieser Zeit findet sich auch eine Reihe von Hadithen (Aussprüche des Propheten), wie z. B. ‚Der beste unter den Menschen ist derjenige, der im Heldenkampf, die Zügel seines Pferdes fest in der Hand, sich überall dorthin stürzt, wo er Schlachtlärm hört.‘ Oder: ‚Märtyrer sind solche Leute, die in der ersten Schlachtreihe kämpfen und sich nicht umwenden, bis sie getötet werden.‘*“ (Jamal Malik, Gewalt und Gewaltverzicht im Islam, in: Christoph Bultmann u. a. (Hg.), 2004, S. 73.)

Die Bewertung des Kriegermärtyrertums durch den mittelalterlichen Theologen Ibn Taimiyya wirkt bei fundamentalistischen Ideologen der Moderne stark nach.

„*Der Tod des Märtyrers für die Einigung aller Menschen unter Gott und seinem Wort ist der glücklichste, beste, leichteste und tugendhafteste aller Tode.*" (Zitiert nach: Dilip Hiro, Holy Wars: The Rise of Islamic Fundamentalism, New York, 1989, S. 111 . Aus dem Englischen übersetzt von G. Gemein.)

Rechtfertigung des Attentats durch den Propheten

Die Hadithen kennen schon die Rechtfertigung des Attentats durch den Propheten. Abu Rafi, Oberhaupt der Juden in Haibar, soll versucht haben, einen nordarabischen Stamm gegen die Muslime aufzuwiegeln. Mohammeds Reaktion schildert Al-Bara Ibn Azib:

„*Der Gesandte Gottes (...) schickte einige Ansar mit dem Auftrag los, Abu Rafi zu töten. Nachdem sie an ihrem Ziel angekommen waren, trennte sich ein Mann von der Gruppe und schlich zur Festung von Abu Rafi und seinen Leuten. Später erzählte dieser Mann: ‚Ich versteckte mich in einem Gehege, wo sie ihre Lasttiere unterbrachten, als sie gerade das Tor der Festung verschlossen. Später vermißten sie einen ihrer Esel. Sie gingen hinaus, um ihn zu suchen. Ich trat zu ihnen und tat so, als würde ich zu ihnen gehören und bei der Suche helfen. Schließlich fanden sie das Tier und kehrten in die Festung zurück. Sie verschlossen das Tor für die Nacht und legten die Schlüssel in ein Loch in der Mauer – ich sah sie dort liegen! Als alle schliefen, nahm ich die Schlüssel an mich und öffnete das Tor. Ich trat ein und rief: ‚O Abu Rafi!‘ Während er antwortete, folgte ich der Richtung seiner Stimme und verpaßte ihm einen Schlag. Er stieß einen Schrei aus. Schnell zog ich mich zurück, näherte mich ihm dann wieder, als wäre ich einer der Seinen und wollte ihm helfen. Mit verstellter Stimme rief ich: ‚O Abu Rafi!‘ Er schrie: ‚Was willst du? Wehe deiner Mutter!‘ Ich fragte: ‚Was ist mit dir?‘ – ‚Ich weiß nicht – jemand ist hereingekommen und hat mich geschlagen!‘ Mit aller Kraft bohrte ich ihm das Schwert in den Bauch, bis es auf Knochen stieß. Dann floh ich in aller Eile. Ich kam an eine Leiter und wollte hinunterklettern, aber ich stürzte hinab und verletzte mich dabei am Fuß. Schließlich kam ich zu meinen Gefährten und sagte: ‚Ich werde hier bleiben, bis ich die Klagerufe höre, die den Tod Abu Rafis verkünden.‘ Und ich entfernte mich erst, als ich Gewißheit über seinen Tod hatte. Wir ritten zum Propheten (...) zurück und erstatteten ihm Bericht.*" (Sahih al-Buhari, Nachrichten, S. 316f.)

Die Frage nach den Opfern

Selbstmordattentate der Gegenwart treffen immer wieder Frauen und Kinder, nach altislamischer Regel ein klares Unrecht:

„*Auf einem Feldzug des Gesandten Gottes (...) wurde die Leiche einer Frau gefunden. Sie war getötet worden. Der Prophet (...) untersagte es, Frauen und Kinder zu töten.*" (Sahih al-Buhari, Nachrichten, S. 316.)

Der Schweizer Theologe und Religionskundler Schmid faßt die islamische Lehre zusammen:

„*Wenn wir der Frage nachgehen, ob sich die Selbstmordattentate radikaler Islamisten mit dem Hinweis auf Zeugnisse aus dem frühen Islam rechtfertigen lassen, so finden wir die Bereitschaft, im Kampf gegen den Unglauben zu sterben, in der dortigen Tradition mehr als beiläufig erwähnt. Sie ist offensichtliches Erbe aus den Anfängen der islamischen Gemeinschaft. Anders aber ist diese Bereitschaft zum Märtyrertum zu beurteilen, wenn wir nach der Kampfweise des Märtyrers fragen. Reißt er unbeteiligte Zivilisten mit sich in den Tod, so durchbricht seine Tat das im frühen Islam geltende Regelwerk.*" (Georg Schmid, Problemfall Islam. Friedensreligion oder Gefahr für den Weltfrieden?, Freiburg (Schweiz) 2002, S. 106.)

Da der Islam sowohl Selbstmord wie die Tötung Unschuldiger ablehnt, wird von islamischer Seite oft argumentiert, moderne Selbstmordattentäter seinen keine Muslime mehr. Diese Argumentation kann sich auf Mohammed berufen, der Straftäter wie Ehebrecher und Diebe im Moment ihrer Untat nicht mehr als Gläubige ansieht. Allerdings kann die Reue ihn sofort wieder in die Gemeinschaft der Gläubigen aufnehmen. Dies ist religiös und theologisch ein positiver Aspekt und zeigt Allah als Erbarmer: Durch Reue können Glaube und Menschsein sofort wieder zusammenfinden. Doch führt dies zu dem für Nicht-Muslime irritierenden Eindruck, daß sich der Islam um die Probleme des religiösen Wahns drückt, indem Fanatiker einfach als nicht zum Islam gehörig abgetan werden, andererseits aber bei „Reue" sofort wieder aufgenommen sind. Insofern ist die folgende Stelle in ihrer Auswirkung ambivalent:

„Ikrima berichtet: Ibn Abbas (R a) erzählte, der Gesandte Gottes (...) habe gesagt: ‚Wenn jemand Ehebruch begeht, ist er nicht gläubig, während er sich dieses Vergehens schuldig macht. Und wenn jemand einen Diebstahl begeht, ist er nicht gläubig, während er stiehlt. Und dasselbe gilt für den, der Wein trinkt, und für den, der einen anderen tötet!' Ich fragte Ibn Abbas: ‚Wie entfernt sich der Glaube vom Missetäter?' Er erwiderte: ‚So!' Er legte seine Finger zusammen und nahm sie wieder auseinander. Er sagte: ‚Und wenn er sein Tun bereut, kehrt der Glaube so zu ihm zurück.' Bei diesen Worten fügte er seine Finger wieder ineinander." (Sahih al-Buhari, Nachrichten, S. 451.)

Diese Problematik steht hinter einer französischen Karikatur, die die nach allgemeiner islamischer Vorstellung verbotene Hinrichtung einer wehrlosen italienischen Geisel in Bagdad 2004 thematisiert (siehe Seite 239).

Die Assassinen

Die Sekte der Assassinen war durch ihre Mordanschläge nicht nur bei mittelalterlichen Kreuzfahrern, sondern vor allem bei muslimischen Herrschern gefürchtet, bis sie von den Mongolen ausgerottet wurde. Ihre Methoden waren Terror durch Dolchattentate, aber auch durch erfolgreiche Unterwanderung der Umgebung eines Herrschers. Ein zeitgenössischer arabischer Historiker, Raschid ad-Din berichtet:

„Unser Meister legte Schlingen und stellte Fallen auf, um ein so edles Wild wie Nizam al-Mulk im Netz des Todes und des Verderbens zu fangen. Durch diese Tat wurde sein Ruhm gewaltig vermehrt. Mit der Gaukelei der Täuschung und dem Kunstgriff der Lüge, mit arglistiger Verstellung und hinterhältiger Zurich-

tung bereitete er den Boden für die Fida'is (die Geweihten oder Sich-Opfernden), um endlich zu fragen: ‚Wer von euch ist willens, dieses Land von dem Übeltäter zu befreien?‘ Ein Mann namens Bu Tahir Arrani legte die Hand auf sein Herz, um seine Bereitschaft anzuzeigen. Und in der Nacht zum 12. Ramadan des Jahres 485 (16. Oktober 1092) näherte er sich, dem Pfade des Irrtums folgend, um auf ihm zur Seligkeit der künftigen Welt zu gelangen, als Sufi verkleidet der Sänfte Nizam al-Mulks, der vom Audienzsaal zum Zelt seiner Frauen getragen wurde, und erstach ihn mit einem Messer. Noch während er zustieß, erlitt er das Martyrium. Unser Meister (mag er nach seinen Verdiensten gerichtet werden) sagte: ‚Die Tötung dieses Teufels ist der Beginn der Seligkeit.‘“ (Zitiert nach: Bernard Lewis, Die Assassinen, 2001, S. 4.)

Der zeitgenössische arabische Chronist Kamal ad-Din berichtet folgende Anekdote, wie ein Bote zu Saladin gesandt wurde:

„Jener hatte den Auftrag, seine Botschaft nur unter vier Augen zu überbringen. Saladin ließ ihn durchsuchen und entließ, als man nichts Gefährliches bei ihm fand, sein Gefolge bis auf wenige Männer. Dann bat er ihn, seine Botschaft zu übergeben. Aber der Bote sagte: ‚Mein Meister befahl mir, die Botschaft nicht zu übergeben (außer unter vier Augen).' Darauf schickte der Sultan alle Zurückgebliebenen bis auf zwei Mamelucken hinaus und forderte: ‚Gib mir deine Botschaft!' Er aber antwortete: ‚Ich habe Auftrag, sie nur unter vier Augen zu übergeben.' Darauf Saladin: ‚Diese beiden verlassen mich nicht. Wenn du willst, gib mir die Botschaft; wenn nicht, kehre zurück.' Der Bote antwortete: ‚Warum schickst du die beiden nicht auch hinaus, wie du die anderen hinausgeschickt hast?' ‚Ich betrachte', gab der Sultan zurück, ‚diese als meine Söhne; sie und ich sind eins.' Da wandte sich der Bote an die Mamelucken und fragte: ‚Wenn ich euch im Namen meines Meisters befehlen würde, diesen Sultan zu töten – würdet ihr es tun?' Die beiden antworteten mit Ja, zogen ihre Schwerter und sagten: ‚Befiehl uns, was du willst!' Sultan Saladin (Gott sei ihm gnädig) war wie vom Donner gerührt; der Bote aber verließ ihn und nahm die Mamelucken mit. Von nun an suchte Saladin Frieden mit Sinan (einem Nachfolger Hassan-i Sabbahs) zu machen. Gott weiß, was am besten ist." (Bernard Lewis, Die Assassinen, Frankfurt a. M. 1989, S. 159.)

Die Überhöhung des Selbstmordattentäters illustriert die Äußerung eines Hamas.Funktionärs aus Gaza:

„Der Körper des explodierenden Märtyrers duftet nach Moschus." (Zitiert nach: Christoph Reuter, Mein Leben ist eine Waffe, München 2002, S. 135.)

Aus der spirituellen Anleitung für den Anschlag auf das World Trade Center in New York am 11. September 2001, gefunden in der Reisetasche von Mohammed Atta:

„Du wirst bemerken, dass das Flugzeug anhalten und dann erneut fliegen wird. Dies ist die Stunde, in der du Gott treffen wirst." (Zitiert nach: Christoph Reuter, Mein Leben ist eine Waffe, München 2002, S. 9.)

Abdelaziz al-Rantisi, Vize des politischen Flügels der Hamas in Gaza, 2004 Nachfolger Yassins und im gleichen Jahr einem israelischen Raketenangriff erlegen:

„*Wenn der Märtyrer sich umbringen will, weil er das Leben satt hat, dann ist es Selbstmord. Wenn er aber seine Seele opfern möchte, um den Feind zu schlagen und um Gottes willen – nun dann ist er ein Märtyrer.*" (Zitert nach: Christoph Reuter, Mein Leben ist eine Waffe, München 2002, S. 243.)

Über den „Lohn" der Märtyrer schreibt Scheich Abdelsalam Abu Schucheyden, Chefmufti der palästinensischen Polizeibehörde:

„*Vom Moment an, wenn der erste Tropfen seines Blutes vergossen ist, spürt er nicht mehr den Schmerz seiner Wunden. All seine Sünden sind ihm vergeben, er sieht seinen Sitz im Paradies, entgeht der Prüfung durch die Grabesengel und dem Schrecken des Jüngsten Gerichts; er heiratet die ‚Dunkeläugigen' und ebnet 70 seiner Familienmitglieder den Weg ins Paradies.*" (Al-Hayat al -Dschadida, 17. August 2001; zitiert nach Christoph Reuter, Mein Leben ist eine Waffe, München 2002, S. 259.)

Die theologische Rechtfertigung des Selbstmordattentates

Angesichts des Selbstmordverbotes im Koran bedurfte es anfangs einer besonderen theologischen Begründung, das Selbstmordattentat als Märtyrertum zu rechtfertigen. In den 1980er und 1990er Jahren ist dann innerhalb des Islamismus eine Entwicklung festzustellen, die das Selbstmordattentat wie selbstverständlich als Märtyrertum akzeptiert. Eine Station dieser Entwicklung ist die Rede eines führenden Geistlichen der libanesischen Hizbollah, Sayyid Ibrahim al-Amin vom 23. Januar 1986:

„*(...) diejenigen, die das Hauptquartier der (US) Marines und den Sitz der israelischen Militärverwaltung in Tyrus ausbliesen, waren nicht Märtyrer aufgrund einer Entscheidung einer politischen Partei oder Bewegung. Sie erlitten den Märtyrertod, weil der Imam Khomeini (es) ihnen erlaubt hatte. Sie wußten von nichts außer Gott, und sie besiegten Israel und Amerika für Gott.*

Es war der Imam der Nation (Khomeini), der ihnen den Weg zeigte und ihnen diesen Geist einflößte.“ (Martin Kramer, Arab Awakening and Islamic Revival. The Politics of Ideas in the Middle East, New Brunswick (USA) 1996, S. 239. Aus dem Amerikanischen übersetzt von G. Gemein.)

Die hinter der Rechtfertigung des Selbstmordattentats stehende Welt- und Menschensicht wird aus folgender Äußerung des Gründers des Islamischen Dschihad, Shiqaqi, in der Beiruter Zeitung al-Mujahid vom 2. August 1991 deutlich:

„Das Leben in der gegenwärtigen Welt ist nur vergänglich. Jedoch ist es die Arena des Kampfes zwischen Glauben und Unglauben, Anbetung Gottes und Anbetung von Trieben und Eitelkeiten. Dies lenkt das Leben auf eine Brücke, über die man das Paradies erreicht, indem man danach strebt, ein dankbarer Diener Allahs zu sein, oder auf eine Brücke zum Höllenfeuer, wenn man sich von Allah entfremdet.“ (Zitiert nach: Meir Hatina, Islam and Salvation in Palestine. The Islamic Jihad Movement, Tel Aviv 2001, S. 118. Aus dem Englischen übersetzt von G. Gemein.)

Auch der im arabischen Sender al-Dschazira häufig auftretende „Fernsehscheich“ Jusuf al-Qaradawi rechtfertigt Selbstmordattentate:

„Diese Operationen sind die höchste Form des Dschihad und sehr wohl gestattet in der Scharia, heißt es doch dort: Verbreite Furcht unter deinen Feinden und den Feinden Gottes! Wer Selbstmord begeht, bringt sich um seines eigenen Vorteils willen um. Derjenige aber, der zum Märtyrer wird, opfert sich für Glauben und Nation. Während derjenige, der sich umbringt, die Hoffnung an sich und Gott aufgegeben hat, ist der Mudschahid, der Kämpfer, voll des Glaubens an Gottes Gnade. Er bekämpft seinen Feind und den Feind Gottes mit dieser neuen Waffe, welche die Vorsehung in die Hände der Schwachen gelegt hat, sodass sie imstande sind, die Mächtigen und Arroganten zu bekämpfen. Der Mudschahid wird zur lebenden Bombe, deren Ort und Zeit der Explosion in der Mitte der Feinde er bestimmt und sie hilflos im Angesicht des tapferen Märtyrers werden lässt, der seine Seele an Allah verkauft hat und das Märtyrertum um Gottes Willen

Porträt von Fathi al-Shiqaqi, Gründer und Führer des „Islamischen Dschihad" mit anderen Märtyrern seiner Organisation. Text: „Der Führer und seine Märtyrer-Schüler grüßen Allah"; in der Mitte unten das Logo des Islamischen Dschihad. Das Foto wurde mehrfach in arabischen Zeitungen veröffentlicht: Al-Sha'b vom 30. Juli 1996; al-Istiqlal vom 17. Juli 1998; al-Mujahid vom 26. Oktober 1997.

gesucht hat." (Al-Ahram al-Arabi (ägyptische Tageszeitung), Kairo vom 3. Feburar 2001, zitiert nach Christoph Reuter, Mein Leben ist eine Waffe, München 2002, S. 251.)

Aus einem Gutachten mehrerer Professoren der Kairoer al-Azhar-Universität:

„Wer sich opfert, gibt seine Seele, um näher bei Allah zu sein, um seine Rechte, um seinen Respekt und das Land der Muslime zu schützen. Wenn die Muslime in ihren Häusern angegriffen werden und das Land geraubt wird, sind Märtyreroperationen eine Pflicht und die höchste Form des Dschihad. Jene, die ihre Seele an Gott geben, sind die Avantgarde der Märtyrer in Gottes Augen. Sie symbolisieren die Wiederkehr der Nation, ihre Standhaftigkeit im Kampf sowie den Umstand, dass die Nation lebendig ist und nicht tot." (Zitiert nach: Christoph Reuter, Mein Leben ist eine Waffe, München 2002, S. 257.)

In einer Freitagspredigt in der al-Aqsa-Moschee schlägt der Großmufti von Jerusalem und höchster islamischer Würdenträger der palästinensischen Autonomieverwaltung, Ekrima Sabri, einen historischen Bogen von der Schlacht von Mutah 630 n. Chr. – mit dem heldenhaften Märtyrertum der Befehlshaber eines kleinen islamischen Heeres gegen die byzantinische Übermacht – bis zur Gegenwart:

„Nun sagte der Prophet: Ihr werdet unschuldige Menschen finden. Tut ihnen nichts an. Tötet keine Frauen, keine Kinder, hackt keine Bäume ab und zerstört keine Häuser! Das ist unsere große islamische Religion. Es ermutigt uns in den Tagen des Friedens wie in denen des Kriegs. Auf der anderen Seite: Unsere Feinde zerstören Häuser, töten Kinder, zerstören Wasserquellen und hacken Bäume ab. Sie verweigern schwangeren Frauen die Fahrt zum Krankenhaus und zwingen sie, am Straßenrand zu gebären. Sie nutzen Militärjets gegen unsere wehrlosen Zivilisten. Ja, sie sind Besatzer und nicht Besitzer des Landes. Sie denken, sie ängstigen unser Volk. Wir sagen ihnen: Wie ihr das Leben liebt, so liebt der Muslim Tod und Märtyrertum. Der Muslim fürchtet nicht die Unterdrückung und die Waffen. Die gesegnete und heilige Erde Palästinas hat alle Invasoren und Kolonialmächte durch die Geschichte ausgespien und wird bald, mit Allahs Hilfe, die jetzigen Besatzer ausspeien!" (Zitiert nach: Christoph Reuter, Mein Leben ist eine Waffe, München 2002, S. 252f.)

Die für den Islam theologisch problematische Rechtfertigung des Selbstmords und des Selbstmordattentats zeigt sich in Formen sprachlicher Verschleierung. Reuter faßt zusammen:

„Nach und nach entsteht über die Jahre eine ganze Kultur des Märtyrertums: So, wie die Eskimos Namen haben für die verschiedenen Formen des Eises und die Beduinen für die Arten des Sandes, pflegt die Hisbollah den arabischen Wortschatz des ganz speziellen Todes: Da Selbstmordattentate per definitionem kein Selbstmord sein dürfen, kommt für sie der Begriff der Amalyiat al Istischhadiyya, der Märtyreroperation, auf. Im Zentrum steht der Schahid, der Märtyrer. Das kann der Schahid as-said sein, der glückliche Märtyrer, oder auch Schahid al-muqattilx, ‚der im Kampf getötete Schahid', der lebend hätte davon kommen können, aber den Tod vorzog – wie Hussain in Kerbela. Höhepunkt der Opferbereitschaft ist der Istischhadi, der sich selbst dem Martyrium Übereignende, mithin jeder Selbstmordattentäter. Aber da gibt es auch den Schahid al-mazlum, der ungeplant, auch ungewollt zu Tode Gekommenen. In den Kondolenzanzeigen der Hisbollah für die Fahrer der Sprengstoffautos wird fein auf die Unterschiede geachtet. Um Selbstmordattentate zu verhindern, hatten die israelischen Kommandanten angeordnet, dass in jedem Auto in der besetzten ‚Sicherheitszone' zwei Leute sitzen müssten. Sie konnten sich nicht vorstellen, dass diese von ihnen für fanatisierte Amokläufer gehaltenen Täter keine Einzelgänger sind. Fortan sitzen in jedem mit Hunderten Kilo TNT gefüllten Auto eben zwei Leute, und später in den Kommuniqués wird der Fahrer als Schahid as-said, als ‚glücklicher Märtyrer', gepriesen, während der Beifahrer, als Schahid al-mazlum, als ‚unbeabsichtigter Märtyrer', sozusagen zweiter Klasse ins Paradies eingefahren ist." (Christoph Reuter, Mein Leben ist eine Waffe, München 2002, S. 107f.)

Testamente von Selbstmordattentätern

Ein Vergleich der Testamente von Selbstmordattentätern aus den 1970er Jahren mit denen der Jahrtausendwende macht die mentalitätsgeschichtlich bedeutsame Entwicklung in der gewaltbereiten palästinensischen Jugend deutlich. Die eher säkular argumentierende nationale Begründung wird durch eine religiös verbrämte abgelöst. Hintergrund ist die Rivalität der aus dem arabischen Nationalismus kommenden PLO mit der islamistischen Hamas, die sich auch in der unterschiedlichen Akzeptanz eines Friedensprozesses manifestiert. Das politisches Testament des palästinensischen Selbstmordattentäters Munir al-Maghrebi wurde von der Zeitung Al-Anwar vom 12. April 1973 vollständig abgedruckt:

„*Bevor wir nun zur Erfüllung unserer Aufgabe aufbrechen, will ich zu euch sprechen. Ich bin Munir al-Maghrebi und erlebe in diesem Moment das höchste Glück meines Lebens, weil ich mich für mein Land opfern darf, um den Feind ins Herz zu treffen. Ich danke euch, meine Freunde, die ihr euer Vertrauen in mich setzt, und ich danke der Volksfront, unser aller Mutter, die mir die Ehre zuteil werden ließ, diesen Weg zu beschreiten, um unsere Ziele zu verwirklichen. Ich werde jetzt gehen und nicht zurückkehren, das weiß ich, und ich weiß auch, daß mir Millionen Revolutionäre dieser Welt auf diesem Weg folgen werden. Freunde, wie süß ist doch der Geschmack des Todes, wenn er sich mit der Luft meines Landes vermählt.*

Freunde, wir, die wir auf die lange Geschichte unserer arabischen Länder zurückblicken, wie ist es möglich, daß wir angesichts dieser unserer arabischen Geschichte, die voll ist von Heldentum, den Sieg nicht erringen konnten. Wir werden heute sterben, nicht weil wir vor dem Leben flüchten oder am Leben verzweifeln. Denn der Tod auf dem Weg zum Ziel ist der Beginn eines neuen wunderbaren Lebens, wir kämpfen für das Volk und sterben für unser Land.

Schon jetzt kann ich spüren, wie das Joch der Flüchtlingslager von uns abfällt, wie die schlammigen Gassen zu breiten sonnendurchfluteten Straßen werden und wie die Gesichter der Kinder meines Landes, in denen Trauer geschrieben steht, sich verwandeln und mit Glück und Hoffnung erfüllt sein werden, ohne Angst vor der Gegenwart und ohne Furcht vor der Zukunft.

Ich liebe euch, Kinder meines Landes, und so bereite ich euch den Weg zur Freude, den ihr bewahren und jenen, die nach euch kommen, zum Geschenk machen sollt.“ (Zitiert nach: Joseph

Croitoru, Der Märtyrer als Waffe. Die historischen Wurzeln des Selbstmordattentats, München 2003, S. 84f.)

Ismael Masawahi, ein begabter Kalligraph aus einer begüterten Familie im Gaza, sprengte sich kurz vor seinem Universitätsexamen am 22. Juni 2001 in die Luft. Sein Testament wurde in einem Wettbewerb, in dem ein Dozent zahlreiche Texte von „Märtyrern" der Islamischen Universität von Gaza untersuchte, als besonders gut formuliert ausgezeichnet. Das offizielle Testament des Ismael Masawahi (in Auszügen):

„Dank sei Gott, der den Mudschaheddin den Sieg und den Diktatoren die Niederlage gibt, und gepriesen seien Mohammed, der ehrliche, gläubige Prophet Mohammed, und all seine Freunde und jene, die ihm auf seinem Weg gefolgt sind.

Liebe Muslim-Jugend überall in der Welt, ich grüße euch mit den gesegneten Grüßen des Islam, Grüße, die ich an all jene unter euch schicke, die im Namen der Religion und ihrer Nation kämpfen, Grüße an alle, die überzeugte Kämpfer und Märtyrer sind.

Liebe Muslim-Jugend, ich möchte euch wissen lassen, dass ich von euch besonders jene geschätzt habe, die stets als Erste zum Gebet in die Moschee gekommen sind.

Liebe Brüder, es gibt keinen Zweifel an der Lage der muslimischen Umma, der muslimischen Nation, sie ist offensichtlich für jedermann, ob alt oder jung. Eine Lage, die uns weinen lässt und unsere Herzen traurig macht über das, was den Muslimen widerfahren ist, und wir sind aufrichtig betrübt darüber.

Wir wurden schwach, nachdem wir die Macht hatten; wir leben in Demütigung, wo wir einst in Würde lebten. Wir sind unwissend, wo wir wissend waren. Wir sind zum Schlusslicht der Welt geworden, da wir einst ihre Führer waren.

Der Wunsch, ein Märtyrer zu sein, dominiert mein Leben, mein Herz, meine Seele und meine Gefühle. Wenn ich die Verse des Korans höre, werde ich traurig, weil ich nichts tue, um die Situation zu ändern. Unsere Nation ist so schwach geworden, und jeder bedient sich daran. Wir sind eine Nation, die in Schande lebt und unter der Besetzung der Juden. Dies widerfuhr uns, weil wir nicht gegen sie gekämpft haben, weil wir nicht für Gott gekämpft haben.

Diese schreckliche und dunkle Situation, die ich kenne und erlebe, lehne ich ab und habe beschlossen, ein Lichtstrahl zu werden, um den Muslimen den Weg zu leuchten, und ein Feuerstrahl, um den Feind Gottes zu verbrennen. Einfach nur zuzusehen, wie unser muslimisches Volk abgeschlachtet wird (von den Juden), und keinen Schritt zu unternehmen, diese Situation zu ändern, ist ein schmutziges Spiel, das ich nicht ertrage. Deshalb, im Namen Jerusalems und der al-Aqsa-Moschee, im Namen Gottes auf seiner Erde, ziehe ich es vor, Gott zu treffen und die Menschen zu verlassen. Deshalb habe ich mir selbst gesagt, dass ich morgen mit dem Propheten Mohammed und seinen Getreuen sein werde (...).

Gott wird euch nicht vergeben, wenn ihr ein solches Leben akzeptiert. Das andere ist das wahre Leben. Gott wird euch nicht vergeben, wenn ihr die Demütigung akzeptiert und nicht kämpft, um die Situation zu beenden und den Islam zu stärken. Meine Brüder und meine Familie, ich werde im Paradies sein, wo ich alles bekomme. Also seid nicht traurig, dass ihr mich verloren habt. Dort werde ich unsterblich sein, also solltet ihr glücklich sein, dass ich dort bin. Allen, die mich geliebt haben, sage ich, weint nicht, denn eure Tränen lassen mich nicht ruhen. Dies ist mein Weg. Also macht, wenn ihr mich wirklich geliebt habt, weiter und tragt meine Waffe.

Ich habe beschlossen, zu den Waffen zu greifen und den Brigaden der Märtyrer Izzedin al-Qassam zu folgen, um die Juden jenes Leid und jene Zerstörung spüren zu lassen, denen sie mein Volk jeden Tag und seit langer Zeit aussetzen.

Grüße von einem Märtyrer, der sich wünscht, euch eines Tages alle im Paradies Gottes wiederzusehen, des Schöpfers von Himmel und Erde. Grüße an alle, die mich kannten und liebten und die den Weg des Dschihad und der Mudschaheddin lieben.

Ich hoffe, dass Gott mich als Märtyrer akzeptiert."

Das Testament für die Familie lautete:

„*Liebe Mama, lieber Papa,*

ihr, die ihr große Anstrengungen unternommen habt, um mich aufzuziehen, die ihr nachts gewacht habt, damit ich schlafen und ruhen kann, die ihr mich als einen Muslim erzogen habt: Ihr seid mir so teuer wie meine Augen und mein Herz. Ihr habt das Beste getan, um mich zu einem erwachsenen Menschen zu machen. Ihr habt mir sehr viel geholfen, und möge Allah euch mit dem Besten dafür belohnen. Ich finde nicht die passenden Worte, um euch für all das, was ihr für mich getan habt, zu danken, aber ich bitte Gott den Allmächtigen, uns im Paradies wieder zu vereinigen.

Meine geliebten Eltern, ich weiß, dass es schwierig und hart ist, mich zu verlieren, aber vergesst nicht, dass wir uns im Paradies wiedersehen. Das ist das Versprechen Gottes. Was für ein wunderbares und schönes Versprechen, wenn wir uns dort alle wiedersehen.

Liebe Mama, sei geduldig und glücklich, und bete zu Gott, um ihm zu danken, dass er dir einen Märtyrer als Sohn geschenkt hat. Und denk an al-Khansaa, die ihre vier Söhne als Märtyrer für Gott gegeben hat, weil sie wusste, dass sie sie alle im Paradies wiedersehen wird und dass sie eines Tages auch dort hinkommen wird.

Lieber und guter Vater, bitte verzeih mir. Dass ich deinen Traum nicht erfüllt habe, zu erleben, wie ich mein Studium an der Universität beende, und stolz zu sein, wenn ich einen Job bekomme. Aber du solltest zufrieden sein, weil dein Sohn zwar kein Schihada, aber dafür das große Schahada bekommen wird; darauf solltest du stolz sein.

Du warst es, der mir beigebracht hat, in allen Situationen ein Mann zu sein. Du bist es, der in seinem Haus einen Löwen herangezogen hat, der die Feinde Gottes und der Muslime das Fürchten lehrt. Verzeih mir, lieber Vater, wenn du die Nachricht von meinem Märtyrertum erhältst und überrascht sein wirst, weil ich weiß, dass du nur darauf wartest, dass ich jeden Augenblick mein Studium beende, aber dies ist es, was ich in der jetzigen Situation tun muss. Und wir werden uns in einem anderen Leben wiedersehen.

Meine geliebten Brüder, ich habe euch alle vom Grunde meines Herzen geliebt. Seid gut zu Vater und Mutter.

Meine lieben Gläubigen, lieber Mohammed, Ahmed und Mahmud, ihr seid die Jugend der Zukunft, bitte seid, wenn ich tot bin, gut zu meinen Eltern. Helft meinem Vater bei der Arbeit und meiner Mutter im Haus. Und geht regelmäßig in die Moschee. Habt keine schlechten Freunde. Lest den Koran.

Meine geliebten und guten Schwestern, ich war immer glück-

lich, wenn ich euch gesehen und mit euch gesprochen habe. Wenn ich euch besuchen kam, habt ihr mich willkommen geheißen mit einem freundlichen Lachen und warmen Worten. Seid geduldig und dankt Gott und bitte verzeiht mir, wenn ich einen Fehler gemacht habe.“ (Zitiert nach: Christoph Reuter, Mein Leben ist eine Waffe, München 2002, S. 145ff. Anmerkungen: „Khansaa“: berühmte Mutter in der arabischen Geschichte, die vier Söhne im Krieg, aber nie ihre Geduld verloren hat; „Schihada“: das reguläre Diplom; „Schahada“ die Ehre, ein Märtyrer zu sein.)

Den Selbstdarstellungen der „Testamente“ entsprechen die „Nachrufe“. Nachdem die Israelis den fähigsten Bombenexperten der Hamas, Yahiya Ayyash, bekannt als der „Ingenieur“, umgebracht hatten, erklärte die Hamas unter Bezug auf die Tugenden der Selbstaufopferung:

„Unser tapferes palästinensisches Volk, Eure militante Bewegung Hamas, die Euch die frohe Botschaft bringt, daß ihr Führer und Held Yahiya Ayyash zum Himmel aufgestiegen ist, gratuliert ihrem heldenhaften Führer wegen des Gewinns der Ehre des Martyriums zu Ehren Gottes und ruft die lange Reihe von Opfern in Erinnerung, die als bescheidene Opfergaben zum Wohle Gottes und der Freiheit der Heimat und des Volkes gegeben wurden (...). Das Martyrium war Yahiyas langgehegter Wunsch. Es bildet die Hoffnung, der die Helden von Hamas jede Stunde folgen.“ (Zitiert nach: Bruce Hoffmann, Terrorismus – der unerklärte Krieg, Frankfurt a. M. 1999, S. 130.)

Strategische und historische Einordnung des Selbstmordattentats

Hinter der religiösen Verbrämung der Selbstmordanschläge steht noch eine andere Logik: Die Strategie des Terrorismus als einzige Waffe, die den Schwachen und Machtlosen im Kampf gegen einen übermächtigen militärischen Gegner bleibt. Die USA mußten nach dem beeindruckenden Sieg über die irakische Armee 2003 angesichts der Anschläge des muslimischen Widerstands die gleiche Erfahrung der Hilflosigkeit machen wie die Israelis nach ihren Militäroperationen, die den Terrorismus ebenfalls nicht stoppen konnten. Ein führender Muslimaktivist aus dem Gaza erklärte dies 1994 im israelischen Fernsehen:

„Wir verfügen nicht über die Waffen, die der Feind besitzt; wir haben keine Flugzeuge oder Raketen, wir besitzen nicht einmal Artillerie, um das Übel zu bekämpfen. Das wirksamste Instrument, um mit einem Minimum an Verlusten Schaden anzurichten, stellt diese Art von Operationen dar. Hier handelt es sich um eine legitime Technik, der sich auf das Märtyrertum gründet. Durch diese Aktionen erwirbt der ‚Märtyrer' das Recht, in den Himmel einzutreten und sich selbst von allem Schmerz dieser Welt zu befreien." (Zitiert nach: Bruce Hoffmann, Terrorismus – der unerklärte Krieg, Frankfurt a. M. 1999, S. 129.)

Sabine Damir-Geilsdorf zur Entwicklung des modernen Selbstmordattentats im Vergleich mit anderen Erscheinungen:

„In der islamischen Geschichte spielten das islamische Martyrium und die damit verbundenen Paradiesverheißungen (...) kaum eine Rolle, um breite Massen für den Dschihad zu mobilisieren. Dies ist ein modernes Phänomen. Seine Anfänge hatte es im Ersten Golfkrieg. Ganze Scharen iranischer Soldaten, darunter zahlreiche Kinder und Jugendliche, liefen ‚freiwillig' in die irakischen Minen und wurden als Märtyrer gefeiert. Sie beriefen sich dabei auf Hussein, dem schiitischen ‚König der Märtyrer' (...). Dieser Märtyrerkult erleichterte sicherlich die Mobilisierung für den Krieg gegen den Irak, aber auch bei den Schiiten sind Suizidattentate, d. h. der Gedanke, das islamische Martyrium zu erlangen, indem durch den eigenen Tod möglichst viele Feinde mit in den Tod gerissen werden, neu. Als das erste islamisch legitimierte Selbstmordattentat 1983 durch ein Mitglied der libanesischen schiitischen Hizbollah verübt wurde, kritisierten es nahezu alle schiitischen Autoritäten mit dem Hinweis auf das Selbstmordverbot im Islam. Selbstmordattentate waren in der islamischen Welt bislang aus anderen, nicht islamischen Kontexten bekannt. Die ‚atheistischen' Kommunisten und die libanesische Syrische Nationalistische Partei, die zu einem großen Teil aus Christen bestand, hatten sie bereits vorher im Südlibanon als Terrormittel eingesetzt. Dass Suizidattentate keine spezifisch islamische

Form der Kriegführung und des Widerstands sind, die sich durch religiösen Fanatismus erklären lassen, zeigen auch die japanischen Kamikaze, die Japanische Rote Armee, die tamilische LTTE mit ihren Black Tigers sowie die Selbstmordattentate der kurdischen Arbeiterpartei PKK. Dennoch etablierte sich in Hizbollah-Kreisen allmählich der Gedanke, dass diese Form der Attentate kein Selbstmord, sondern ‚Märtyreraktionen' seien. Eine der Ursachen dafür ist sicherlich ihre Wirkung: Ein US Marine-Corps, UN-Friedenstruppen und schließlich auch Israel zogen nicht zuletzt wegen dieser Attentate aus dem Libanon ab. Es dauerte jedoch noch über ein Jahrzehnt, bis auch sunnitische Gruppierungen begannen, Selbstmordattentate in ihre Ideologie aufzunehmen. 1994, 40 Tage nachdem ein Israeli 29 Palästinenser in der Moschee in Hebron erschossen hatte, verübte ein sunnitischer Palästinenser ein Selbstmordattentat, durch das neun Israelis getötet wurden. In der zweiten, so genannten Al-Aqsa-Intifada, setzte dann unter palästinensischen Sunniten eine regelrechte Welle von Selbstmordattentaten ein. Seitdem preisen militante Islamisten sie nicht nur als legitime, sondern als ‚die' Form des Dschihad gegen Israel. Die Gründe dafür sind vielschichtig und komplex. Außer ihrer oben erwähnten ‚Effektivität' als Terrormittel bereitet den Boden für ihre wachsende soziale Akzeptanz auch die Bedeutung, die das Konzept des Martyriums bzw. seine politische Instrumentalisierung in der palästinensischen Gesellschaft infolge der Auseinandersetzung mit dem britischen Mandat, insbesondere aber nach der Staatsgründung Israels erlangt hatte." (Sabine Damir-Geilsdorf, Krieg im Namen des Islam? Aushandlungen und Transformationen religiöser Konzepte am Beispiel der islamischen „Märtyreraktionen" im Palästinakonflikt, Vortragsmanuskript beim Friedenspolitischen Ratschlag am 6./7. Dezember 2003 in Kassel, AG Friedensforschung der der Universität Kassel, S. 7f.)

Die „Internationale Islamische Front" Bin Ladens

Anfang 1998 kündigte Bin Laden die Bildung einer Internationalen Islamischen Front für einen Dschihad gegen die Juden und

Kreuzfahrer an. Zu den Unterzeichnern der Vereinbarung gehören neben Zawahiri von der ägyptischen Dschihad-Gruppe auch Bin Ladens treuer Stellvertreter Taha und Führer militanter Organisationen aus Pakistan und Bangladesch. Das Gründungsmanifest vom 22. Februar 1998 bereitet die Terrorangriffe von al-Qaida vor:

„Seit Gott die Arabische Halbinsel ausbreitete, ihre Wüste schuf und ihre Meere füllte, hat uns kein Unheil jemals so heimgesucht wie jene christlichen Legionen, die sich wie Ungeziefer ausgebreitet, ihr Land bevölkert, ihre Ressourcen geplündert, ihre Natur vernichtet und ihre Führer gedemütigt haben (...). Niemand bestreitet heute drei wiederholt bezeugte Tatsachen, worüber unter den Gerechten Einigkeit herrscht (...). Es sind die Folgenden: Etwa seit sieben Jahren hält Amerika die heiligsten Länder des Islam besetzt: die Arabische Halbinsel. Es hat ihre Ressourcen gestohlen, ihren Anführern Befehle erteilt, ihr Volk gedemütigt und ihre Nachbarn in Schrecken versetzt. Es benutzt seine Herrschaft auf der Halbinsel als Waffe zur Bekämpfung der benachbarten Völker des Islam (...). Der offenkundigste Beweis kam, als die Amerikaner in ihrer Aggression gegen das Volk des Iraks zu weit gingen (...). Trotz der vielen Zerstörungen, die die christliche Allianz den Irakis zugefügt hat, und trotz der großen Zahl von Opfern an Menschenleben, die eine Million übersteigt, versuchen die Amerikaner, diese entsetzlichen Massaker erneut anzurichten, als wären sie mit dem langen Boykott (der Länder) oder den Zerstörungen noch nicht zufrieden. Hierher kommen sie heute, um den Rest dieses Volkes auszurotten und seine muslimischen Nachbarn zu demütigen. Obwohl die amerikanischen Ziele dieser Kriege religiöser und wirtschaftlicher Art sind, sollen sie auch dem jüdischen Staat zugute kommen und von dessen Besetzung des heiligen Landes und der Ermordung der dort lebenden Muslime ablenken. Der sichtbarste Beweis dafür ist ihr Beharren darauf, den Irak zu vernichten, den mächtigsten arabischen Nachbarstaat (...). Alle diese Verbrechen und dieses Elend sind eine unverhüllte Kriegserklärung an Gott, seinen Propheten und die Muslime durch die Amerikaner (...). Auf Grund dieser Tatsachen und um dem Allmächtigen zu gehorchen, sprechen wir hiermit gegenüber allen Muslimen das folgende fatwa aus: Die

Amerikaner und ihre Verbündeten, ob Zivilisten oder Militärs, zu töten und zu bekämpfen ist die Pflicht eines jeden Muslims in jedem Land, der dazu in der Lage ist (...). Im Namen Gottes rufen wir jeden Muslim, der an Gott glaubt und um Vergebung bittet, auf, dem Befehl Gottes zu gehorchen, indem er Amerikaner tötet und ihr Geld stiehlt, jederzeit und wann immer es möglich ist. Des Weiteren rufen wir muslimische Gelehrte, ihre treuen Führer, junge Gläubige und Soldaten dazu auf, gegen die amerikanischen Satanssoldaten und ihre Verbündeten des Teufels zum Angriff überzugehen." (Zitiert nach: Peter Bergen, Heiliger Krieg Inc., Berlin 2001, S. 120f.)

Karte folgende Seite: Die bedeutendsten Attentate von al-Qaida seit dem 11. September 2001 (Le Monde, Dossiers et Documents, Nr. 333, Juli bis August 2004)

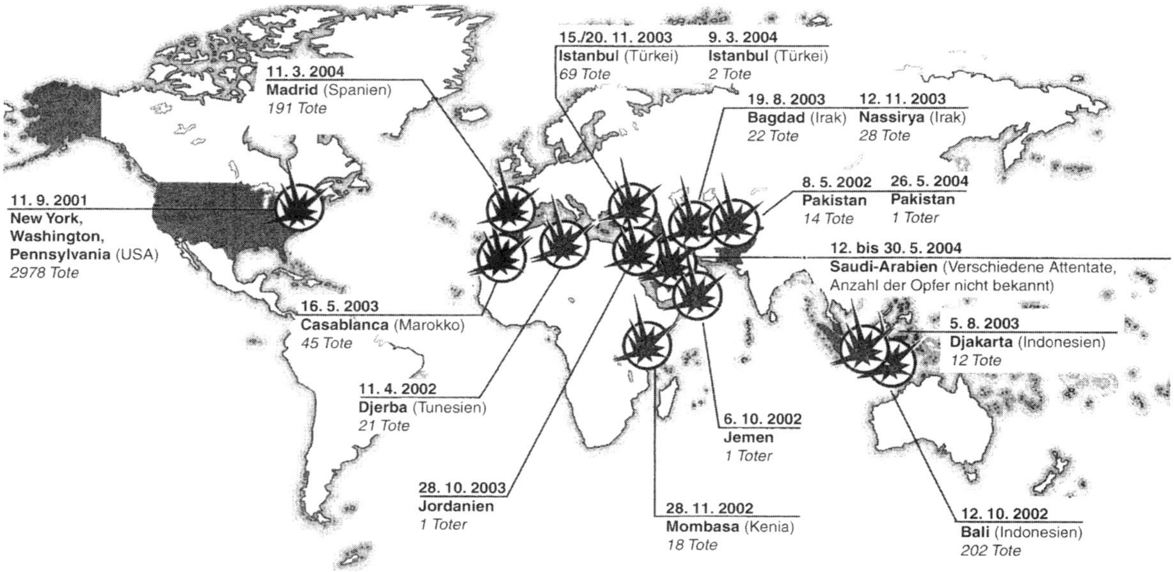
11. 9. 2001
New York, Washington, Pennsylvania (USA)
2978 Tote
11. 3. 2004
Madrid (Spanien)
191 Tote
15./20. 11. 2003
Istanbul (Türkei)
69 Tote
9. 3. 2004
Istanbul (Türkei)
2 Tote
19. 8. 2003
Bagdad (Irak)
22 Tote
12. 11. 2003
Nassirya (Irak)
28 Tote
8. 5. 2002
Pakistan
14 Tote
26. 5. 2004
Pakistan
1 Toter
12. bis 30. 5. 2004
Saudi-Arabien (Verschiedene Attentate, Anzahl der Opfer nicht bekannt)
5. 8. 2003
Djakarta (Indonesien)
12 Tote
16. 5. 2003
Casablanca (Marokko)
45 Tote
11. 4. 2002
Djerba (Tunesien)
21 Tote
28. 10. 2003
Jordanien
1 Toter
28. 11. 2002
Mombasa (Kenia)
18 Tote
6. 10. 2002
Jemen
1 Toter
12. 10. 2002
Bali (Indonesien)
202 Tote

Kapitel 5

Das Bild der Frau im Islamismus

Das Bild der muslimischen Frau ist im Westen meist durch stereotype Vorstellungen aus der Vergangenheit geprägt – Vorstellungen, die in der gesellschaftlichen Wirklichkeit der meist wirtschaftlich rückständigen Länder sowie in fundamentalistisch geprägten Staaten wie dem Iran oder Saudi-Arabien eine Bestätigung finden. Doch die muslimische Welt besitzt eine große Vielfalt, und das gilt auch in der Frage der Verschleierung. Zudem sollte man nicht vergessen, daß die Einführung des Islam eine deutliche Verbesserung der Stellung der Frau bei den arabischen Stämmen bedeutete. Gerade im Vergleich mit dem vorislamischen Zustand kann man Mohammeds Reformen in dem Sinne deuten, daß der „Prophet die Freiheit, Gleichheit und Würde der Frau durchsetzen wollte“ (Tworuschka, 2002, S. 127).

Betrachtet man die gesamte islamische Welt, kann man für Vergangenheit und Gegenwart eine Vielzahl von Frauenbildern feststellen – keineswegs verwunderlich angesichts der unterschiedlichen Kulturen zwischen Westafrika und den Philippinen, die in den islamischen Kulturkreis aufgenommen wurden. Die Stellung der Frau reicht von verschiedenen Formen der Freiheit wie bei schwarzafrikanischen Völkern der Sahelzone oder in Kenia und Mozambique mit ihren matriliniearen Gesellschaftsstrukturen bis zur völligen Unterdrückung – ausgedrückt in völliger Verschleierung –, wie sie die Taliban in Afghanistan durchsetzten. Was hier als „islamisch“ ausgegeben wurde, war eher eine paschthunische Stammespraxis, der andere afghanische Völker nicht folgen konnten. Auf der anderen Seite gehen die Frauen der Tuareg – im Gegensatz zu ihren Männern – ganz unverschleiert; sie sind die eigentlichen Kulturträger des Volkes, besitzen in einzelnen Aspekten (Eigentum, Erbrecht) sogar einen Vorrang gegenüber den Männern. Hinsichtlich der Forderung bzw. Negierung des Schleiers kennen die nördlichen Berber des

Maghrebs beide Formen. In der Frühphase der islamistischen Bewegung spielt der Schleier bzw. das Kopftuch eine untergeordnete Rolle. Im Gegensatz zu den Taliban ist für die ägyptischen Muslimbrüder Ausbildung und Beruf ein „Recht" der Frau. Die reduzierte Rolle der Frau bei der aus der Muslimbruderschaft hervorgegangenen Hamas, die nur noch für den Nachschub zu sorgen – Waffen heranzutragen und neue Kämpfer zu gebären – hat, ist auf dem Hintergrund des Kampfes gegen Israel zu sehen. Allerdings ist in den letzten Jahrzehnten innerhalb der islamistischen Bewegung ein steigender Einfluß wahhabitischer Vorstellungen zu verzeichnen. Die von den Saudis finanzierten Moscheen und bezahlten Mullahs machen sich bemerkbar.

Für den Islamismus bedeutet die Rolle der Frau in der Gesellschaft eine zentrale Frage mit einer doppelten Stoßrichtung: Auf der einen Seite ist es der Versuch, die islamische Vielfalt einzuebnen, auf der anderen Seite ermöglicht der Vorwurf der Sittenlosigkeit auch eine Abgrenzung gegenüber dem Westen. Mit der vom fundamentalistischen Islam geforderten Rückkehr zur Verschleierung der Frauen ist auch die Forderung einer strikten Befolgung jener – arabisch geprägten – Verordnungen der Scharia verknüpft, die den Mann zum alleinigen Inhaber aller Rechte der zwischenmenschlichen Beziehungen und des Eigentums macht, zu dem manchmal auch die Frau gezählt wird. Wo moslemische Gesellschaften fundamentalistisch geprägt oder beeinflußt sind, findet man in Schulen, im Transportwesen, in Büros und anderen öffentlichen Einrichtungen eine Trennung der Geschlechter, selbst die Kairoer U-Bahn hält einen eigenen Waggon für Frauen vor. Die Rückführung der Frauen in die Beschränkung auf ein rein häusliches Leben wird allerdings durch die ökonomische Entwicklung verhindert, da Frauen im Arbeitsprozeß benötigt werden. Dies gilt für Länder wie Ägypten und den Iran gleichermaßen, in denen fundamentalistische Strömungen unterschiedlich stark ausgeprägt sind. Doch wird man den Islamismus insgesamt mit dem Soziologen Martin Riesebrodt als eine im Kern patriarchalische Protestbewegung gegen die Emanzipationsbewegung der Frauen ansehen dürfen. Der Islamismus bekämpft nicht die Moderne generell, sondern ihre säkularisierte Form, in der die Emanzipation der Frau eine bedeutende Rolle spielt. Die

Kopftuchfrage hat hier ihren Hintergrund. Das Kopftuch ist für Islamisten nicht ein „religiöses Textil" (Bundespräsident Rau), sondern hat einen zentralen symbolischen Wert im politischen Kampf für eine Gesellschaft, die von einer rigorosen Scharia-Auslegung geprägt ist. Sie wird deshalb hier nicht gesondert behandelt, weil sie im Grundsatz zu der in Kapitel 3 behandelten Problematik einer gegen den Westen und die Säkularisation gerichteten politischen Bewegung gehört. Wer die Verschleierungsformen fundamentalistisch geprägter Gesellschaften wie die der Muslimbruderschaft, der Iraner oder der Taliban vergleicht, wird hier weniger religiöse Motive als sozioethnische Bedingungen erkennen.

Dokumente und Materialien

Das Bild der Frau im Koran

Die folgenden Koran-Zitate erfassen nicht das gesamte Bild, das er von der Rolle der Frau zeichnet, sie heben vorrangig die Verse hervor, die in der fundamentalistischen Argumentation herangezogen werden.

„*Eure Frauen sind euch ein Saatfeld. Geht zu (diesem) eurem Saatfeld, wo immer ihr wollt! Und legt euch (im Diesseits) einen Vorrat (an guten Werken) an! Und fürchtet Gott! Ihr müßt wissen, daß ihr ihm (dereinst) begegnen werdet. Und bring den Gläubigen gute Nachricht (von der Seligkeit, die sie im Jenseits erwartet)!*" (Sure 2, 223)

„*Die Männer stehen über den Frauen, weil Gott sie (von Natur vor diesen) ausgezeichnet hat und wegen der Ausgaben, die sie von ihrem Vermögen (als Morgengabe für die Frauen?) gemacht haben. Und die rechtschaffenen Frauen sind (Gott) demütig ergeben und geben acht auf das, was (den Außenstehenden) verborgen ist, weil Gott (darauf) acht gibt (d. h. weil Gott darum besorgt ist, daß es nicht an die Öffentlichkeit kommt). Und wenn ihr fürchtet, daß (irgendwelche) Frauen sich auflehnen, dann vermahnt sie, meidet sie im Ehebett und schlagt sie! Wenn sie euch (daraufhin wieder) gehorchen, dann unternehmt (weiter) nichts gegen sie! Gott ist erhaben und groß.*" (Sure 4, 34)

Das Bild der Frau als Verführerin

Wie im Christentum ist auch im Islam das Bild der Frau als Verführerin, als Quelle des Bösen und des Unheils ausgeprägt:

„*Abdallah Ibn Umar (Ra) berichtet, der Gesandte Gottes (...) habe gesagt: Unheil kann durch die Frau, das Haus und das Pferd heraufbeschworen werden.*" *(...)* „*Usama Ibn Zaid (Ra) berichtet, der Prophet (...) habe gesagt: Wenn ich meinen Auftrag als Prophet (...) erfüllt habe, wird es in dieser Welt keine Versuchung mehr geben, die für die Männer verhängnisvoller sein kann als die Frauen.*" (Al-Buhari, Nachrichten, S. 334.)

Der ägyptische Prediger Sheikh Mitwali Sharawi behauptet: *„Wenn Gott von Ehebrecher und Ehebrecherin spricht, ist er sehr genau. Wen meint er, wenn er von Ehebrecherin spricht? Die Frau. Aber um beide, den Mann und die Frau, gleichermaßen anzuklagen, zog es Gott vor, sich in deutlicher Weise an beide zu wenden, um jegliche Verwirrung zu vermeiden. Sie ist diejenige, die die Provokation verursacht. Deshalb befahl Gott den Männern, sie sollen sich von den Frauen nicht in Versuchung führen lassen; und er sagt den Frauen, sie sollen nicht unbedeckt bleiben. Also, wer ist die Quelle der Provokation?"* (Zitiert nach: Martin E. Marty u. R. Scott Appleby, Herausforderung Fundamentalismus, Frankfurt a. M. 1996, S. 147f.)

Pflicht zur Verhüllung oder Schutz der Privatsphäre?

Sure 24, 31 wird als Beleg für die Pflicht der Frau herangezogen, ihre „Reize" zu verbergen. Der Vers ist eingebettet in einen Kontext, der das Betreten eines Hauses an die Erlaubnis des Besitzers knüpft; diese „Unverletzlichkeit" der Wohnung bzw. Privatsphäre entspricht westlichen Vorstellungen. Sie ist sogar im historischen Vergleich für lange Phasen europäischer Geschichte vorbildlich. In der fundamentalistischen Argumentation hinsichtlich der Bekleidungsvorschriften für die Frau wird meist nur der erste Teil des Verses zitiert, nicht dagegen die – recht zahlreichen – Ausnahmen der Personengruppen, die eine Frau „unverhüllt" sehen dürfen, was dem – als schamlos kritisierten – westlichen Schamgefühl zum Teil erheblich widerspricht:

„Und sag den gläubigen Frauen, sie sollen (statt jemanden anzustarren, lieber) ihre Augen niederschlagen, und sie sollen darauf achten, daß ihre Scham bedeckt ist (wörtlich: sie sollen ihre Scham bewahren), den Schmuck, den sie (am Körper) tragen, nicht offen zeigen, soweit er nicht (normalerweise) sichtbar ist, ihren Schal sich über den (vom Halsausschnitt nach vorne heruntergehenden) Schlitz (des Kleides) ziehen und den Schmuck, den sie (am Körper) tragen, niemand (wörtlich: nicht) offen zeigen, außer ihrem Mann, ihrem Vater, ihrem Schwiegervater, ihren Söhnen, ihren Stiefsöhnen, ihren Brüdern, den Söhnen ihrer

Brüder und ihrer Schwestern, ihren Frauen (d. h. den Frauen, mit denen sie Umgang pflegen?), ihren Sklavinnen (wörtlich: dem, was sie (an Sklavinnen) besitzen), den männlichen Bediensteten (wörtlich: Gefolgsleuten), die keinen (Geschlechts)trieb (mehr) haben, und den Kindern, die noch nichts von weiblichen Geschlechtsteilen wissen. Und sie sollen nicht mit ihren Beinen (aneinander)schlagen und damit auf den Schmuck aufmerksam machen, den sie (durch die Kleidung) verborgen (an ihnen) tragen (wörtlich: damit man merkt, was sie von ihrem Schmuck geheimhalten). Und wendet euch allesamt (reumütig) wieder Gott zu, ihr Gläubigen! Vielleicht wird es euch (dann) wohl ergehen.“ (Sure 24, 31)

Die gleiche Position wird auch durch ein Hadith bestätigt:

„Keiner Frau, die an Allah glaubt, ist erlaubt, jemanden im Haus ihres Gatten zu haben, wenn er es nicht mag. Sie darf nicht ausgehen, wenn er es nicht will, und sie darf niemandem sonst gehorchen. Sie darf sich ihm nicht verweigern. Sie darf ihn nicht schlagen (wenn sie stärker ist). Wenn er mehr Unrecht hat als sie, soll sie auf ihn einreden, bis er versöhnt ist. Lenkt er auf ihr Zureden hin ein, wird ihr Versöhnungsbemühen von Allah angenommen und ihr Anliegen obsiegt, und wenn er nicht versöhnt ist, hat ihr Versöhnungsbemühen Allah doch erreicht.“ (Hadith, berichtet von Al-Hakim. Zitiert nach: Yousuf al-Qaradawi: Erlaubtes und Verbotenes im Islam, München 1989, S. 142.)

Der einflußreiche moderne islamistische Theologe Qaradawi, bekannt als Kommentator des TV-Senders al-Dschazira, vermeidet in seinen auch in westliche Sprachen übersetzten Büchern Formulierungen, die für westliche Leser „anstößig“ sein können, entwirft aber im Grundsatz das gleiche Frauenbild.

„Moral und Benehmen der muslimischen Frau unterscheiden sich deutlich von denen der nichtmuslimischen Frauen oder der Frauen aus der Zeit der jahiliya. Die muslimische Frau ist keusch, würdevoll und besitzt Selbstachtung und Schamgefühl. Andererseits ist die Frau, die von der göttlichen Rechtleitung nichts weiß, eingebildet und oft begierig, ihre Attraktivität zur Schau zu stellen. Dieses Zurschaustellen umfaßt Entblößung anziehender

Körperteile, auf herausfordernde Weise gehen und sprechen, den Schmuck zeigen, entblößende und sexuell aufreizende Kleidung tragen usw." (Yousuf Qaradawi: The Lawful and the Prohibited in Islam, 1985, S. 142; zitiert nach: Malise Ruthven, Der Islam, Stuttgart 2000, S. 142.)

Körperliche Züchtigung

Islamisten berufen sich in der Kopftuchfrage auf Koran und Scharia, ohne hinsichtlich des Korans eine zwingende Vorschrift nachweisen zu können. Die Scharia regelt alle möglichen Fragen menschlichen Zusammenlebens, darunter auch Fragen der Sklaverei und des Schlagens von Frauen. Es gehört allerdings zur islamischen Rechtstradition, daß Scharia-Regelungen flexibel auf die jeweiligen gesellschaftlichen, politischen und historischen Umstände anzuwenden sind. Offiziell ist in allen UN-Staaten die Sklaverei abgeschafft, auch in den muslimischen, obwohl sie in einigen immer noch praktiziert wird. Es ist typisch für die Agitation der Islamisten, daß im Westen die Kopftuchfrage als eine angeblich religiös geforderte Pflicht instrumentalisiert wird, daß aber die gleichermaßen in der Scharia behandelte Sklaverei und Züchtigung der Frauen nicht als religiöse Verpflichtung eingefordert wird. Dies wäre für eine politische Bewegung wie den Islamismus auch nicht opportun; im Westen würde es nur Empörung hervorrufen. Das Schweigen auf der einen Seite und das Hochspielen der anderen entlarvt die Kopftuchfrage als ein Agitationsmittel im Kampf gegen den Westen und die Gleichberechtigung der Frau. Sie spielt für die frühen islamistischen Ideologen der Generation Maududi und Qutb ohnehin keine Rolle, da die Kopftuchfrage erst in der Agitation des Islamismus der 1980er Jahre Relevanz gewinnt. Maududi behandelt immerhin die Frage des Schlagens von Frauen:

„*Wann immer der Prophet (Friede sei mit ihm) es einem Mann gestattete, sein Weib körperlich zu züchtigen, tat er es nur zögerlich und gab immer wieder seiner Abscheu davor Ausdruck. Und sogar für Fälle, in denen es notwendig ist, wies der Prophet (Friede sei mit ihm) die Männer an, weder ins Gesicht noch hart zu schlagen noch irgendeinen Gegenstand zu benutzen, der Spuren auf dem Körper hinterläßt.*" (Aus Maududis Kommentar zum Koran (Tafhim a1-Qt~ran), Sure 4, 35 [4, 34]. In: Sayyid Abu'I 'Als Maududi: Towards Understanding the Qur'an, Bd. 2, S. 36. Zitiert nach: Malise Ruthven, Der Islam, Stuttgart 2000, S. 130.)

Zur Polygamie

Ähnlich wie in der Frage des Schlagens von Frauen nimmt Maududi hinsichtlich der Polygamie eine eher orthodoxe Position ein. Für den Islamismus als politische Bewegung ist diese Frage von geringer Relevanz, wenn sie nicht aus opportunistischen Gründen ganz ausgeklammert ist.

„*Es gibt manche, die von der christianisierten Betrachtungsweise des Westens derart überwältigt und eingeschüchtert sind, daß sie zu beweisen versucht haben, das wahre Ziel des Koran sei die Beendigung der (in ihren Augen wirklich verwerflichen) Polygamie gewesen. Weil diese jedoch zu jener Zeit weit verbreitet war, beschränkte sich der Islam darauf, ihr Grenzen zu setzen. Derartige Argumente zeigen nur die geistige Sklaverei, der diese Menschen erlegen sind. Daß Polygamie per se ein Übel sei, ist eine nicht akzeptable Behauptung, denn unter bestimmten Bedingungen ist sie eine moralische und soziale Notwendigkeit. Wenn Polygamie vollständig verboten wird, werden die Männer, die sich mit nur einer Frau nicht zufriedengeben können, ihre Befriedigung außerhalb der Schranken des Ehelebens suchen, was zu sexueller Anarchie und sittlicher Entartung führen müßte. Dies würde der moralischen und sozialen Ordnung wahrscheinlich weitaus größeren Schaden zufügen als die Polygamie. Aus diesem Grund hat der Koran jenen, die das Bedürfnis dazu verspüren, gestattet, von der Polygamie Gebrauch zu machen.*" (Aus Maududis Kommentar zum Koran (Tafhim al-Quran), Sure 4, 3. In: Sayyid AhuI 'AIa Maududi: Towards Understanding the Qur'an, Bd. 2, S. 7f. Zitiert nach: Malise Ruthven, Der Islam, Stuttgart 2000, S. 131f.)

Die „Ehe auf Zeit" – eine Rechtfertigung von Vergewaltigung?

In den islamistischen Propagandaschriften spielt auch die im schiitischen Islam ausgeprägte Vorstellung der „Ehe auf Zeit" keine Rolle. Im sunnitischen Islam hat sie eine untergeordnete Bedeutung, für eine politische Argumentation ist sie wenig opportun – das bedeutet aber nicht, daß sich der einzelne im Bedarfsfall nicht auf diese orthodoxe Position zurückziehen kann. Islamismus wie orthodoxer Islam greifen die westliche Promiskuität gern an, gehen auf die Problematik dieser „Ehe auf Zeit" aber nicht ein. Diese setzt das Einverständnis der beiden Beteiligten voraus. Die hohen Raten von Scheidung und Wiederverheiratung im Westen könnten also durchaus diesem islamischen Prinzip entsprechen, werden aber als Zeichen der Dekadenz kritisiert; die problematische eigene Position wird nicht behandelt.

Ein sündiger Muslim gilt in dem Moment, in dem er sündigt, nicht als Muslim, wird aber, sobald er bereut, sofort wieder in die Gemeinschaft der Gläubigen aufgenommen (vgl. Kapitel 3). Dieses im Grundsatz positive Prinzip von der Reue des Sünders und der Barmherzigkeit Gottes ist für die Opfer von Gewalttaten durchaus problematisch. Dies gilt auch für die „Ehe auf Zeit", wenn sie für den Fall einer Vergewaltigung unterstellt wird.

Ob auf dem Kriegszug, von dem in einem Hadith berichtet wird, die Frauen eine Einwilligung gaben, läßt die Quelle offen:

„Abdullah berichtet: Wir waren mit dem Gesandten Gottes (...) auf einem Kriegszug und hatten keine Frauen dabei. Daher sagten wir zum Propheten (...): ‚Ist es nicht besser, wenn wir uns kastrieren lassen?' Er verbot uns das, erlaubte aber, Frauen für eine begrenzte Zeit zu ehelichen. In diesem Zusammenhang rezitierte er: ‚Ihr Gläubigen! Verwehrt euch nicht die guten Dinge, die Gott euch erlaubt hat! Und begeht keine Übertretung! Gott liebt die nicht, die Übertretungen begehen!'" (Al-Buhari, Nachrichten, S. 329.)

Allerdings sind die Hadiths hinsichtlich der „Ehe auf Zeit" widersprüchlich. Mohammed scheint seine anfängliche Erlaubnis zurückgenommen zu haben:

„Al-Hasan Ibn Muhammad Ibn 'Ali und sein Bruder 'Abdullah berichten: ‚Ali (R a) sagte zu Ibn 'Abbas: Der Prophet (...) verbot die Zeitehe und den Genuß des Fleisches domestizierter Esel. Das war zu der Zeit der Eroberung Haibars.'

Abu Gamra berichtet: ‚Ich war dabei, als jemand Ibn 'Abbas nach der Zeitehe fragte. Ibn 'Abbas erklärte sie für zulässig. Da sagte einer seiner Maulas zu ihm: ‚Die Zeitehe ist nur in Ausnahmefällen erlaubt, zum Beispiel, wenn ein Mangel an Frauen herrscht oder in vergleichbaren Situationen.' Ibn 'Abbas stimmte ihm zu.'

Gabir Ibn 'Abdullah und Salama Ibn al-Akwa' berichten: ‚Wir waren auf einem Feldzug, als der Gesandte Gottes (...) zu uns kam und sagte: ‚Es ist euch gestattet, eine Zeitehe einzugehen. Nehmt diese Möglichkeit wahr!' 'Salama Ibn al-Akwa' berichtet: ‚Der Gesandte Gottes (...) sagte: ‚Wenn ein Mann und eine Frau sich darauf verständigen, miteinander eine Zeitehe einzugehen, so soll ihre eheliche Gemeinschaft auf drei Tage befristet sein. Wenn sie ihre Beziehung danach fortsetzen wollen, können sie es tun. Und wenn sie sich trennen wollen, können sie auseinandergehen.' 'Salama Ibn al-Akwa' ergänzte zu seinem Bericht. ‚Ich weiß nicht, ob diese Weisung nur für uns während des Feldzugs damals galt oder für alle Menschen Gültigkeit hat.' Abu Abdullah al-Buhari sagt: ‚Ali hat eindeutig darauf hingewiesen, daß der Prophet (...) seine Genehmigung zur Zeitehe zurückgenommen hat.'" (Al-Buhari, Nachrichten, S. 338f.)

Die ägyptische Muslimbruderschaft zur Stellung der Frau

Da die politsche Instrumentalisierung der Kopftuchfrage erst in den 1980er Jahre erfolgte, spielen Einzelaspekte der Frauenfrage für die frühe islamistische Bewegung eine untergeordnte Rolle; die Grenzen zu Orthodoxie oder Traditionalismus sind fließend. Wie stark die Geschichte des Islamismus selbst und die geänderten historischen Rahmenbedingungen die Frauenfrage beeinflussen, zeigt ein Vergleich der Vorstellungen über die Stellung der Frau bei den ägyptischen Muslimbrüdern der 1950er Jahre und den afghanischen Taliban den 1990ern.

Mohammad al-Ghazali, einer der profiliertesten Autoren der ägyptischen Muslimbruderschaft, grenzt das Frauenbild des Islam von einem östlichen und westlichen ab. In seiner Schrift „Min huna na'lam", die 1954 die 4. Auflage erreichte, schreibt er:

„Manche von uns zwingen die Frau mit den Traditionen des Ostens; andere geben die Berechtigungen des Westens. Auf der einen Seite ist dies Beschränktheit und Fessel, auf der anderen absolute Freiheit und Libertinage. Beide Parteien benutzen das heilige Buch des Islam als Unterstützung und Autorität. In Wahrheit ist der Islam fern von jeder Seite (...).

Die bedeutendsten Traditionen des Ostens können wie folgt zusammengefaßt werden: 1. Wegen ihrer physischen Position nimmt die Frau eine untergeordnete Stellung wahr. Der Mann ist unbedingt überlegen; 2. Der Lebenszweck der Frau ist begrenzt auf sinnliches Vergnügen und Reproduktion. Daher sollen ihre Rechte und Pflichten nicht den emotionalen und intellektuellen Bereich dieses Lebenszweckes überschreiten; 3. Der Maßstab der Persönlichkeit und des moralischen Wertes der Frau soll allein ihre Keuschheit sein, wohingegen im Falle des Mannes der Maßstab andere und mehr bedeutende Werte umfaßt. Auf diesen drei traditionellen Prinzipien baut sich ein ganzes System von Sitten und Gebräuchen auf, dem die Frau unvermeidlich und unbarmherzig unterworfen ist. Die Tragödie dieses Systems liegt darin, daß seine Anhänger dies für einen Teil und Stück des Islams selbst halten. Die Frauenorganisationen, die vermutlich gegen den Islam eingestellt sind, stehen in Wirklichkeit gegenüber diesen Traditionen in Opposition, die sie als solche des Islam missverstehen.

Auf der andern Seite stehen die westlichen Traditionen: 1. Die absolute Gleichheit von Männern und Frauen in allen Dingen; 2. Die Gründung der Gesellschaft auf der freien und vollständigen Gemeinschaft der Geschlechter; 3. die Ansicht von einem Sexualleben als eines absolut privaten und der eigenen freien Entscheidung der Person unterworfenen sowie natürlichen Neigung. Diese westlichen Traditionen haben manche Bewunderer unter uns, die sie enthusiastisch verbreiten. Unsere Gesellschaft ist dadurch allmählich herabgezogen worden.

Der Islam (...) sollte (...) von beiden, dem östlichen und westlichen Unsinn unterschieden werden.“ (Zitiert nach: Richard P.

Mitchell, The Society of the Muslim Brothers, London 1969, S. 254f. Aus dem Englischen übersetzt von G. Gemein.)

In der Zeitschrift al-Musawwar vom 25. Juli 1952 schreibt der Sprecher der ägyptischen Muslimbruderschaft Hudaybi zur Stellung der Frau:

„*Der natürliche Platz der Frau ist im Haus, aber wenn sie findet, daß sie nach Erfüllung ihrer Pflichten im Haus noch Zeit hat, kann sie Anteil am Dienst der Gesellschaft nehmen unter der Bedingung, daß dies innerhalb der legalen Grenzen geschieht, die ihre Würde und Moral schützen. Ich erinnere mich, ich ließ meinen Töchtern die Freiheit, die Art von Ausbildung zu wählen, welche für sie geeignet war. Die ältere trat der medizinischen Fakultät bei. Die zweite ist graduiert bei der naturwissenschaftlichen Fakultät und nun Lehrerin an dieser Fakultät. Beide sind verheiratet, und ich hoffe, daß sie eine Harmonie zwischen ihrem Heim und Beruf gefunden haben.*“ (Zitiert nach: Richard P. Mitchell, The Society of the Muslim Brothers, London 1969, S. 258. Aus dem Englischen übersetzt von G. Gemein.)

Eine im Grundsatz ähnliche Haltung nimmt Tariq Ramadan ein, Führer der Moslembrüder in der Schweiz und Enkel des Gründers der Bruderschaft, Hassan al-Banna. Ramadan schreibt für französische Leser und spielt auf die Menschenrechtsdiskussion an. Bezeichnenderweise formuliert er kein Recht der Frau auf Arbeit, sondern ein Recht, nicht arbeiten zu müssen:

„*Zwei Prinzipien sind wesentlich: das eine gründet in der Idee der Gleichheit von Mann und Frau vor Gott, das andere im Komplementärcharakter im sozialen Bereich. Gemäß dieser Konzeption ist der Mann für den Haushalt verantwortlich, in dessen Führung die Frau allerdings zentrale Bedeutung hat. Sie ist sein wahrer Kern. Hier kann man keine Ausflüchte versuchen; die islamische Familienorganisation gehorcht sehr fest gefügten Regeln. Im Rahmen dieser Organisation ist es das Recht der Frau, nie zu arbeiten. Ihre Familie, weder die des Vaters noch die des Ehemannes, kann sie auf irgendeine Weise zwingen zu arbeiten. Dennoch kann man ihr nicht untersagen zu arbeiten. Es handelt sich um ein Recht, nicht arbeiten zu müssen, nicht aber um eine Verpflichtung zu Hause zu bleiben.*" (Alain Gresh u. Tariq Ramadan, L'Islam en question, Actes Sud, 2000, 2002, S. 280f. Aus dem Französischen übersetzt von H. Redmer.)

Die Rolle der Frau bei der Hamas

Die aus der Bewegung der Muslimbruderschaft geborene Islamische Widerstandsbewegung (Hamas) instrumentalisiert die Rolle der Frau für ihre militanten Ziele, die als „manufacturer of men" für Nachschub zu sorgen hat. In der Gründungscharta der Hamas von 1987 formuliert sie in den Artikeln 17 und 18:

„Art. 17. Die muslimische Frau hat keine geringere Rolle als die des Mannes im Befreiungskrieg; sie ist die Fabrikantin der Männer und spielt eine bedeutende Rolle in der Führung und Erziehung der neuen Generationen. Die Feine haben sich ihre Rolle vergegenwärtigt; deshalb denken sie, daß sie, wenn sie sie nach ihren Wünschen vom Islam weg führen und erziehen, den Krieg gewonnen haben. Deshalb kann man sie dabei beobachten, wie sie versuchen, dies durch Massenmedien und Filme, durch Erziehung und Kultur zu bewerkstelligen, als ihre Mittler ihre Fachkräfte einsetzen, die Teil der zionistischen Organisationen sind und unter verschiedenen Namen und Gestalten dies verschleiern wie die Freimaurer, Rotary Clubs und Spionagebanden, die alle Nester von Saboteuren und Sabotage sind. Die zionistischen Organisationen besitzen reichhaltige materielle Ressourcen, die sie in die Lage versetzen, ihre Rolle inmitten der Gesellschaft zu spielen, ihre zionistischen Ziele dort zu verwirklichen und Vorstellungen einzuführen, die dem Feind dienen. Diese Organisationen operieren an Stellen, an denen der Islam nicht präsent und dem Volk entfremdet ist. Somit müssen die Islamisten ihre Rolle erfüllen, den Plänen dieser Saboteure entgegenzutreten. Wenn der Islam das Leben der Muslime kontrollieren kann, wird er solche Organisationen eliminieren, die gegenüber der Menschlichkeit und dem Islam feindlich sind.

Art. 18. Die Frau aus den kämpfenden (mujahid) Häusern und Familien, ob Mutter oder Schwester, hat eine überaus bedeutende Rolle in ihrer Sorgfalt für das Heim, der Fürsorge für die Kinder in Übereinstimmung mit den islamischen Vorstellungen und Werten und der Erziehung ihrer Söhne, den religiösen Vorschriften zu gehorchen, sie auf die Pflicht zum Dschihad vorbereiten, der sie erwartet. Deshalb ist es notwendig, auf die Schulen und Lehrpläne für die muslimischen Mädchen zu achten, daß sie die richtigen Mütter werden, die sich ihrer Rolle im Befreiungskrieg bewußt werden.

Frauen müssen das notwendige Bewußtsein und Verständnis haben, ihren Haushalt zu führen. Wirtschaftliches Handeln und Vermeidung von Verschwendung in den Haushaltsausgaben sind die Vorbedingungen ihrer Fähigkeit, den Kampf unter den schwierigen Umständen fortzuführen, die uns umgeben. Frauen müssen immer daran erinnern, daß Geld dem Blut gleichwertig ist, daß außer in den Adern nicht fließen sollte, um die Kontinuität des Lebens von Jung und Alt zu sichern.

‚Was muslimische Männer und Frauen sind, Männer und Frauen, die gläubig, die (Gott) demütig ergeben, die wahrhaftig, die geduldig, die bescheiden sind, die Almosen geben, die fasten, die darauf achten, daß ihre Scham bedeckt ist, (oder: die sich des (unerlaubten) Geschlechtsverkehrs enthalten(?), wörtlich: die ihre Scham bewahren) und die Gottes ohne Unterlaß (wörtlich: viel) gedenken, – für sie (alle) hat Gott Vergebung und gewaltigen Lohn bereit.‘ Sure 33, al-Ahzab (Die Gruppen), Vers 35.“ (Zitiert nach: Shaul Mishal and Avraham Sela, The Palestian Hamas. Vision, Violence, and Coexistence, New York 1993, S. 186f. Aus der offziellen englischen Version übersetzt von G. Gemein; die bei Mishal-Sela fehlerhafte Versangabe 33,25 wurde verbessert.)

Die Stellung der Frau bei den Taliban

Die folgenden Verordnungen wurden nach der Einnahme von Kabul 1996 von den Taliban erlassen. Zunächst ein Zitat aus einer Anordnung der Generalpräsidentschaft von Amir Bil Maruf und Nai Az Munkar (Religionspartei).

„Kabul, November 1996. Frauen, ihr solltet eure Wohnungen nicht verlassen. Wenn ihr doch ausgeht, solltet ihr dies nicht tun

wie diese modisch gekleideten Frauen mit viel Schminke, die den Männern vor Ankunft des Islam vor Augen traten.

Der Islam als eine rettende Religion bestimmt für Frauen eine besondere Würde; er hat nützliche Anweisungen für Frauen. Frauen sollten keine Gelegenheiten schaffen, die Aufmerksamkeit nutzloser Leute auf sich zu ziehen, die sie nicht mit gutem Blick bedenken werden. Frauen tragen für ihre Familie die Verantwortung als Lehrerin oder Koordinatorin. Ehemann, Bruder, Vater haben die Verantwortung, die Familie mit den zum Leben nötigen Dingen zu versorgen (Nahrung, Kleidung etc.). Muss die Frau doch einmal die Wohnung verlassen, weil dies aus Gründen der Bildung, sozialer Notwendigkeit oder sozialer Dienstbarkeit erforderlich ist, soll sie sich in Übereinstimmung mit den Regeln der islamischen Scharia bedecken. Wenn Frauen modisch gekleidet, schmuckbehangen in engen und verführerischen Kleidern ausgehen, um sich zu zeigen, werden sie von der islamischen Scharia verflucht und dürfen nie darauf hoffen, in den Himmel zu kommen.

Alle Familienältesten und jeder Muslim tragen in dieser Hinsicht Verantwortung. Wir fordern alle Familienältesten auf, strikte Kontrolle über ihre Familie auszuüben und solche sozialen Probleme zu vermeiden. Andernfalls werden diese Frauen, ebenso wie der Familienälteste, von der Religionspartei (Munkrat) bedroht, überprüft und schwer bestraft werden.

Die Religionspartei (Munkrat) hat die Verantwortung und die Pflicht, gegen solche sozialen Probleme anzukämpfen und sie wird in ihren Anstrengungen nicht nachlassen, bis dem Bösen ein Ende gesetzt ist."

Arbeitsregeln für das Staatliche Hospital und private Kliniken, basierend auf den Prinzipien der Scharia. Herausgegeben vom Gesundheitsministerium, im Namen von Amir ul-Momineen Mullah Mohammed Omar.

„Kabul, November 1996.

1. Patientinnen sollten Ärztinnen aufsuchen. Sollte ein Arzt notwendig sein, sollte die Patientin von ihrem nächsten Verwandten begleitet werden. 2. Während der Untersuchung sollten Patientin und Ärztin den islamischen Schleier tragen. 3. Ärzte sollten abgesehen vom betroffenen Körperteil der Patientin die anderen Teile weder ansehen noch berühren. 4. Das Wartezimmer für Patientinnen sollte sicher und verborgen sein. 5. Die Person, die die Patientinnen im Wartezimmer aufruft, sollte weiblich sein. 6. Während der Nachtschicht hat der Arzt nicht das Recht, die Krankenzimmer von Patientinnen zu betreten, ohne dass diese gerufen haben. Das Zusammensitzen und Miteinandersprechen zwischen Ärzten und Ärztinnen ist nicht erlaubt; wenn eine Diskussion nötig ist, soll sie mit Schleier stattfinden. 8. Ärztinnen sollen einfache Kleidung tragen, es ist ihnen nicht erlaubt, Modisches zu tragen oder Kosmetik oder Make-up aufzulegen. 9. Ärztinnen und Krankenschwestern ist nicht gestattet, das Krankenzimmer von Männern zu betreten. 10. Das Krankenhauspersonal soll pünktlich in der Moschee beten. 11. Die Religionspolizei hat die Befugnis, jederzeit zu kontrollieren, und niemand kann sie daran hindern. Jeder, der diesen Anordnungen zuwiderhandelt, wird nach islamischen Regeln bestraft."

Anweisung der Generalpräsidentschaft von Amir Bil Maruf.

„Kabul, Dezember 1996.

1. Aufwiegelung und Frauen ohne Kopfbedeckung (Be Hejabi) vermeiden. Kein Fahrer darf eine Frau mitnehmen, die die iranische Burqa trägt. Im Falle von Zuwiderhandlung wird der Fahrer inhaftiert. Werden solche Frauen auf der Straße beobachtet, wird man deren Häuser finden und deren Ehemänner bestrafen. Wenn eine solche Frau anregende und attraktive Kleidung trägt und sich nicht in Begleitung eines engen männlichen Verwandten befindet, darf der Fahrer sie nicht mitnehmen. 2. Musik vermeiden. Zur Sendung über öffentliche Informationsquellen. In Läden, Hotels, Fahrzeugen und Rickschas sind Kassetten und Musik verboten. Diese Angelegenheit soll innerhalb von fünf Tagen überwacht werden. Wird in einem Laden eine Musikkassette gefunden, wird der Ladenbesitzer ins Gefängnis gesteckt und der Laden geschlossen. Wenn fünf Leute garantieren, dass der Laden geöffnet werden sollte, wird der Verbrecher später wieder freigelassen. Wird in einem Fahrzeug eine Kassette gefunden, werden das Fahrzeug und der Fahrer ins Gefängnis gesteckt. Wenn fünf Leute garantieren, wird das Fahrzeug freigegeben und der Fah-

rer später freigelassen. 3. Rasieren und Bartstutzen vermeiden. Wenn in eineinhalb Monaten jemand gesehen wird, der sich rasiert und/oder seinen Bart gestutzt hat, wird er verhaftet und ins Gefängnis gesteckt, bis sein Bart buschig wird. 4. Taubenhaltung und das Spielen mit Vögeln vermeiden. Innerhalb von zehn Tagen muss diese Gewohnheit eingestellt werden. Nach zehn Tagen wird dies überwacht und die Tauben und andere Spielvögel werden getötet. 5. Drachen steigen lassen vermeiden. Alle Läden in der Stadt, die Drachen verkaufen, werden geschlossen. 6. Götzenverehrung vermeiden. In Fahrzeugen, Läden, Hotels, Räumen und anderen Orten sind Bilder/Porträts abzunehmen. Die Überwacher werden alle Bilder an oben genannten Orten zerreißen. 7. Glücksspiel vermeiden. In Zusammenarbeit mit der Sicherheitspolizei werden die Hauptzentren gefunden und die Glücksspieler ins Gefängnis gesteckt und bestraft werden. 8. Sucht ausrotten. Süchtige werden ins Gefängnis gesteckt und es werden Nachforschungen angestellt, bis der Lieferant und der Laden gefunden sind. Der Laden wird verriegelt und Besitzer und Konsument werden ins Gefängnis gesteckt und bestraft. 9. Britische und amerikanische Haarschnitte vermeiden. Leute mit langem Haar werden verhaftet und der Religionspolizei vorgeführt, um sich das Haar schneiden zu lassen. Der Verbrecher hat den Friseur zu bezahlen. 10. Zinsen auf Darlehen, Gebühren beim Tausch kleiner Beträge und Gebühren bei Geldanweisungen vermeiden. Alle Geldtauscher müssen informiert werden, dass die oben genannten drei Typen von Geldaustausch verboten werden. Im Falle von Zuwiderhandlung werden die Verbrecher für lange Zeit ins Gefängnis gesteckt. 11. Wäschewaschen junger Damen entlang der Wasserarme in den Städten vermeiden. Damen, die dem zuwiderhandeln, werden mit respektablen islamischen Manieren aufgesammelt und zu ihrem Haus gebracht, und ihre Ehemänner werden hart bestraft. 12. Musik und Tanz auf Hochzeitsfeiern vermeiden. Im Falle von Zuwiderhandlung wird das Familienoberhaupt verhaftet und bestraft. 13. Das Spielen auf einer Musiktrommel vermeiden. Dieses Verbot soll verkündet werden. Falls es jemand tut, können die Religionsälteren darüber entscheiden. 14. Das Nähen von Frauenkleidern und Maßnehmen der Schneider bei Frauen vermeiden. Werden Frau-

en oder Modemagazine im Laden gesehen, wird der Schneider ins Gefängnis gesteckt. 15. Hexerei vermeiden. Alle damit verbundenen Bücher werden verbrannt und der Zauberer wird ins Gefängnis gesteckt, bis er Reue zeigt. 16. Nichtbeten und Gruppengebet im Bazar vermeiden. Die Gebete sollen zu ihrer gegebenen Zeit in allen Bezirken getätigt werden. Der Verkehr wird zu der Zeit strikt verboten, und alle Leute haben die Pflicht, eine Moschee aufzusuchen. Werden junge Leute in den Geschäften gesehen, werden sie unverzüglich ins Gefängnis gesteckt." (Alle Zitate nach: Ahmed Rashid, Taliban. Afghanistans Gotteskrieger und der Dschihad, Droemer, München 2000, S. 350ff.)

Die Taliban-Regelungen stellt Peter L. Bergen in den Kontext der gesamtgesellschaftlichen Situation Afghanistans:

„*Verschleierungszwang und Restriktionen für Frauen begründeten die Taliban auch aus den kulturellen Normen Afghanistans. Tatsächlich gelten diese frauendiskriminierenden Normen nur für die Paschtunen, die in Afghanistan knapp die Hälfte der Bevölkerung stellen, in Pakistan ohne entsprechenden Verschleierungszwang aber die gleichen Verhaltensweisen zeigen. Typisch für ihre Einstellung zu Frauen ist ein paschtunisches Sprichwort: ‚Frauen gehören ins Haus oder ins Grab.*'" (Zitiert nach: Peter L. Bergen, Heiliger Krieg Inc., Berlin 2001, S. 194.)

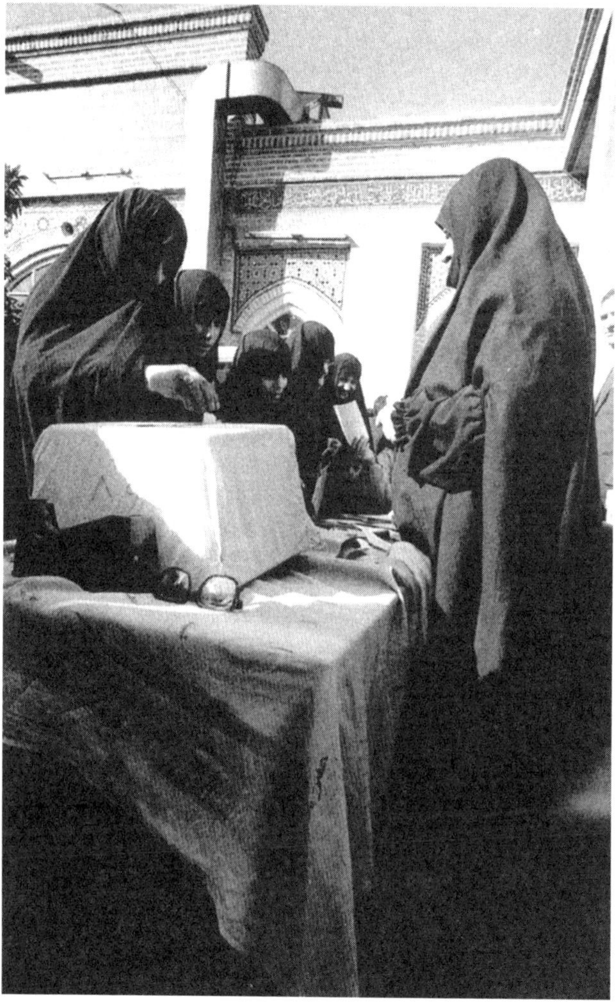

Iranische Frauen stimmen im Dezember 1979 über die neue islamische Verfassung ab. (Foto: A. de Wildenberg/Frank Spooner Pictures)

Mit dem Paß in der Hand wartet eine Anhängerin des selbst ernannten „Kalifen von Köln", Metin Kaplan am 15. November 2000 auf Einlaß vor dem Oberlandesgericht in Düsseldorf. (dpa-Fotoreport, Boris Roessler)

Anmerkungen

1 Jacques Waardenburg, Islam, 2003, S. 303ff.
2 So Bassam Tibi in einem Vortrag am 27. Mai 2004 im Düsseldorfer Industrieclub.
3 Christoph Reuter, 2002, S. 56.
4 Klaus Kienzler, 1996, S. 9f.
5 Thomas Meyer, 1997, S. 80ff.
6 Das klassische Werk: Richard P. Mitchell, 1969; ergänzend dazu die jüngere Darstellung: Brynjar Lia, 1998; Carré und Gérard Michaut, 1983; die noch nicht abgeschlossene wissenschaftliche Debatte über die gesellschaftspolitische Bedeutung der Muslimbruderschaft referiert Lia, S. 6f, einen Überblick über die Deutungen amerikanischer, britischer, französischer und israelischer Wissenschaftler bietet Martin Kramer, 1997; eine zusammenfassende, etwas weniger kritische Darstellung bei: John Esposito, 1999, S. 128ff. Lesenswerte Kurzdarstellung: Olaf Farschid, 2004, S. 43–82.
7 Gilles Kepel, Schwarzbuch, 2002, S. 44.
8 Gilles Kepel, 2002, S. 44.
9 S. V. R. Nasr, 1994, S. 7.
10 Eine kritische englische Ausgabe in: Islam and Revolution. Writings and Declarations of Imam Khomeini, Berkeley 1981.
11 Benjamin R. Barber, 1996.
12 Gilles Kepel, 2002.
13 Vgl. Wolfgang Günter Lerch, 1999; eine Zusammenfassung: François Burgat, 1993, S. 19; vgl. auch die immer noch umfassendste Darstellung des Volksislam: Rudolf Kriss/Hubert Kriss-Heinrich, 1960–1962.
14 Vgl. Azadeh Kian-Thiébaut, 1998.
15 Gilles Kepel, 2002, S. 134.
16 F. Kosrokhavar (1993), S. 93; vgl. auch F. Kazemi, 1980.
17 Detaillierte Darstellung in: Christoph Reuter, 2002, S. 58–87.
18 Fadil Rasoul, 1987, S. 8.
19 Für Frankreich: Gilles Kepel, 1987, S. 313ff; für England und die Bewegung Kalim Sidiqis: G. Kepel, 1996, S. 204ff.
20 Vgl. J. Esposito (Hg.), 1990.
21 Vgl. z. B. für den Senegal: Moriba Magassouba, 1985; für Malaysia und Indonesien: Fred von der Mehden, 1990.
22 Zu den christlichen Konfessionen in Nahost: J.-P. Valognes, 1994.

23 Das Standardwerk zur Afghanistanfrage: Barnett R. Rubin, 1995; zur Entstehungsgeschichte der Islamistenbewegung: Olivier Roy, 1985, S. 95ff.

24 Sabir Tu'ayma, 1979, S. 208, zitiert in: Bassam Tibi, 2000, S. 48.

25 Vgl. hierzu: Gilles Kepel, 1996, S. 265ff.

26 Gilles Kepel, 2002, S. 261.

27 Eine saudische Tranche an Hekmatjar im März 1990 umfaßte allein 100 Mio US-Dollar (vgl. Ahmed Rashid, 2001, S. 318).

28 So zum Beispiel in Jordanien Scheikh Abu Zant, zitiert in: Milton Viorst, 1991, S. 32.

29 Gilles Kepel, 2002, S. 273.

30 Vgl. Gilles Kepel, 1998; Ahmed Rashid spricht vom „neuartigen Fundamentalismus der Taliban“ (Rashid, 2001, S. 153ff).

31 Einen Überblick bietet: Gilles Kepel, 2002, S. 274ff.

32 Zur Schule von Deoband: Barbara Daly Metcalf, 1982; Neudruck New Delhi 2002 mit Vorwort zum jüngsten Stand der Forschung.

33 Allerdings deutlich weniger, weil Riad erst seine Schulden aus dem Golfkrieg abtragen mußte, den die USA weitgehend „fremdfinanziert“ (Arabien, Deutschland, Japan) hatten.

34 Vgl. etwa Ahmed Rashid, 2002.

35 Zu deren Geschichte: Alexandre Popovic, 1986.

36 Vgl. Gilles Kepel, 2002, S. 288ff.

37 Jaques Waardenburg, 2003, S. 392.

38 Vgl. Enec Karic, 1997.

39 Einen Überblick bietet: Gilles Kepel, 2002, S. 308ff.

40 Kapitelüberschrift bei Kepel: ebd. S. 356.

41 Olivier Roy, 1992 (1994).

42 Ahmed Rashid, 2001, S. 160,

43 Zu dessen Werdegang: John L. Esposito, 2002, Kap. 1; insbesondere: Peter Bergen, 2001

44 Ein systematischer Vergleich von „alter“ (1988 bis 2001) und „neuer“ (ab 2002) al-Qaida bei Thamm, S. 295ff.

45 Kritische Stimmen (auch gegen seinen soziologischen Ansatz) in der Kulturzeitschrift Esprit, Août-septembre 2001; Le Monde vom 14. November 2002; auf deutsch: Guido Steinberg, 2004.

46 Kapitelüberschrift bei Kepel, 2002, S. 382.

47 Diese eher kurzfristige Prognose muß nicht den mehr langfristigen Erwartungen von E. Todd widersprechen, der mit guten Gründen den militanten Islamismus als Erscheinungsform einer historischen Übergangsphase sieht.

48 Die Werke des besten Kenners des türkischen Islamismus liegen nur in Türkisch vor, einige Einzelstudien in Französisch. Über die Einbettung des türkischen Islamismus in eine soziopolitische Geschichte der modernen Türkei am besten: Erich Zürcher, 1997, S. 269–342; eine jüngere Zusammenfassung: Nilüfer Narli, 1999; eine zusammenfassende Einordnung in die gesamte islamistische Bewegung bei: John Esposito, 1999, S. 191–207.

49 Gilles Kepel, 2002, S. 406.

50 Ausführlicher in: Binnaz Toprak, 1990, S. 10ff; ferner: Hugh Poulton, 1997.

51 Das Militär griff immer dann ein, wenn in Krisensituationen das kemalistische Erbe gefährdet war, allerdings um im Gegensatz zu sonstigen Militärdiktaturen die Macht nach freien Wahlen wieder abzugeben, auch wenn die eigenen Favoriten nicht erfolgreich waren.

52 Aufgrund der Besonderheiten des türkischen Wahlrechts mit seiner 10-Prozent-Klausel mit allerdings nur 43 Prozent der abgegebenen Stimmen.

53 Kapitelüberschrift in: Gilles Kepel, 2002, S. 401ff.

54 Thomas Meyer, 1997, S. 80ff.

55 Arnold Hottinger, 1993, S. 35.

56 Für die Gegenwart lesenswert: Rachid Benzine, 2004.

57 Mit einer solchen Position setzt sich J. Esposito, 1999, S. 240ff auseinander.

58 Zur Thematik eine Aufsatzsammlung Erfurter Theologen und Religionswissenschaftler: Christoph Bultmann, Benedikt Kranemann, Jörg Rüpke (Hrsg.), 2004; darin zum Islam: Jamal Malik, Gewalt und Gewaltverzicht im Islam, S. 70ff.

59 Seyyed Hossein Nasr, 1975, S. 30ff.

60 Vgl. afp-Meldung vom 20. Oktober 2003 über eine im Auftrage der Arabischen Liga und der UN erstellte Studie arabischer Wissenschaftler; ein Buch mit 5.000 Exemplaren gilt z. B. schon als Bestseller.

61 Johannes Kandel, 2003.

62 Vgl. Claudia Dantschke, 2004, S. 103ff; Dantschke berichtet anhand einer Reihe von Fällen, wie Milli Görüs gegen kritische Beiträge in Medien aufgrund eidesstattlicher Erklärungen die Kritiker durch Einstweilige Verfügungen mundtot zu machen sucht, die dann in langwierigen Prozessen die Richtigkeit ihrer Feststellungen nachweisen müssen, ohne daß hinsichtlich der jetzt offensichtlichen falschen eidesstattlichen Erklärungen von Seiten der Ju-

stiz Konsequenzen erfolgen.
63 Georges Mutin, Géopolitique du monde arabe. Ellipses. Paris 2001, S. 54.
64 Ebd., S. 9.
65 Ebd., S. 11.
66 Ebd., S. 13.
67 Juan Goytisolo, Gläserne Grenzen. Frankfurt 2004.
68 François Burgat, Islamisme au Maghreb. Paris 1995, S. 63ff.
69 Zitiert in François Burgat, Islamisme au Maghreb, Paris 1995, S. 64 aus dem Buch von Hichem Djaït, Le devenir de la personnalité arabo-islamique, Paris, 1974, S. 25.
70 François Burgat, ebd., S. 66.
71 Sayyid Qutb, Auf dem Wege zur islamischen Gesellschaft (arab.), Amman [2]1969, S. 132f., Übersetzung: M. Tworuschka. In: Was jeder vom Islam wissen muß. Hrsg. vom Lutherischen Kirchenamt sowie dem Kirchenamt der Evangelischen Kirche in Deutschland. Gütersloh 1990.
72 Létat de la «menace islamiste» trois ans après le 11-Septembre. Dossier in: Le Monde, Samedi 1 septembre 2004, S. IV und V. Un débat entre Gilles Kepel, Farhad Khosrokhavar et Alain Gresh.
73 Dictionnaire Mondial de l'Islamisme, hrsg. von Antoine Sfeir et des Cahiers de l'Orient. Plon 2002.
74 Le «deuxième âge» d'Al-Qaida. In: Le Monde. Les clés de l'info N° 334 – septembre 2004.
75 Christian Bouchet, Islamisme. Pardès. Puiseaux 2002, S.91f.
76 Olivier Roy, L'échec de l'islam politique. Pris. Seuil 1992, S. 39ff.
77 Zitiert nach Christian Bouchet, Islamisme. Pardès. Puiseaux 2002, S. 93.
78 Patrice de Beer, La lutte contre le terrorisme islamiste. In: Le Monde. Dossiers et documents N° 333, juillet-août 2004.
79 Mouna Naïm, Islam, islamismes, Occident. In: Le Monde. Les clés de l'info N° 335, octobre 2004.
80 Olivier Roy, L'islam au pied de la lettre. Retour illusoire aux origines. Le Monde Diplomatique. Avril 2002, S. 3.
81 Christian Bouchet, Islamisme. Pardès. Puiseaux, 2002, S. 56ff.
82 Olivier Roy, L'échec de l'islam politique, Paris 1992, S. 237ff. Olivier Roy, Islam mondialisé. Paris 2004, S. 205ff.
83 Gilles Kepel, Jihad. Expansion et déclin de l'islamisme. Gallimard. Folio actuel 2003, S. 557. Deutsche Ausgabe: Gilles Kepel, Das Schwarzbuch des Dschihad. Aufstieg und Niedergang des

Islamismus. München und Zürich 2002.
84 Guido Steinberg, Der Islamismus im Niedergang? In: Islamismus. Texte zur Inneren Sicherheit. Bundesministerium des Inneren. Berlin 2003, S. 28ff.
85 Christian Bouchet, Islamisme. Pardès. Puiseaux 2002, S. 30.
86 Ebd., S.28ff.
87 Olivier Roy, Groupes de solidarité, territoires, réseaux et Etat dans le Moyen-Orient et l'Asie Centrale. In: Hosham Dawod (Hg.), Tribus et pouvoirs en terre d'Islam. Armand Colin. Paris 2004, S. 39–80.
88 Dictionnaire Mondial de l'islamisme. Plon 2002.
89 National Security Act; Jamu and Kashmir Public Safety; Terrorist and Disruptive Activities Prevention. Zitiert nach: Dictionnaire mondial de l'Islamisme. Plon 2002, S. 140.
90 Ignace Dall, Le Maroc attend le grand changement. Le Monde diplomatique Juin 2001, S. 14f.
91 Ignace Dall, Espérances déçues au Maroc. Le Monde diplomatique, août 2004, S. 18f.
92 Selma Belaala, Misère et djihad au Maroc. Le Monde diplomatique, novembre 2004, S. 16f.
93 Gilles Kepel, Die Rache Gottes. Radikale Moslems, Christen und Juden auf dem Vormarsch. Piper München ^{2}2001, S. 70ff.
94 Jérémy Tordjman, Un pays qui présente de fortes perspectives d'investissements. Le Monde/Dimanche 31 Octobre – Lundi 1er Novembre 2004, S. 9.
95 Kamel Labidi, Mascarade électorale en Tunisie. Le Monde diplomatique. Octobre 2004, S. 3.
96 Gilles Kepel, Jihad. Expansion et déclin de l'islamisme. Gallimard. Mesnil-sur-l'Estrée 2003, S. 137ff.
97 Dictionnaire Mondial de L'Islamisme. Hrsg.: Antoine Sfeir et les Cahiers de l'Orient. Plon 2002, S. 209.
98 Abdullah Ahmed an-Naim, Un point de vue sur le Soudan, l'integrisme musulman et les droits de l'homme, in: Reportage Soudan. Le Courrier ACP-UE Nr. 189, 11/12. 2001, S. 61–83.
99 Gilles Kepel, Die neuen Kreuzzüge. Die arabische Welt und die Zukunft des Westens, München 2004, S. 100.
100 Jean Philippe Rémy, La guerre oubliée du Darfour. Le Monde. Dossiers et Documents Nr. 333, Juillet-Aout 2004, 1, S. 3.
101 Luis Matías López, Petróleo maldito en Nigeria. El País, 17 de octubre de 2004, S. 4.

Literaturverzeichnis

Muhammad Salim Abdullah, Was will der Islam in Deutschland? Gütersloh 1993.

Abou Muh'ammad 'Abdallah et Ibn Zayd al-Qayrawani, La Risala ou Epitre sur les éléments du dogme et de la loi de l'Islam selon le rite malakite. Traduction Française par Leon.

Geneive Abdo, No God But God. Egypt and the Triumph of Islam, Oxford 2000.

Michel Abitol, Le passé d'une discorde. Juifs et Arabes depuis le VII siècle, Collection Tempus, o. Ort. 1999 et 2003.

Ervand Abrahamian, Khomeinism. Essays on the Islamic Republic, Berkeley 1993.

Nasr Hamid Abu Zaid, Islam und Politik. Kritik des religiösen Diskurses, Frankfurt a. M. 1996.

Ziad Abu-Amr, Islamic Fundamentalism in the West bank and Gaza. Muslim Brotherhood and Islamic Jihad, Bloomington/Indiana 1994.

Duran Akbulut. Der Islam und seine Bedeutung für die Weltpolitik, Albeck bei Ulm 2002.

Tariq Ali, Fundamentalismus im Kampf um die Weltordnung. Die Krisenherde unserer Zeit und ihre historischen Wurzeln, Kreuzlingen/München 2002 (als Taschenbuch München 2003).

R. Alili, Qu'est-ce que l'islam?, La Découverte, Paris 1996.

Fouad Allam, Der Islam in einer globalen Welt, Berlin 2004.

Uwe Andersen (Hg.), Der Islam in der Politik, Schwalbach/Ts 2004.

Lisa Anderson, Fulfilling Prophecies: State Policy and Islamist Radicalism, in: John L. Esposito, Political Islam. Revolution, Radicalism or Reform? Boulder California 1997, S. 17ff.

Said Amir Arjomand, The Turban for the Crown. The Islamic Revolution in Iran, New York/Oxford 1988.

Karen Armstrong, Kleine Geschichte des Islam, Berlin 2001.

Karen Armstrong, Im Kampf für Gott. Fundamentalismus im Christentum, Judentum und Islam, Berlin 2004. (Amerikanische Ausgabe: The Battle of God: A History of Fundamentalism, New York 2000.)

Ahmad Ashraf und Ali Banuazizi, The State, Classes and Modes of Mobilisation in the Iranian Revolution. State, Culture and Society, 1985.

Nazih Ayubi, Politischer Islam. Religion und Politik in der arabischen Welt, Freiburg 2002.
Hamdy Mahmoud Azzam, Der Islam. Plädoyer eines Moslems, Stuttgart 1981.
Sadik Jalal al-Azm, Die Segel des Ostens sind schlaff. Terrorismus, Islam, der Westen und die Moderne, in: Frankfurter Rundschau Nr. 206 vom 5. September 2002.
Robert Baer, Sleeping with the Devil. How Washington sold our souls for Saudi crude, New York 2003. (Deutsche Ausgabe: Die Saudi-Connection. Wie Amerika seine Seele verkaufte, Gütersloh 2004.)
David Baran, Nation unter Vorbehalt. Die Iraker und ihre Sicherheit. Le Monde Diplomatique (Deutsche Ausgabe). Dezember 2003, S. 1 u. 8.
Benjamin R. Barber, Jihad versus McWorld, 2. Aufl. New York, 1996.
Benjamin R. Barber, Demokratie im Würgegriff. Kapitalismus und Fundamentalismus – eine unheilige Allianz, Frankfurt a. M. 1999.
Alain Bauer u. Xavier Raufer, La guerre ne fait que commencer. Folio documents. Gallimard 2003.
Patrice de Beer, La lutte contre le terrorisme islamiste, in: Le Monde. Dossiers et documents Nr. 333, juillet-août 2004.
Selma Belaala, Misère et djihad au Maroc, Le Monde diplomatique, novembre 2004.
Ali Benhadj, Die Demokratie, die die Lehre des ungläubigen Westens ist, aus: Blätter für deutsche und internationale Politik, 37. Jg. 1992, Heft 3: Dokumente zur Entwicklung in Algerien, S. 378f.
Rachid Benzine, Les nouveaux penseurs de l'islam. „L'islam des lumières“, Paris 2004.
Peter L. Bergen, Heiliger Krieg Inc. Osama Bin Ladens Terrornetz, Berlin 2001.
Bercher, Edition populaire de l'Armée, Alger 1979.
Marcel A. Boisard, L'Islam aujjourd'hui, UNESCO Paris 1985.
Giovanna Borradori, Qu'est-ce que le terrorisme? Entretiens avec deux grands intellectuels sur le „concept“ du 11 septembre 2001 (Jacques Derrida et Jürgen Habermas). Le Monde Diplomatique, Février 2004, S. 16f.
Christian Bouchet, Islamisme. Pardès, Puiséaux 2002.

Rita Breuer, Wie du mir so ich dir? Die Freiheit des Glaubens zwischen Christentum und Islam. In: Ursula Spuler-Stegemann, Feindbild Christentum im Islam, Freiburg i. Br. 2004, S. 35ff.

L. Brenner, Muslim Identity and Social Change in Africa, London 1993.

John Brown, Les périlleuses tentatives pour définir le terrorisme. Pour suivre un crime ou criminaliser la contestation. Le Monde Diplomatique, Février 2002, S. 4–5.

Wilfried Buchta, Schiiten, Kreuzingen/München 2004.

Sahih al-Buhari, Nachrichten von Taten und Aussprüchen des Propheten Muhammad, Stuttgart 1991.

Christoph Bultmann, Benedikt Kranemann u. Jörg Rüpke (Hg.), Religion – Gewalt – Gewaltlosigkeit, Münster 2004.

Bundesminsiterium des Innern, Islamismus, 2. Aufl. Berlin 2004.

Bundeszentrale für politische Bildung (Hg.), Menschenrechte. Dokumente und Deklarationen, Bonn 1999.

François Burgat, Les mutations d'un Islam pluriel. Le Monde Diplomatique, Nr. 47 vom 18. Juni 1993.

François Burgat, Islamisme au Maghreb, Paris 1995.

Olivier Carré, Mystique et Politique. Lecture révolutionaire du Coran par Sayyid Qutb. Frère musulman radical, Paris 1984.

Olivier Carré u. Paul Dumont (Hg.), Radicalismes islamiques, 2 Bde., Paris 1986.

Olivier Carré u. Gérard Michaud, Les frères musulmans (1928–1982), Paris 2001.

Marc R. Cohen, Under Crescent and Cross: The Jews in the Middle Ages. Princeton/NJ 1994.

Juan Cole, Sacred Space and Holy War. The politics, Culture and History of Shiite Islam, London 2002.

Juan Cole, Chiites et sunnites unis par le nationalisme. L'occupation Américaine de l'Irak en échec. Le Monde Diplomatique. Mai 2004, S. 11.

Michael Cook, Der Koran. Eine kurze Einführung, Stuttgart 2002.

Ignace Dall, Le Maroc attend le grand changement, Le Monde diplomatique Juin 2001.

Ignace Dall, Espérances déques au Maroc, Le Monde diplomatique aout 2004.

Sabine Damir-Geilsdorf, Herrschaft und Gesellschaft. Der islamistische Wegbereiter Sayyid Qutb und seine Rezeption, Würzburg 2003.

Sabine Damir-Geilsdorf, Krieg im Namen des Islam? Aushandlungen und Transformationen religiöser Konzepte am Beispiel der islamischen „Märtyreraktionen“ im Palästinakonflikt, Vortragsmanuskript beim Friedenspolitischen Ratschlag am 6./7. Dezember 2003 in Kassel, AG Friedensforschung der der Universität Kassel.

Mostafa Danesch, Wer Allahs Wort missbraucht. Krisenherd islamische Welt, Hamburg 2003.

Claudia Dantschke, Freiheit geistig-politischer Auseinandersetzung – islamistischer Druck auf zivilgesellschaftliche Akteure, in: Bundesminsiterium des Innern, Islamismus, 2. Aufl. 2004, S. 103ff.

Joyce M. Davis, Between Jihad and Salam, London 1997.

Hosham Dawod (Hg.), Tribus et pouvoirs en terre d'Islam, Paris 2004.

Anne-Marie Delcambre, L'Islam des interdits. Desclée de Brouwer, Paris 2003.

Dictionaire Mondial de l'Islamisme. Sous la Direction d'Antoine Sfeir et des cahiers de l'Orient, Plon 2002.

Ulrike Dufner, Militär contra Islamismus, www.uni-muenster.de/PeaCon/wuf/wf-98/9840500m.htm

Brigitte Dumortier, Géographie de l'Orient Arabe. Armand Colin. Paris 1997.

Jamal J. Elias, Islam, Freiburg i. Br. 1999.

Werner Ende u. Udo Steinbach (Hg.), Der Islam in der Gegenwart, 2. Aufl. München 1989.

Werner Ende, Schreckgespenst und reale Bedrohung: Der „Heilige Krieg“ der Fundamentalisten, Köln 1995.

J. Esposito (Hg.), The Iranian Revolution. Its Global Impact, Miami 1990.

John L. Esposito (Hg.), Political Islam. Revolution, Radicalism or Reform? Boulder, Colorado 1997.

John L. Esposito, The Islamic Threat. Myth or Reality? 3. Aufl. Oxford 1999.

John L. Esposito, Unholy War. Terror in the Name of Islam, Oxford 2002.

John L. Esposito, Von Kopftuch bis Scharia. Was man über den Islam wissen sollte, Leipzig 2003.

Didar Fawzy-Rossano, Le Soudan en question. La Table Ronde, Paris 2002.

Olaf Farschid, Staat und Gesellschaft in der Ideologie der ägyptischen Muslimbruderschaft, in: Bundesministerium des Innern (Hg.), Islamismus, 2. Aufl. Berlin 2004, S. 43–82.

Hans Fenske, Dieter Mertens, Wolfgang Reinhard u. Klaus Rosen, Geschichte der politischen Ideen, Frankfurt a. M. 2003.

Hassan and Hossein Fereshtian, 400 questions – réponses pour mieux connaître l'Islam. Albouraq. Beyrouth-Liban 2002.

Marc Ferro, Le choc de l'Islam XVIII–XXI siècle, Odile Jacob, Paris 2003.

Reuven Firestone, Jihad. The Origin of Holy War in Islam, Oxford/New York 1999.

Michael Fischer, From Religious Dispute to Revolution, Cambridge Mass., 1980.

Alexander Flores, Islam, Islamismus und Nationalismus im Palästinakonflikt, in: Uta Klein u. Heinrich Thränhardt (Hg.), Gewaltspirale ohne Ende? Konfliktstrukturen und Friedenschancen im Nahen Osten, 2. Aufl. Schwalbach 2002, S. 50ff.

Alexander Flores, Die arabische Welt, Stuttgart 2003.

Jean Flori, Guerre sainte, jihad, croisade. Violence et religion dans le christianisme et l'islam. Seuil, Collection «Points Histoire», Paris 2002.

Maurice Flory et Robert Montran, Les régimes politiques des pays arabes. «THÉMIS» Manuels juridiques, économiques et politiques. Paris 1968.

Adallah Frangi, PLO und Palästina. Vergangenheit und Gegenwart, Frankfurt a. M. 1982.

Paul Fregosi, Jihad in the West. Muslim Conquests from the 7th to the 21st Centuries, Amherst/New York 1998.

J. C. Froelich, Les musulmans d'Afrique Noire. Editions de l'Orante, Paris 1962.

Tahar Gaïd, La femme musulmane dans la société, Vol. 1, Passé et présent, égalité et différences. Editions IQRA, Paris 2003.

Gisbert Gemein, Die Darstellung der Kreuzzüge und Osmanen in deutschen Schulgeschichtsbüchern, in: Zeitschrift für Türkeistudien, Heft 2, 1989, S. 113ff.

Gisbert Gemein, Kreuzzugsidee und Dschihad im 20. Jahrhundert. Über die Modernität mittelalterlicher (Kriegs-)Ideologien, in: Praxis Geschichte, Heft 1, Januar 2003, S. 43ff.

Gisbert Gemein u. Joachim Cornelissen, Kreuzzüge und Kreuzzugsgedanke in Mittelalter und Gegenwart, München 1992.

Gisbert Gemein u. Metin Oezsinmaz, Deutsche und Türken in der Geschichte, Münster 2001.
Gisbert Gemein u. Hartmut Redmer, Der christlich-europäische Westen und die islamische Welt – ein Kampf der Kulturen? Leipzig 2001.
Gisbert Gemein u. Hartmut Redmer, Die islamische Stadt im Mittelalter, Raabits Geschichte, November 2002.
Fawaz A. Gerges, America and Political Islam. Clash of Cultures or Clash of Interests? Cambridge 1999.
Dawud Gholamasad, Einige Thesen zum Islamismus als globaler Herausforderung, in: Aus Politik und Zeitgeschichte, Heft B 3–4, 2002, S. 16ff.
C. Gladney, Muslime Chinese ethnic nationalism in People's Republic, Harvard 1991.
Juan Goytisolo, Retour à la raison. Le Monde, 26. März 2004, S. 17.
Juan Goytisolo, Gläserne Grenzen, Frankfurt a. M. 2004.
Daphne Grace, The Woman in the Muslim Mask. Veiling and Identity in Postcolonial Literature, London 2004.
Alain Gresh u. Dominique Vidal, Les 100 Clés du Proche Orient, erw. Neuaufl. Paris 2003.
Alain Gresh, Israël. Vérité sur un conflit, Paris 2003.
Karl Grobe-Hagel, Rußlands Dritte Welt, Frankfurt a. M. 1992.
G. E. von Grunebaum, Studien zum Kulturbild und Selbstverständnis des Islams. Zürich 1969.
Gavin Hambly, Zentralasien, Fischer Weltgeschichte, Bd. 16, Frankfurt a. M. 1966.
Hendrik Hansen, Globaler Dschihad? Die Freund-Feind-Unterscheidung im Islam und in der Theorie des Gesellschaftsvertrags, in: Aus Politik und Zeitgeschichte, 18/2002, S. 17–25.
P. Harris, Nationalism and Revolution in Egypt. The Role of the Muslim Brotherhood, Den Haag 1964.
Jan-Peter Hartung, Reinterpretation von Tradition und der Paradigmenwechsel der Moderne: Abu 'l-A'la Maududi und die Jama'at-i Islam, in: Dietrich Reetz (Hg.), Sendungsbewusstsein und Eigennutz: Zum Selbstverständnis islamischer Mobilisierung, Berlin 2001, S. 107–126.
Meir Hatina, Islam and Salvation in Palestine. The Islamic Jihad Movement, Dayan Center Papers 127, Tel Aviv University 2001.
Sonja Hegasy, Zum Verhältnis von Wissenschaft, Technologie und Globalisierung in der arabischen Welt, in: Aus Politik und Zeitgeschichte, Heft 18/2002, S. 26ff.

Peter Heine, Allah und der Rest der Welt, Frankfurt a. M. 2000.
Peter Heine, Terror in Allahs Namen. Extremistische Kräfte im Islam, Freiburg 2001.
Peter Heine, Islam zur Einführung, Hamburg 2003.
Peter Heine, Islamismus – Ein ideologiegeschichtlicher Überblick, in: Bundesministerium des Innern (Hg.), Islamismus, 2. Aufl. Berlin 2004, S. 7–18.
Wilhelm Heitmeyer u. Joachim Müller, Verlockender Fundamentalismus. Türkische Jugendliche in Deutschland, Frankfurt am Main 1997.
Hansjörg Hemminger (Hg.), Fundamentalismus in der verweltlichten Kultur, Stuttgart 1991.
Cornelius Hentschel, Geister, Magier und Muslime. Dämonenwelt und Geisteraustreibung im Islam, München 1997.
Dietmar Herz, Palästina. Gaza und Westbank. Geschichte, Politik, Kultur, München 2001.
Dilip Hiro, Holy Wars: The Rise of Islamic Fundamentalism, New York 1989.
M. Hiskett, The Course of Islam in Africa, Edinburgh 1994.
Bruce Hoffman, Terrorismus. Der unerklärte Krieg. Neue Gefahren politischer Gewalt, Frankfurt a. M. 2002.
Arnold Hottinger, Islamischer Fundamentalismus, Zürich 1993.
Hadayatullah Hübsch, Islam, Nienburg 1998.
Wolf-Dieter Hütteroth, Türkei, Darmstadt 2002.
R. Stephen Humphreys, Between memory and desire. The Middle East in a Troubled Age, Berkeley/Los Angeles/London 1999.
Samuel P. Huntington, Kampf der Kulturen, München 1996.
Freda Hussain (Hg.), Muslim Women, London 1984.
Weltreligion Islam, Bundeszentrale für politische Bildung, Bonn 2002.
Christian J. Jäggi, Fundamentalismus. Ein Phänomen der Gegenwart, Zürich 1991.
Hans-Gerd Jaschke, Fundamentalismus in Deutschland. Gottesstreiter und politische Extremisten bedrohen die Gesellschaft, Hamburg 1998.
James Turner Johnson, Holy War Idea in Western and Islamic Traditions, Pennsylvania 1997.
Frederick de Jong u. Bernd Radtke (Hg.), Islamic Mysticism Contested. Thirteen Centuries of Controversies and Polemics, Leiden 1999.
Mark Juergensmeyer, Terror in the Mind of God. The Global Rise of Religious Violence, Berkeley 2000.

Johannes Kandel, „Lieber blauäugig als blind?“ – Anmerkungen zum Dialog mit dem Islam, Juni 2003, in: Islam und Gesellschaft Nr. 2, Friedrich-Ebert-Stiftung, Referat Berliner Akademiegespräche/Interkultureller Dialog.
Andreas Kappeler, Gerhard Simon u. Georg Brunner (Hg.), Die Muslime in der Sowjetunion und in Jugoslawien, Köln 1989.
Enec Karic, Islam in Contemporary Bosnia, in: Islamic Studies 36, 1997.
Ferhat Kazemi, Poverty and Revolution in Iran, New York 1980.
Nikki Keddie, Iran. Religion, Politics and Society, London 1980.
Nikki Keddie, Roots of Revolution. An Interpretive History of Modern Iran, London 1981.
Gilles Kepel, Les banlieus de l'islam, Paris 1987.
Gilles Kepel, La Revanche de Dieu. Chrétiens, juifs et musulmans a la reconquète de monde, Paris 1991. (Deutsche Ausgabe: Die Rache Gottes. Radikale Moslems, Christen und Juden auf dem Vormarsch, München 1991.)
Gilles Kepel, Der Prophet und der Pharao. Das Beispiel Ägypten: Die Entwicklung des muslimischen Extremismus, München 1996.
Gilles Kepel, Allah im Westen. Die Demokratie und die islamische Herausforderung, München 1996.
Gilles Kepel, Le GIA à travers ses publications, in: Pouvoirs, Herbst 1998.
Gilles Kepel, Jihad. Expansion et déclin de l'islamisme, Paris 2000 u. 2003. (Deutsche Ausgabe: Das Schwarzbuch des Dschihad, München 2002.)
Gilles Kepel, Europa, ante el fracaso de la „guerra contra el terrorismo“. El PAÍS, 25. März 2004, S. 15.
Gilles Kepel, La „guerre contre la terreur“ a échoué. Le Monde, 25. März 2004, S. 1 u. 20.
Gilles Kepel, Die neuen Kreuzzüge. Die arabische Welt und die Zukunft des Westens, München 2004.
Navid Kermani u. a., Der Islam und der Westen. Berlin 2003.
Günter Kettermann, Atlas zur Geschichte des Islam, Darmstadt 2001.
Ruhollah Khomeini, Islam and Revolution. Writings and Declarations of Imam Khomeini, Berkeley 1983.
Adel Theodor Khoury, Was ist los in der islamischen Welt? Die Konflikte verstehen, Freiburg i. Br. 1991.
Adel Theodor Khoury, Der Islam und die westliche Welt, Darmstadt 2001.

Farhad Khosrokhavar, Les discour populaire de la révolution iranienne, Paris 1990.
Farhad Khosrokhavar, L'utopie sacrifiée. Sociologie de la révolution iranienne, Paris 1993.
Farhad Khosrokhavar, L'islamisme et la mort. Le martyre révolutionnaire en Iran, Paris 1995 Azadeh Kian-Thiébaut, Secularisation of Iran. A Doomed Failure? The New Middle Class and the Making of Modern Iran, Paris 1998.
Klaus Kienzler, Der religiöse Fundamentalismus. Christentum, Judentum, Islam, München 1996.
Henry Kissinger, Die Herausforderung Amerikas. Weltpolitik im 21. Jahrhundert, München 2001.
Uta Klein u. Dietrich Thränhard (Hg.), Gewaltspirale ohne Ende? Konfliktstrukturen und Friedenschancen im Nahen Osten, 2. Aufl. Schwalbach/Ts. 2002.
Der Koran, übersetzt von Max Henning, durchgesehene und verbesserte Ausgabe 1991, Stuttgart 2002.
Der Koran, übersetzt, kommentiert und eingeleitet von Rudi Paret, Berlin 2001.
Gudrun Kramer, Islam und Islamismus: Zurück in die Zukunft, Internetangebot der Zeitschrift' „Das Parlament" vom 1. August 2003.
Martin Kramer, The Pan-Islamic Premis of Hizballah, in: D. Menashri (Hg.), The Iranian Revolution and the Muslim World, Boulder 1990, S. 105ff.
Martin Kramer, Arab Awakening and Islamic Revival. The Politics of Ideas in the Middle East, Brunswick/New Jersey 1996.
Martin Kramer (Hg.), The Islamic Debate, Tel Aviv 1997.
Martin Kramer, Ivory Towers on Sand. The Failure of Middle Eastern Studies in America, Washington DC 2001.
Gert Krell und Bernd W. Kubbig (Hg.), Krieg und Frieden am Golf. Ursachen und Perspektiven, Frankfurt a. M. 1991.
Rudolf Kriss u. Hubert Kriss-Heinrich, Volksglaube im Bereich des Islam, 2 Bde., Wiesbaden 1960–1962.
Wendy Kristiansen, L'islam bousculé par la modernité. Des frères musulmans divisés. Le Monde Diplomatique. Avril 2000, S. 118-119.
Wendy Kristiansen, Débats entre femmes en terres d'islam. Le Monde Diplomatique, Avril 2004, S. 20–21.
Anat Kurz with Nahman Tal, Hamas: Radical Islam in a National Struggle, Tel Aviv 1997.

Charles Kurzman (Editor), Liberal Islam. A Sourcebook, New York/Oxford 1998.
Kamel Labidi, Mascarade électorale en Tunisie, Le Monde diplomatique, Octobre 2004.
Walter Laqueur, Die globale Bedrohung. Neue Gefahren des Terrorismus, Berlin 1998.
Walter Laqueur, Krieg gegen den Westen, 2003.
Wolfgang Günter Lerch, Brennpunkt Naher Osten. Der lange Weg zum Frieden, München 1996.
Wolfgang Günter Lerch, Mohammeds Erben. Die unbekannte Vielfalt des Islam, Düsseldorf 1999.
Wolfgang Günter Lerch, Der Kaukasus. Nationalitäten, Religionen und Großmächte im Widerstreit, Hamburg 2000.
N. Levtzion u. R. L. Power (Hg.), The History of Islam in Africa, Athens/Ohio 2000.
Bernard Lewis, Die politische Sprache des Islam, Berlin 1991.
Bernard Lewis, Die Assassinen, Frankfurt a. M. 1989.
Bernard Lewis (Hg.), The World of Islam, London 1997.
Bernard Lewis, Die Wut der arabischen Welt, 2003.
Bernard Lewis, The crisis of Islam. Holy War and Unholy Terror, London 2003.
Brynjar Lia, The Society of the Muslim Brothers in Egypt. The Rise of an Islamic Mass Movement 1928–1942, London 1998.
Luis Matias López, Petróleo maidito en Nigeria, El Pais, 17 de octubre de 2004.
Michael Lüders, Tee im Garten Timurs. Die Krisengebiete nach dem Irak-Krieg, Zürich/Hamburg 2003.
Quentin Ludwig, Comprendre l'Islam. Editions Eyrolles. Paris 2004.
Lutherisches Kirchenamt u. Evangelische Kirche in Deutschland (Hg.), Was jeder vom Islam wissen muß, Gütersloh 1990.
Nagib Machfus, Die Kinder unseres Viertels, Zürich 1995.
Amin Maalouf, Mörderische Identitäten, Frankfurt a. M. 2000.
Sandra Mackey, The Saudis. Inside the Desert Kingdom, New York 2002.
Moriba Magassouba, L'islam au Sénégal. Demain les moullahs?, Paris 1985.
Martin E. Marty u. R. Scott Appleby (Hg.), The Fundamentalism Project, 5 Bde., Chicago 1991–1995.
Martin E. Marty u. R. Scott Appleby, Herausforderung Fundamentalismus. Radikale Christen, Moslems und Juden im Kampf gegen die Moderne, Frankfurt a. M. 1996.

Sayyid Abu-l-A'la Maudoodi, Weltanschauung und Leben im Islam. Islamische Fibel, hrsg. von Islamic Foundation London, Freiburg i. Br. 1971.
S. Abul A'la Maududi, Fundamentals of Islam (englische Ausgabe), Lahore 1975.
Amadou-Mahtar M'Bow (Hg.), Islam, philosophy and science. UNESCO, Paris 1981.
Renate Mayntz, Hierarchie oder Netzwerk? Zu den Organisationsformen des Terrorismus, Berliner Journal für Soziologie, 2/2004, S. 251ff.
Abdelwahab Meddeb, Die Krankheit des Islam, Heidelberg 2002.
Fred von der Mehden, Malaisian and Indonesian Islamic Movements and the Iranian Connection, in: Esposito (Hg.), The Iranian Revolution. Its Global Impact, Miami 1990.
Özay Mehmet, Fundamentalismus und Nationalstaat, Der Islam und die Moderne, Hamburg 2002.
D. Menashri (Hg.), The Iranian Revolution and the Muslim World, Boulder 1985.
Zidane Meriboute, La fracture islamique. Demain, le soufisme, Paris 2004.
Barbara Daly Metcalf, Islamic Revival in British India. Deoband, 1860–1900, Princeton 1982; Neudruck New Delhi 2002.
Alfred Metzger, Die vielen Gesichter des Islamismus, in: Aus Politik und Zeitgeschichte, B 3–4, 2002, S. 7ff.
Thomas Meyer, Fundamentalismus. Aufstand gegen die Moderne, Reinbek 1989.
Thomas Meyer, Identitätswahn. Die Politisierung des kulturellen Unterschieds, Berlin 1997.
Carré und Gérard Micheau, Les Frères musulmans 1928–1982, Paris 1983.
André Miquel, L'Islam et sa civilisation. Armand Colin. Paris 1990.
Shaul Mishal u. Avraham Sela, The Palestian Hamas. Vision, Violence and Coexistence, New York 1993.
Richard P. Mitchell, The Society of the Muslim Brothers, London 1969.
Hossein Motabaher, Vom Nationalstaat zum Gottesstaat. Islam und sozialer Wandel im Nahen und Mittleren Osten, Stuttgart 1995.
Mortada Motahari, Les droits de la femme en Islam. Beyrouth/Liban 2000.
Georges Mutin, Géopolitique du monde arabe. Lyon 2001.

Abdullah Ahmed An-Naim, Un point de vue sur le Soudan. Integrisme musulman et les droits de l'homme, in : Reportage Soudan. Le courier ACP-UE, Nr. 189, 11/12.2001, S. 61–83.
Mouna Naim, Islam, islamisme, Occident, in: Le Monde. Les clés de l'info Nr. 335, octobre 2004.
Tilman Nagel, Geschichte der islamischen Theologie von Mohammed bis zur Gegenwart, München 1994.
Nilüfer Narli, The Rise of the Islamist Movement in Turkey, in: MERIA Journal, Bd. 3/3, September 1999.
Seyyed Hossein Nasr, Ideals an Realities of Islam, 2. Aufl. London 1975.
Seyyed Vali Reza Nasr, The Vanguard of the Islamic Revolution. The Jama'at-Islami of Pakistan, London 1994.
Seyyed Valid Reza Nasr, Mawdudi and the Making of Islamic Revolution, Oxford 1996.
Nasser Negrouche, Derrière le voile. Laïcité et discriminatons. Le Monde Diplomatique, Février 2004, S. 1, 6–7.
Volker Nienhaus, Islam und moderne Wirtschaft. Einführung in Positionen, Probleme und Perspektiven, Graz 1982.
Jorgen Nielsen, Islam in Westeuropa, Hamburg 1995.
A. G. Noorani, Islam and Jihad. Prejudice versus Reality, London/ New York 2002.
Morgan Norval, Triumph of Disorder. Islamic Fundamentalism, The New Face of War, Oregon 1999.
Andrea Nüsse, Muslim Palestine. The Ideology of Hamas, Amsterdam 1998.
Martin Odermatt, Der Fundamentalismus. Ein Gott – eine Wahrheit – eine Moral? Psychologische Reflexionen, Zürich 1991.
L'Offensive des religions. Le Monde diplomatique. Manière de voire 48, Novembre-Dézembre 1999.
Abdel-Rahim Omran, Population in the Arab World. Problems & Prospects, United Nations Fund for Population Activities, New York 1980.
Rudi Paret, Der Koran. Kommentar und Konkordanz, 6. Aufl. Stuttgart 1980.
Rudi Paret, Schriften zum Islam. Volksroman – Frauenfrage – Bilderverbot, Stuttgart 1981.
Rudolph Peters, Jihad in Classical and Modern Islam, Princeton 1996.
Friedbert Pflüger, Ein neuer Weltkrieg? Die islamistische Herausforderung des Westens, München 2004.

Stephan H. Pfürtner, Fundamentalismus. Die Flucht ins Radikale, Freiburg i. Br. 1991.
Daniel Pipes, Militant Islam Reaches America, New York 2002.
Alexandre Popovic, L'islam balkanique, Wiesbaden 1986.
Hugh Poulton, Top Hat, Grey Wolf and Crescent. Turkish Nationalism and the Turkish Republic, London 1997.
Proche-Orient. La paix introuvable. Le Monde diplomatique. Manière de voir 34, Mai 1997.
Sayyid Qutb, Dieser Glaube der Islam, International Islamic Federation of Students Organizations, Kuweit 1992.
Seyyid Qutb (= Sayyed Qutb), Milestones, Damaskus o. J.
Jusuf Al-Qaradawi, Erlaubtes und Verbotenes im Islam. München 1998.
Jean-Luc Racine, Au Pakistan, quel islam pour quelle nation? Dans la tourmente régionale. Le Monde Diplomatique. Décembre 2001, S. 12–13.
Ahmed Rashid, Taliban. Afghanistans Gotteskrieger und der Dschihad, München 2001.
Ahmed Rashid, Heiliger Krieg am Hindukusch. Der Kampf um Macht und Glauben in Zentralasien, München 2002.
Fadil Rasoul, Irak – Iran. Ursachen und Dimensionen eines Konflikts, hrsg. v. österreichischen Institut für Internationale Politik, Wien 1987.
Clara und Paul Reinsdorf (Hg.), Salam oder Dschihad? Islam und Islamismus aus friedenspolitischer Perspektive, Aschaffenburg 2003.
Hortense Reintjens, Die soziale Stellung der Frau bei den nordarabischen Beduinen unter besonderer Berücksichtigung ihrer Ehe- und Familienverhältnisse, Bonn 1975.
Jean Philipe Rémy, La guerre oubliée du Darfour. Le Monde. Dossier et Documents Nr. 333, Juillet-Aout, 2004.
Christoph Reuter, Mein Leben ist eine Waffe. Selbstmordattentäter – Psychogramm eines Phänomens, München 2002.
Yann Richard, L'islam chi'ite, ctroyance et idéologie, Paris 1991.
Andrew Rippin, Muslims, 2 Bde. London 1990 u. 1993.
Francis Robinson (Hg.), The Cambridge illustrated History of the Islamic World. Cambridge/Hong Kong 1996.
Glenn E. Robinson, Can Islamists be Democrats? The Case of Jordan, in: The Middle East Journal 51 (1997), S. 373–378.
Mathias Rohe, Der Islam – Alltagskonflikte und Lösungen. Rechtliche Perspektiven. Freiburg i. Br. 2001.

Olivier Roy, Afghanistan, Islam et modernité politique, Paris 1985.
Olivier Roy, L'écheque de l'Islam politique, Paris 1992. (Englische Ausgabe: The Failure of Political Islam, London 1994.)
Olivier Roy, La nouvelle Asie centrale ou la fabrication des Nations, Paris 1997.
Olivier Roy, L'Asie centrale contemporaire, Paris 2001.
Olivier Roy, L'Islam mondialisé, Paris 2002.
Olivier Roy, L'islam au pied de la lettre. Retour illusoire aux origines, Le Monde Diplomatique, Avril 2002.
Olivier Roy, Les illusions du 11 septembre. Le débat strategique face au terrorisme, Paris 2004.
Olivier Roy, Groupes de solidarité, territoires, reseaux et Etat dans le Moyen Orient et l'Asie Central, in: Hosham Dawod (Hg.), Tribus et pouvoirs en terre l'islam, Paris 2004.
Barnett R. Rubin, The Fragmentation of Afghanistan. State Formation & Collapse in the International System, London 1995.
Barry Rubin and Judith Colp Rubin, Anti-American Terrorism. A Documentary Reader, Oxford 2002.
Mechthild Rumpf, Ute Gerhard u. Mechthild M. Jansen (Hg.), Facetten islamischer Welten. Geschlechterordnungen, Frauen- und Menschenrechte in der Diskussion, Bielefeld 2003.
Salman Rushdie, Der saure Apfel des Islam, in: Frankfurter Allgemeine Zeitung vom 5. November 2001.
Malise Ruthven, Islam in the World, Penguin Books, London 1984.
Malise Ruthven, Der Islam. Eine kurze Einführung, Stuttgart 2000.
Raid Sabah, Der Tod ist ein Geschenk. Die Geschichte eines Selbstmordattentäters, München 2002.
Edward W. Said, Orientalism, London 2003.
Paul Sanlaville, Le Moyen. Orient arabe. Paris 2000.
Thomas Scheen, In Sudan ist sehr viel Geld zu verdienen, in: Frankfurter Allgemeine Zeitung vom 27. Juli 2004.
Annemarie Schimmel, Mystische Dimensionen des Islam, Aalen 1979.
Annemarie Schimmel, Im Namen Allahs, des Allbarmherzigen. Der Islam, München 1999.
Christine Schirrmacher, Der Islam. Geschichte – Lehre – Unterschiede zum Christentum, 2 Bde. Holzgerlingen 2003.
Georg Schmid, Problemfall Islam. Friedensreligion oder Gefahr für den Weltfrieden?, Freiburg (Schweiz) 2002.
Reinhard Schulze, Geschichte der islamischen Welt im 20. Jahrhundert, München 1994.

Gerhard Schweizer, Islam und Abendland. Geschichte eines Dauerkonflikts. Stuttgart 1995 u. 2003.

Faruk Sen u. Hairettin Aydin, Islam in Deutschland, München 2002.

Eberhard Serauky, Im Namen Allahs. Der Terrorismus im Nahen Osten, Berlin 2000.

Eberhard Serauky, Geschichte des Islam. Entstehung, Entwicklung und Wirkung von den Anfängen bis zur Mitte des 20. Jahrhunderts, Tübingen 2003.

Antoine Sfeir (Hg.), Dictionnaire mondial de l'islamisme. Plon 2002.

M. Shadid, The Muslim Brotherhood Movement in West Bank and Gaza, in: Third world Quarterly 10, 1988, S. 658ff.

David Shipler, Arab and Jew. Wounded Spirits in an Promised Land, New York 1987.

Emmanuel Sivan, Radical Islam. Medieval theology and Modern Politics, New Haven/London 1990.

Ursula Spuler-Stegemann (Hg.), Feindbild Christentum im Islam. Eine Bestandsaufnahme, Freiburg i. Br. 2004.

Guido Steinberg, Saudi-Arabien. Politik – Geschichte – Religion, München 2004.

Guido Steinberg, Der Islamismus im Niedergang? Anmerkungen zu den Thesen Gilles Kepels, Olivier Roys und zur europäischen Islamismusforschung, in: Bundesministerium des Innern (Hg.), Islamismus, 2. Aufl. Berlin 2004, S. 19–42.

Jessica Stern, Terror in the Name of God. Why Religious Militants kill, New York 2003.

Djénane Kareh Tager, L'islam en voie d'occidentalisation. Interview mit Olivier Roy, directeur de recherches au CNRS. Le Monde des religions, mai – juin 2004, S. 47–49.

Amir Taheri, Morden für Allah. Terrorismus im Auftrag der Mullahs, München 1993.

Amir Taheri, Tausend und eine Parole, in: Frankfurter Allgemeine Zeitung vom 14. Februar 2002.

Bernd Georg Thamm, Terrorbasis Deutschland. Die islamistische Gefahr in unserer Mitte, Kreuzlingen/München 2004.

Elmar Theveßen, Schläfer mitten unter uns. Das Netzwerk des Terrors und der hilflose Aktionismus des Westens, München 2002.

Yves Thoraval, Lexikon der islamischen Kultur, Darmstadt 1999.

Bassam Tibi, Der Islam und das Problem der kulturellen Bewältigung sozialen Wandels, Frankfurt a. M. 1985.

Bassam Tibi, Die neue Weltunordnung. Westliche Dominanz und islamischer Fundamentalismus, Berlin 1999.
Bassam Tibi, Fundamentalismus im Islam. Eine Gefahr für den Weltfrieden? Darmstadt 2000.
Bassam Tibi. Der Islam und Deutschland. Muslime in Deutschland, 2. Aufl. Stuttgart 2001.
Bassam Tibi, Die fundamentalistische Herausforderung. Der Islam in der Weltpolitik, 3. völlig überarb. u. erw. Aufl., München 2002.
Emmanuel Todd, Weltmacht USA. Ein Nachruf, München 2002.
Binnaz Topak, Religion as State Ideology in a Secular Setting: The Turskish-Islamic Synthesis, in: M. Wagstaff (Hg.), Aspects of Religion in Secular Turkey, University of Durham, Occ. Paper Nr. 40, 1990, S. 10–15.
Jérémy Tordjman, Un pays qui présente de fortes perspectives d'invetsissements, Le Monde 31 Octobre-1er Novembre 2004.
Sabir Tu'ayma, Die islamische Scharia im Zeitalter der Wissenschaft, Beirut 1979.
Monika Tworuschka, Revitalisierung islamischer Wertvorstellungen in modernen arabischen Staatsverfassungen, In: Gunther Stephenson, Der Religionswandel unserer Zeit im Spiegel der Religionswissenschaft, Darmstadt 1976.
Monika Tworuschka, Grundwissen Islam. Religion – Politik – Gesellschaft, Münster 2002.
Monika und Udo Tworuschka (Hg.), Religionen der Welt. Grundlagen, Entwicklung und Bedeutung in der Gegenwart, Gütersloh 1992.
J.-P. Valognes, Vie et mort de chrétienne d'Orient, Paris 1994.
José Vidal-Beneyto. Guerras y religión. EL PAÍS, 15. Juli 2000, S. 12.
Milton Viorst, A Reporter at Large: The House of Hashem, in: New Yorker vom 7. Januar 1991.
Jacques Waardenburg, Islam. Historical, Social, and Political Perspecties, Berlin/New York 2002.
Jaques Waardenburg, Muslims and Others. Relations in Context, Berlin/New York 2003.
Malcolm Wagstaff (Hg.), Aspects of Religion in Secular Turkey, University of Durham, Occ. Paper Nr. 40, 1990.
Ibrahim Warde, Irak, l'eldorado perdu. Chiites et sunnites ensemble face aux Etats-Unis. Le Monde Diplomatique, Mai 2004, S. 1 u. 12–13.

D. Westerlund u. E. E. Rosander (Hg.), African Islam and Islam in Africa, London 1997.
Michael Willis, The Islamist Challenge in Algeria. A Political History, Reading 1996.
Hartmann Wunderer (Hg.), Der Islam und die westliche Welt – Konfrontation, Konkurrenz, Kulturaustausch, Hannover 2003.
Anna Würth, Menschenrechtsdialog mit islamisch geprägten Ländern nach dem 11. September, in: Jahrbuch Menschenrechte 2004, Frankfurt a. M. 2003.
Rudolf Zewell (Hg.), Islam – Die missbrauchte Religion? ... oder Keimzelle des Terrorismus? München 2001.
Erich Zürcher, Turkey. A modern History, 3. Aufl. London 1997.

Personenregister

Ortsregister

Sachregister

Glossar

Ahl al-kitab („Leute der Schrift"): Koranische Bezeichnung für die Angehörigen von Religionen, die über eine vor dem Koran entstandene göttliche Offenbarungsschrift verfügen. Gemeint sind insbesondere Juden und Christen, die (im Unterschied zu den Ahl i-haqq, den „Anhängern der Wahrheit", d. h. Gottes) eine Kopfsteuer zahlen mußten, aber als Anhänger einer Buchreligion nicht bekehrt werden durften.

Aleviten (türkisch alevi, „Ali-Verehrer"): Die heute etwa 20 Millionen Aleviten leben vor allem in Zentral- und Ostanatolien, auch in Syrien, seit der in den 1950er Jahren einsetzenden Landflucht vermehrt auch in den Städten der Türkei. Von den anderen islamischen Richtungen werden sie mißtrauisch betrachtet, weil sie die fünf Pflichten des Muslim anders interpretieren und den Moscheebesuch für unwesentlich halten. Von den Zwölferschiiten unterscheiden sie sich durch ihre mystisch geprägte volkstümliche Poesie und durch ihre gnostischen, humanistischen und staatskritischen Tendenzen.

Ansar („Helfer"): Helfer des Propheten sind die Muslime aus Medina, die den 622 aus Mekka ausgewanderten (Hidschra-) Muslimen eine Heimstatt boten und ihnen dann halfen, die erste islamische Gemeinschaft (umma) aufzubauen.

Ayatollah (arabisch âyat allâh, „Zeichen Gottes"): Titel der höchsten Würdenträger in der religiösen Hierarchie der Zwölferschiiten des Iran.

Dar al-harb („Haus bzw. Gebiet des Krieges"): Das gesamte nichtislamische, heidnische Gebiet, das für den Islam erobert werden kann.

Dar al-islam („Haus bzw. Gebiet des Friedens"): Die Gebiete unter muslimischer Herrschaft, in denen der Islam die vorherrschende Religion ist.

Dar al-kufr („Haus des Vertragsfriedens"): Nicht-islamische Gebiete, mit deren Herrschern friedlich-vertragliche Beziehungen bestehen; die dort lebenden Muslime (z. B. Reisende und Händler) haben die jeweils bestehenden Gesetze zu achten.

Deobandi-Bewegung: 1867 in der Stadt Deoband gegründete Erneuerungsbewegung, deren geistige Ziele sich nahe denen des saudiarabischen Wahhabitentums bewegen. Sie versucht nach dem Verlust der muslimischen Herrschaft der Mogule durch strenge Beachtung islamischer Normen eine muslimische Identität zu wahren. Ein wichtiges Ziel dabei war es, eine ulema (siehe dort) auszubilden, die Fatwas zu allen Fragen des Alltagslebens erlassen konnte. Mit ihrem Netzwerk von Religionsschulen üben sie heute starken Druck auf die pakistanische Regierung aus und kämpfen für die Islamisierung des Rechtswesens, der Staatsverwaltung und des Bankenwesens.

Dhikr („Gedenken“): Gedenken Gottes, hauptsächlich durch lautes Absingen der Gottesnamen; dient im Sufi-Ritus zur Erlangung eines alternativen Bewußtseinszustandes.

Dhimmi („Schutzbefohlene“): Angehörige der vom Koran geduldeten Religionen (siehe ahl al-kitab). Anfänglich nur auf Juden und Christen bezogen, wurde der Begriff im Laufe der Zeit auf Zoroastrier, Hindus, Buddhisten und Sikhs ausgeweitetet. Die Dhimmi besaßen volle Religionsfreiheit, konnten nach eigenen Sitten und Gebräuchen leben, mußten aber durch eine „Kopfsteuer“ (Dschizja) die muslimische Oberhoheit anerkennen.

Dschihad (Jihad): In seiner etymologischen Bedeutung „Bemühen, Anstrengung“ (um der Sache Gottes willen) bezieht sich der koranische Begriff hauptsächlich auf das innerliche Streben eines jeden Muslims, eigene schlechte Gewohnheiten und Fehlverhalten zu bekämpfen und ein gottgefälliges Leben zu führen (Großer Dschihad). In zweiter Linie kann er als „Kleiner Dschihad“ auch bewaffneter Kampf im Dienste der Religion sein; ursprünglich verstanden als Bekämpfung der Heiden an der Grenze von Dar al-Islam und Dar al-Harb, später in politischer Instrumentalisierung ausgeweitet auf die Bekämpfung politischer Gegner. Mit der christlichen Kreuzzugsidee steht er seit dem Mittelalter in einem Interdependenzverhältnis. Insbesondere im 20. Jahrhundert ist er durch den (politischen) Islamismus mit den Aspekten der Kreuzzugsidee aufgeladen worden, so daß die übliche, philologisch und theologisch eigentlich falsche Übersetzung „heiliger Krieg“ inzwischen eine gewisse Berechtigung hat.

Dschizja: Kopfsteuer, die die Dhimmis (s. d.) zu entrichten hatten.

Dschihadisten: Bezeichnung von militanten Gruppen des politischen Islam, vergleichbar mit den Begriffen „Islamisten“, „Integristen“, „Salafisten“, „Takfiristen“, „islamische Fundamentalisten“, „Terroristen“ usw.

Emir (arabisch amir): Führer oder Befehlhaber, in manchen arabischen Ländern auch ein Herrschaftstitel.

Faqih: Experte für islamisches Recht.

Fatwa (Plural Fatawa): Religiös-juristischer Schuldspruch oder Ratschlag eines anerkannten Gelehrten.

Fiqh: Das islamische Gesetz, die kodifizierten Bestandteile der Scharia, sie enthalten neben den Vorschriften des Glaubens auch die sozialen Pflichten des Gläubigen. Die auf diesen Bereich spezialisierten Juristen werden als fuqaha (Singular: faqih) bezeichnet. Vergleiche auch Vilayet e faqih.

Fitna („Versuchung, Prüfung"): Als Fitna wird die Zeit der Bürgerkriege unter den „rechtgeleiteten Kalifen" (siehe Raschidun) und Omajaden in der islamischen Frühzeit bezeichnet.

Hadith (arabisch Bericht, Überlieferung): Die Traditionen über Aussagen, Lehren und Taten des Propheten, die nicht im Koran stehen, sondern von nahen Gefährten und Familienmitgliedern überliefert und später verschriftlicht wurden; einige Hadithe werden als göttliche Offenbarung anerkannt.

Hadj (arabisch hajj): Pilgerfahrt nach Mekka im islamischen Monat des Hadj (Dhû l-hijja). Diese Pilgerfahrt stellt eine der fünf Säulen (Grundpflichten) der Muslime dar.

Hamas: Bedeutet im Arabischen „Eifer, Engagement", ist zugleich aber auch die Abkürzung für Harakat al-muqâwama al-islâmîya („Bewegung des islamischen Widerstandes"). Im Dezember 1987 als militärischer Arm der palästinensischen Muslimbruderschaft (siehe dort) gegründet.

Hanafiten: Anhänger einer von Abu Hanifa (gest. 767) gegründeten sunnitischen Rechtsschule. Neben Koran und Hadith wird das persönliche Urteil dann zugelassen, wenn sich aus früherer Zeit keine Präzedenzfälle auffinden lassen.

Hanbaliten: Anhänger einer der vier anerkannten juristischen Schulen des sunnitischen Islam, gegründet von Ahmad Ibn Hanbal (gest. 855 n. Chr.). Die Hanbaliten sind bekannt für das strikte Festhalten am Koran und den „echten" Hadith. Dogmatischste und puristischste der vier sunnitischen Rechtsschulen, besteht auf wörtlicher Auslegung der heiligen Texte.

Hidschra/Hijra: Auswanderung oder Einwanderung. Im Islam in der Regel bezogen auf die Auswanderung des Propheten Mohammed von Mekka nach Medina 622 n. Chr.

Ibaditen (arabisch Ibâdîa): Vor allem im algerischen Mzab, in Tripolitanien, auf Djerba, an der Swahili-Küste und im Oman lebender berberischer Zweig der Karitschiten („Auszügler", siehe dort). Benannt nach 'Abd Allâh ibn Ibâd (7. Jh. n. Chr.).

Idschma: „Konsens" der muslimischen Gemeinschaft, verleiht einer juristischen oder doktrinären Entscheidung Gültigkeit.

Ijtihad (arabisch „Anstrengung"): Selbständiger Gebrauch der Vernunft bei religiösen Fragen; bedeutet in der islamischen Jurisprudenz die selbständige Auslegung von Koran und Hadith. Im frühen 10. Jh. n. Chr. begann man, diese „Tür der Auslegung" schrittweise „zu schließen".

Imam („Führer" oder „Vorsteher", Vorbeter): Geistiger Führer der muslimischen Gemeinschaft bei den Schiiten, die den Begriff auf männliche Nachkommen der Prophetentochter Fatima und ihres Ehemannes Ali anwenden, den die Schiiten als den einzig legitimen Führer der umma nach dem Tode des Propheten betrachten. Im sunnitischen Islam Personen, die religiöse und politische Autorität vereinen, steht neben „Kalif" als Bezeichnung für das Oberhaupt der umma.

Imamiten („Zwölferschiiten"): Die Imamiten erkennen zwölf rechtmäßige Imame an und betonen ihren messianischen Charakter. Der zwölfte Imam lebt im Verborgenen und wird wiederkommen, um auf der Erde eine gerechte Herrschaft zu errichten. Da er der „Herr der Zeit" ist, wird von den Zwölferschiiten jede politische Macht bis zu seiner Rückkehr als unrechtmäßig angesehen.

Islam: „Hingabe" an Gott, „Ergebung" in Gott, „Unterwerfung" unter Gott.

Ismailiten („Siebenerschiiten"): Erkennen sieben Imame als rechtmäßig an, vertreten esoterische Lehren. Der siebente Imam lebt im Verborgenen weiter und wird eines Tages als Mahdi (wörtlich: „der von Gott Rechtgeleitete") wiederkehren. Die Ismailiten gründeten unter anderem das Kalifat der Fatimiden und den extremistischen Zweig der Assassinen.

Intifada: Protestbewegung des politischen Islam der palästinensischen Bevölkerung in den 1967 von Israel besetzten Gebieten „Restpalästinas" (Westbank und Gazastreifen).

Jahiliyya: Zeitalter der heidnischen „Unwissenheit", bezeichnete ursprünglich die vorislamische Periode Arabiens. Muslimische Fundamentalisten beziehen ihn heute auf jede (auch islamische) Gesellschaft, die sich in ihren Augen von Gott abgewandt haben; Qutb nennt es das neue Zeitalter der Ignoranz.

Janjawid: „Reiter"-Milizen (zuweilen auch „peshmergas", Kämpfer, genannt), die im Auftrag der sudanesischen Regierung in Khartum seit 2003 einen Vertreibungskrieg gegen die schwarzafrikanische Bevölkerung in der westsudanesischen Region Darfur führen.

al-Jama'a al-Islamiya: Die islamische Gesellschaft oder Gemeinschaft. In der Singularform von den Islamisten oft verwendet, um die Einheit ihrer Doktrin zu betonen. In der Pluralform (al-Jama'at al-Islamiya) verwendet zur Beschreibung unterschiedlicher islamischer Bewegungen.

Kaaba: Seit Mohammed der heiligste Ort des Islam. Der würfelförmige Bau aus vorislamischer Zeit ist Ziel der jährlichen hadj.

Kadi (arabisch qadî, „Richter"): Richter nach islamischem Recht. Seine Autorität beruht auf der genauen Beachtung des religiösen Rechtes, dabei kommt dem Beweisrecht eine besondere Bedeutung zu. Heute steht der Kadi in Konkurrenz zu Richtern, die im Staatsdienst ausgebildet wurden.

Kafir: Ungläubiger, der nicht an Allah und seinen Propheten glaubt.

Kalam („Sprechen, Disput"): Kalam meint im engeren Sinne die islamische Theologie, die in ihren Methoden an die scholastische Tradition der Antike anknüpfte.

Karitschiten/Charidschiten („Auszügler"): Zunächst Anhänger Alis, trennten sich später aber von ihm, da sie ihn für zu nachgiebig hielten und ermordeten ihn. Sie glaubten an die Gleichheit aller und daran, daß jeder Gläubige unabhängig von seiner Herkunft Imam und Kalif (siehe jeweils dort) werden könne.

Khalifa (Kalif): „Nachfolger" des Propheten Mohammed. Khalifa (Kalifat): die Institution der islamischen Regierung nach Mohammed (und deren Theorie).

Koran (von arabisch qara'a, „lesen, laut rezitieren"): Name des offenbarten, heiligen Buches der Muslime. Hauptquelle des religiösen Gesetzes (Scharia), das alle menschlichen Handlungen abdeckt. Zentrales Thema: Lobpreis der Einzigkeit Gottes, seiner Taten und der notwendigen „Unterwerfung" (im engeren: des „Islam") unter seinen Willen und die prophetische Sendung Mohammeds. Der Koran wurde „herabgesandt" zur Bestätigung der früheren Offenbarungen, die von Christen und Juden „verfälscht" wurden. Durch Vermittlung des Erzengels Gabriel sprach Gott zu Mohammed, der die Worte an die Araber weitergab.

Madhhab („eingeschlagener Weg"): Abstrakter Begriff zur Bezeichnung der verschiedenen islamischen Rechtsschulen.

Malikiten: Anhänger einer der vier sunnitischen Rechtsschulen, basierend auf der Lehre von Malik Ibn Anas (gest. 795 n. Chr.). Seine Lehre baut auf dem in Medina praktizierten Gewohnheitsrecht auf, favorisiert das persönliche Urteil und den Analogieschluß. Verbreitet in Nord- und Westafrika und Nigeria.

Maghreb (arabisch al-Maghrib): Der „Westen", „Land des Sonnenuntergangs", geographische Bezeichnung für die Länder im Bereich des Atlas-Gebirges (Marokko, Algerien, Tunesien).

Mahdi (arabisch „der (von Gott) Rechtgeleitete"): Er soll als der „verborgene" Imam (siehe dort) der Schiiten, also als zwölfter Imam der Zwölferschiiten bzw. als siebenter Imam der Ismaeliten vor dem Jüngsten Gericht erscheinen und das Recht wiederherstellen.

Maschrek (arabisch mashrik): „Osten", „Land des Sonnenaufgangs", geografische Bezeichnung für Ägypten und die Länder des Vorderen Orients einschließlich des Irak.

Medrese (arabisch Madrasa): Islamische Schule/Hochschule, in der die Schüler bzw. Studenten (arabisch Singular talib, persisch Taliban) in Fächern wie fiqh und kalam (siehe jeweils dort) ausgebildet werden.

Mufti (arabisch „Entscheider"): Muslimischer Rechtsgelehrter, der nach religiösem Recht Gutachten erstellt.

Mullah (persisch Mollah): Gelehrter, Lehrer, Prediger und Geistlicher niederen Ranges oder auch Student der Theologie.

Muslimbruderschaft (arabisch Jam'îyat al-ikhwân al-muslimîn): 1928 von Hassan al-Banna (1906–1949) in Ägypten gegründet. Wollte zunächst im Umfeld säkularer und hegemonialer Ansprüche der Kolonialmacht Großbritannien islamische Moralvorstellungen verbreiten und sozial tätig sein, wurde seit den 1930er Jahren jedoch zunehmend gesellschaftspolitisch aktiv. Hassan al-Banna stellte die Zukunftsvision eines revolutionären Islam und eines darauf aufbauenden islamischen Staates vor. Nachdem al-Banna einem Anschlag zum Opfer gefallen war und nach zahlreichen Auseinandersetzungen mit dem Staat, bewirkten die Schriften von Sayyid Qutb (1906–1966) eine theoretische Richtungsänderung. Demnach müßten auch muslimische Gesellschaften gestürzt werden, die sich im Zustand (vorislamischer) „Unwissenheit und Ignoranz" (jahiliyya, siehe dort) befänden; sie müßten durch einen Staat ersetzt werden, an dessen Spitze nur Gott stehen könne.

Mutazila (Mutaziliten): Schule der „philosophischen Theologie", die die Bedeutung der Vernunft betont. Von zeitgenössischen

Schriftstellern wie Raschid al-Ghannushi oder Hasan Hanafi wieder stärker betont.

al-Qaida („die Basis"): Der Name wurde abgeleitet von einem namenlosen Sammel- und Trainingslager in der Nähe von Jalalabad, das man einfach „die Basis" nannte. Seit 1996 formierte Bin Laden hier seinen islamistischen Generalstab und entwikkelte eine straff organisierte militärische Hierarchie. Nach den massiven personellen Verlusten im Afghanistankrieg wurde diese straffe Organisationsform zugunsten eines weltweiten Netzwerks terroristischer Gruppen aufgegeben.

Qibla: Die Gebetsrichtung der Muslime, in der ersten Zeit unter Mohammed gen Jerusalem, dann noch von ihm (und bis heute gültig) in Richtung Mekka geändert; in Moscheen durch die Gebetsnische (mihrab) gekennzeichnet.

Ramadan: Fastenmonat nach dem islamischen (Mond-) Kalender.

Raschidun: Die vier „rechtgeleiteten" Kalifen aus dem Kreis der Prophetengefährten als dessen Nachfolger: Abu Bakr, Omar ibn al. Chattab, Uthman ibn Affan, Ali ibn Ali Talib.

Salat: Das fünfmal am Tage abzuhaltene rituelle Gebet.

Salafiya: Richtung des fundamentalistischen Islam mit dem Ziel der Reformierung, erklärt die ersten Muslime, die „Vorväter" (Mohammed und die ersten Kalifen) zum Vorbild einer neuen muslimischen Gemeinschaft. Möchte mit Hilfe des „Geistes" dieser Urgemeinschaft eine der heutigen Zeit angemessene Ordnung schaffen.

Schahada: Das islamische Glaubensbekenntnis („Ich bekenne, daß es keinen Gott außer dem einen Gott gibt und Mohammed sein Prophet ist.") Durch dreimaliges Wiederholen der schahada bekehrt sich ein Nicht-Muslim zum Islam.

Schafiiten: Anhänger der vom Imam asch-Schafii (gest. 820 n. Chr.) gegründeten Rechtsschule. Sie basiert auf der Anerkennung der Überlieferungen (Hadith) und auf der Urteilsfindung durch Deduktion oder Analogie. Asch-Schafii gilt als Begründer der Prinzipien des islamischen Rechts. Verbreitet vor allem in Südarabien, Ostafrika und Malaysia.

Scharia: Ursprünglich „Pfad" oder „Weg", später der gesetzgeberische bzw. legislative Teil der Religion, so wie er durch Koran und Hadith (siehe jeweils dort) festgelegt ist.

Scheich (arabisch shaikh, „ehrwürdiger Mann"): Allgemeine Bezeichnung für einen alten Mann, im engeren Sinne auch Führer eines Stammes oder einer Sufi-Bruderschaft.

Schiiten, Schia (von arabisch shî'at 'Alî): Die „Partei Alis", die daran glaubt, daß die Führung der muslimischen Gemeinschaft nach Mohammed auf Ali, seinen Vetter und Schwiegersohn, hätte übergehen müssen; etwa 10 bis 15 Prozent der Muslime. Die größte schiitische Gruppe bilden die Zwölferschia mit räumlichen Schwerpunkten im Südirak, Iran und Indien.

Schura, Shûrâ („Ratsversammlung"): Unverbindliche Beratung, die von einem Herrscher, Kollegium oder von Gelehrten (heute auch vom „Volk") gesucht wird. Im spanischen Ommajadenreich auch in der Funktion eines Kronrates. Muslimische Intellektuelle sehen hierin zum Teil einen Vorläufer des modernen Parlaments.

Sufismus, Sufiya: Esoterischer, mystischer und asketischer Weg des Islam. Der arabische Begriff sûfî (Mystiker) wird etymologisch abgeleitet von „sûf" (arabisch Wolle). Die Gewänder der frühen islamischen Mystiker sollen – möglicherweise nach dem Vorbild christlicher Mönche – aus Wolle bestanden haben.

Sunna („Brauch"): Im engeren Sinne die Aussagen, Handlungen und Überlieferungen des Propheten Mohammed. Im weiteren Sinn die Hauptströmung der muslimischen Glaubensrichtung im Unterschied von der Schia bzw. der Partei Alis.

Sunniten: Anhänger der vier islamischen Rechtsschulen, die sich seit dem 9. Jhd. n. Chr. auf der Basis der prophetischen Sunna gebildet haben; heute über 85 Prozent der Muslime.

Sure (arabisch sûra, pl. suwar): Ein in sich abgeschlossenes Kapitel des Korans, unterteilt in Verse (arab. âya, „Wunderzeichen").

Takfir: Muslimische Form der „Exkommunikation"; Erklärung, daß jemand ungläubig sei, ihn als Ungläubigen verurteilen.

Takfiristen: Seit den 1970er Jahren militante Splittergruppe der ägyptischen Muslimbrüder. Vergleichbar den bewaffneten salafitischen Kampfgruppen des algerischen Dschihad. Verbreitet unter anderem in den Elendsvierteln Marokkos.

Taliban (arabisch/persisch „Suchende" bzw. „Studenten der islamischen Wissenschaften"): Bekannt wurden die Taliban als Koranschüler pakistanischer und afghanischer Medresen (siehe dort), später militant islamistische Gruppe in Afghanistan.

Taqwa: Der Begriff umfaßt Gottesbewußtsein, religiöse Frömmigkeit und Furcht vor Allah.

Tariqa („Weg, Methode"): In abstrakter Bedeutung Bezeichnung der verschiedenen Sufi-Orden, von denen jeder seinen eigenen „Weg" geht.

Tauhid („Vereinigung“): Glaube an die Einheit Gottes bzw. Bekenntnis zum einigen Gott.

Tawaf: Umrundung der Kaaba als Abschluß der Pilgerfahrt (siehe hadj)

Ulema, Ulama (arabisch Singular alim, „Gelehrter“, „Hüter des Wissens“): Sammelbezeichnung insbesondere für die muslimische Geistlichkeit. Umfaßt aber auch die islamischen Rechtsgelehrten sowie jede Form des Wissens und der Wissenschaft, da der Islam einen universalen Anspruch hat und ihm die (säkulare) Denkfigur einer Trennung von Religion und Wissenschaft fremd ist.

Umma: Die Gemeinschaft der Muslime.

Vilayet e faqih („Herrschaft des Rechtsgelehrten“): Während seiner Abwesenheit von Teheran wollte Ayatollah Khomeini mit dieser Doktrin den Beweis führen, daß die „ulama“ – in der Nachfolge des zweiten Sohnes von Ali und Fatima, Imam Hussein – während der Abwesenheit des Imam das Recht, ja sogar die Pflicht habe, die Macht im Lande zu ergreifen.

Vilayet-i faqhih: „Treuhänderschaft der Rechtsgelehrten“.

Wahhabismus, Wahhabiten: Anhänger einer im 18. Jh. auf der Arabischen Halbinsel entstandenen Bewegung, die sich auf die Schriften von Muhammad ibn 'Abd al-Wahhâb (1703–1791) beruft und bis heute mit großzügiger finanzieller Unterstützung der saudischen Regierung eine „Reinigung“ der Glaubensinhalte und Praktiken des Islam anstrebt. Die Wahhabiten betrieben und fordern bis heute die Einebnung islamischer Mausoleen und Andachtsstätten sowie den Tod von Apostaten und ungläubigen Muslimen.

Zaiditen (arabisch zaidîya, „Fünferschiiten“): Führen sich zurück auf den Sohn des vierten schiitischen Imams Zaid ibn 'Ali. Im Gegensatz zur Lehre der Zwölferschia und der Ismailiten steht die Lehre von der zu erwartenden Rückkehr eines verborgenen Imams als Erlöser nicht im Mittelpunkt der Lehre; Voraussetzung für das Imamat ist die Zugehörigkeit zur Prophetenfamilie. Dabei sind die Nachkommen des zweiten und dritten Imams, Hassans bzw. Husseins, gleichberechtigt.

Zakat („Reinheit“): Die Bezeichnung für die schon im Koran genannte Pflicht eines jeden Muslim, „Almosen“ zu geben; neben Gebet, Fasten und Pilgerfahrt eine der vier rituellen Pflichten der Muslime. Wird heute meist als Steuer oder fixer Anteil des Einkommens (meist 2,5 Prozent) erhoben.